L'ALGÉRIE

ET

LES QUESTIONS ALGÉRIENNES

DU MÊME AUTEUR

Histoire de l'établissement des Arabes dans l'Afrique septentrionale, selon les auteurs arabes. 1 vol. grand in-8, avec deux cartes. — 1875.

Le cinquantenaire de l'Algérie. — L'Algérie en 1880. 1 vol. in-8. — 1880.

Comment l'Afrique septentrionale a été arabisée. Brochure in-8. — 1874.

La bataille de Poitiers et les vraies causes du recul de l'invasion arabe. Mémoire publié par la *Revue historique*. — 1878.

Constantine, avant la conquête française (1837). Notice sur cette ville à l'époque du dernier bey (avec une carte). — Mémoire publié par la Société archéologique de Constantine, 1878.

Constantine au XVIe siècle. Elévation de la famille El Feggoun. — Société archéologique de Constantine, 1878.

Notice sur la confrérie des Khouan de Sidi Abd-el Kader-el Djilani, publiée par la Société archéologique de Constantine, 1868.

Les Arabes d'Afrique jugés par les auteurs musulmans. (*Revue africaine*, n° 98, 1873.)

Examen des causes de la croisade de saint Louis contre Tunis (1270). (*Revue africaine*, n° 94.)

BIBLIOTHÈQUE ALGÉRIENNE ET COLONIALE

L'ALGÉRIE

ET LES

QUESTIONS ALGÉRIENNES

ÉTUDE HISTORIQUE, STATISTIQUE ET ÉCONOMIQUE

PAR

Ernest MERCIER

> « Toute colonie, pour peu qu'elle ait été bien conçue et soit bien conduite est une source d'honneur pour la métropole. »
> Jules DUVAL, « *L'art de coloniser.* »

PARIS
CHALLAMEL AINÉ, ÉDITEUR
LIBRAIRIE ALGÉRIENNE ET COLONIALE
5, RUE JACOB, ET RUE FURSTENBERG, 2

1883

PRÉFACE

Le 13 juin 1880 était le cinquantième anniversaire du débarquement des Français en Algérie. Il me sembla qu'à l'occasion de ce cinquantenaire, il n'était pas hors de propos de revoir ce qui avait été fait en Afrique par la France pendant ce demi-siècle, et de présenter le tableau de la colonie et l'exposé des questions du moment. Coordonnant mes souvenirs et les complétant par des renseignements puisés aux sources officielles, j'écrivis « *L'Algérie en* 1880. »

Ce livre fut accueilli avec bienveillance par le public; mais un ouvrage de ce genre est, en grande partie, d'actualité, et, quand l'édition fut épuisée, on ne pouvait, en 1882, rééditer l'*Algérie en* 1880. D'ailleurs, les choses se transforment vite dans un pays qui a cinquante ans d'âge, et les événements se pressent. Il n'aurait donc plus été au courant.

Ainsi, si je me décidais à l'offrir de nouveau aux lecteurs, il fallait le rajeunir, mettre ses chiffres à jour et le compléter. J'avais, en outre, une importante lacune à combler. Je m'étais attaché, en effet, à présenter les questions de la manière la plus complète possible, en laissant peut-être entrevoir, par-ci, par-là, mon opinion, mais, sans proposer de solution. « Vous posez les questions sans les résoudre », me dit-on de divers côtés. Or, cette abstention était volontaire, et j'aurais pu répondre que, si les questions étaient bien posées, c'était déjà quelque chose ; j'estimais que, dans un ouvrage d'actualité présentant le tableau des résultats obtenus, l'exposé impartial de la situation, l'auteur ne devait pas se prononcer.

Maintenant, la situation n'est plus la même, et, en remettant l'ouvrage au point, il faut conclure. Je ne me dissimule pas combien la position précédente était plus favorable pour l'auteur. Conclure sur des points très controversés et, par conséquent, heurter des opinions respectables, ou se butter contre des préjugés ayant presque force de loi, c'est courir de gaieté de cœur à des controverses, soulever des oppositions sous lesquelles il peut être accablé. Eh bien, j'accepte avec plaisir la controverse, car elle est favorable à la production des idées : c'est ainsi qu'on arrive à la solution des problèmes.

J'apporte aujourd'hui ma pierre, en offrant modestement le résultat de mes travaux, de mes réflexions, de mon expérience. Ce n'est, après tout, qu'une opinion ; mais cette opinion je me suis attaché à l'étayer sur les ouvrages des économistes qui font loi en matière de colonisation, et c'est sous leur égide que je la présente. Diderot prétend que nos opinions sont nos maîtresses et qu'il n'est pas d'amant qui supporte patiemment qu'on lui dise que sa maîtresse est laide. Cependant si l'on me démontre que j'ai tort, que les maîtres ont tort et que les contradicteurs ont raison, je serai forcé de m'incliner et de me rendre à l'évidence.

L'attitude prise depuis quelque temps par un éminent écrivain dont le nom reviendra souvent sous ma plume dans les pages qui vont suivre, me force à faire ici une déclaration. Il ne viendra à l'esprit d'aucun lecteur impartial que je puisse être l'admirateur des théories mises en avant par la *Société protectrice des indigènes*, et si une pareille affirmation pouvait être énoncée, vingt passages de mon livre lui opposeraient un démenti sans réplique. Et cependant, je m'appuie en mainte occasion, sur le beau livre de M. Paul Leroy-Beaulieu sur la colonisation. Or les passages où je cite cet auteur ont été écrits depuis plus de deux ans et, qu'on veuille bien le remarquer c'est de la première édition que je me suis servi. Devais-je, en raison de la nouvelle attitude de cet écrivain à l'égard de l'Algérie, le le mettre en interdit. Je n'ai pas cru que de tels moyens étaient digne de notre cause et j'ai pensé qu'il ne serait peut-être pas sans intérêt d'opposer M. Leroy-Beaulieu de 1874 à M. Leroy-Beaulieu de 1882.

J'ai conservé dans ce livre, que j'intitule maintenant : *L'Algérie et les questions algériennes*, la partie historique de *l'Algérie en* 1880 ; il n'y avait pas là matière à changement et il était utile de la reproduire afin de pouvoir suivre le développement des faits, sans recourir au livre précédent. La partie descriptive et statistique a été complétée et mise au courant. J'ai conservé les titres des huit premiers chapitres, remaniés et mis à jour et j'en ai ajouté deux autres : *Historique des événements depuis le* 19 *mars* 1879, et *L'organisation actuelle, les questions du moment*. Dans le premier je passe en revue les principaux faits survenus depuis l'époque où *l'Algérie en* 1880 a paru ; dans le dernier je précise la situation actuelle avant de proposer les solutions qui me paraissent logiques et pratiques. A ces dix chapitres, formant le volume, j'ai ajouté une conclusion étendue, sorte d'appendice, dans lequel je fais connaître mes opinions sur les questions pendantes.

Tel est le livre que je présente aujourd'hui : c'est au public qu'il appartient de se prononcer. « Un homme qui écrit un livre — a dit Johnson — se croit plus sage et plus spirituel que le reste des hommes, il suppose qu'il est capable de les instruire ou de les amuser, et le public, auquel il s'adresse, doit, après tout, rester juge de ses prétentions. »

E. Mercier.

Constantine, le 31 mai 1882.

PRÉFACE

DE « L'ALGÉRIE EN 1880 »

> La vérité, dans le langage, est très utile, non seulement pour la science propre, mais pour la conduite de la vie ; car les discours inspirent la confiance quand ils sont d'accord avec les faits.
> ARISTOTE, *Morale*, liv. X, chap. I.

Après une longue marche, le voyageur, arrêté sur un sommet péniblement gravi, plonge devant lui des regards avides et cherche à pénétrer l'inconnu qui s'offre à ses yeux : il se dit qu'assurément il a de grandes difficultés à vaincre pour arriver à son but et se demande s'il ne succombera pas avant de l'atteindre. Cependant, il se retourne et voit se dérouler à ses pieds tout le terrain qu'il a parcouru. Il cherche son point de départ et le devine plutôt qu'il ne l'aperçoit à l'horizon, dans la brume. Il se rappelle ses hésitations du début, quand il cherchait sa voie ; il se retrace les dangers auxquels il a échappé ; il se convainc de l'expérience qu'il a acquise ; il est surpris de la longueur de l'espace franchi. La constatation de ce résultat lui inspire une satisfaction intime qui le retrempe ; le désespoir qui avait failli l'envahir se dissipe et il reprend courageusement sa marche, avec cette confiance qui est le gage du succès.

Dans la vie, aussi, il est bon de faire halte, de temps en temps, pour marquer l'étape, et de reporter ses regards en arrière, non pour regretter le passé, car la devise de l'homme doit toujours être : « En avant ! » Mais c'est justement afin d'envisager l'avenir avec plus de courage qu'un coup d'œil rétrospectif est salutaire ; et puis, en dehors de la force qu'on y puise, cela a le grand avantage de remettre les choses au point et d'empêcher d'oublier. De cette perception plus exacte résulte un jugement plus équitable, et, par suite, une marche plus logique. Ce n'est pas autre chose que le moyen d'enregistrer l'expérience, quelquefois chèrement acquise. Malheur à ceux qui ne savent pas utiliser ses leçons et marchent au hasard, sans boussole ! Or, si ces principes sont justes pour les individus, ils ne le sont pas moins pour les sociétés.

Ce sont ces raisons qui m'ont poussé à écrire ce livre. J'ai pensé qu'au moment où l'Algérie célèbre son cinquantenaire et lorsqu'elle semble devoir entrer dans une ère nouvelle par le fait de l'extension du régime civil à tout son territoire, sous la direction d'un gouverneur réellement civil, il était bon de marquer l'étape, de regarder en arrière et, après avoir constaté et revu ce qui a été fait, de porter ses regards en avant, en appliquant l'expérience acquise à l'examen du régime proposé.

Fixé depuis vingt-six ans en Algérie, où je suis arrivé jeune, il m'a été donné de voir de près bien des choses; j'ai suivi, pas à pas, le développement de ce pays; j'ai partagé avec tous les illusions trompeuses et connu l'amertume des déceptions. Mais, ici, travail et persévérance ont raison de tout. C'est en menant la vie du colon que j'ai passé ma jeunesse, dans une contrée que la nature a faite dure et peu aimable. Dans cette période, j'ai commencé à connaître, trop souvent à mes dépens, la société indigène. Plus tard, j'ai été à même, dans différentes fonctions, de compléter mes études sur le pays et de rectifier mes jugements. Et maintenant, je ne prévois pas l'époque où je quitterai l'Algérie et, en vérité, je n'y songe pas.

Porté, par caractère, à l'observation, je me suis efforcé de retenir les faits dont j'ai été témoin et d'en dégager les conséquences morales et pratiques. C'est, pour ainsi dire, jour par jour que j'ai composé ce livre, classant chaque chose, au fur et à mesure, dans mon esprit, de sorte que, quand j'ai voulu l'écrire, je n'ai eu qu'à laisser courir ma plume. Si donc il n'a pas d'autre mérite, il a celui d'être écrit par un acteur, acteur dont le rôle a été bien humble, comparse, si l'on veut, mais qui a figuré dans le drame.

Ennemi des systèmes, n'ayant aucune ambition, par conséquent rien à ménager, je n'ai eu pour guide que la vérité. Je me suis efforcé d'apporter dans mes jugements la plus grande modération et l'on ne m'accusera pas d'avoir fait œuvre de parti. J'ai évité toute personnalité, et n'ai cité comme noms, en bien comme en mal, que ceux qui appartiennent à l'histoire.

Mais, en disant, sans restriction, sur chaque chose, ce que je crois être vrai et juste, je ne me dissimule pas que je vais heurter bien des préjugés et me trouver en opposition avec des opinions établies. Ce n'est pas le moyen de faire de la popularité, car l'homme aime, avant tout, qu'on flatte ses chimères et ne se soucie pas qu'on démolisse les systèmes qu'il a adoptés et qui lui suffisent. D'autre part, je ne brûle pas l'encens devant les puissances du jour. Si donc je croyais recueillir de ce livre un avantage matériel, je me tromperais grandement.

Mais n'en résulterait-il pour moi qu'une satisfaction de conscience, cela me suffit, car j'estime les droits de la vérité bien supérieurs à tous les calculs d'intérêt. Et si, en exposant ce que je crois être le vrai et le juste, j'ai commis des erreurs, ce qui est inévitable en traitant un sujet aussi complexe, j'ai la confiance que ceux qui ne seront pas de mon avis ne contesteront pas ma sincérité et, s'ils me combattent, qu'ils ne me refuseront pas leur estime.

Constantine, le 15 janvier 1880.

L'ALGÉRIE

ET

LES QUESTIONS ALGÉRIENNES

CHAPITRE PREMIER

La conquête militaire.

On sait comment la France fut poussée à entreprendre l'expédition d'Alger. Depuis trop longtemps l'audace des Turcs de la Régence nous bravait impudemment; une dernière insulte faite à notre consul décida la rupture. Cependant, on se contenta, durant plusieurs années, de bloquer, plus ou moins étroitement, la ville des corsaires, et ce ne fut qu'en 1830, sous le ministère de Polignac, que l'on se résolut à détruire le nid des pirates qui, depuis plus de trois siècles, répandaient la terreur dans la Méditerranée. Peut-être le désir de détourner de la royauté un orage près d'éclater, en attirant l'attention publique vers un autre but, ne fut-il pas étranger à cette virile résolution. Quoi qu'il en soit, l'expédition fut préparée avec soin et habileté et ce fut un véritable trait de génie de choisir comme point de débarquement la rade de Sidi Ferruch, de façon à se créer une solide base d'opérations et à attaquer, ensuite, Alger par les hauteurs qui dominent cette ville, au lieu de se heurter, de front et par en bas, contre ses remparts et ses défenses, dans les conditions désavantageuses qui avaient causé le désastre de Charles V au seizième siècle et celui d'O'Reilly au dix-huitième.

Jamais entreprise d'outre-mer ne réussit plus aisément. Débarquée le 13 juin, sans rencontrer la moindre opposition, l'armée se porta promptement en avant, et, après le brillant combat de Staouéli et de nombreuses escarmouches, elle couronnait les hauteurs du Bou-Zarïa le 29. Le 5 juillet, à dix heures du matin, Alger avait capitulé et notre drapeau flottait sur ses remparts. On a reproché au général de Bourmont, commandant en chef de l'armée, d'avoir accordé au dey une capitulation, à tout prendre, honorable, et de ne lui avoir pas imposé la reddition sans conditions qu'il était en droit d'exiger, sauf par lui à prendre les mesures que l'humanité réclamait. En effet, ce traité, qu'on peut qualifier hardiment de ridicule, est en même temps trop court et trop long. Ce n'est pas l'acte d'un vice-roi, chef à peu près indépendant, d'un vaste pays, qui rend son royaume au vainqueur. C'est la capitulation d'un commandant de forteresse qui, dans cette circonstance critique, n'a d'autre préoccupation que de mettre en sûreté sa personne et sa fortune (1). Le général en chef, de son côté, prend des engagements au moins inutiles, puisque rien ne l'y forçait. Deux choses ressortent de cette incohérence : la première, que le général n'est pas encore revenu de la surprise que lui cause son succès ; la seconde qu'il n'a reçu aucune instruction précise. Peut-être avait-on prévu toutes les conséquences de la défaite, mais, à coup sûr, on n'avait rien préparé en prévision de la victoire ; on était parti en guerre sans plan arrêté relativement à une conquête possible. Ce malentendu

---

(1) Voir ce traité dans Ménerville : *Législation de l'Algérie*, t. I, p. 298.

du point de départ, aggravé par l'ignorance absolue des choses de l'Afrique, devait entraîner de fatales erreurs et nous causer de graves déboires.

Le gouvernement du dey était renversé et bon gré, mal gré, M. de Bourmont se vit, dès les premiers jours, obligé de faire œuvre de gouvernement et de prendre des mesures administratives, tandis que, simultanément, il faisait étudier par ses ingénieurs les moyens de combler le port et de raser les fortifications de la ville, dans la prévision du rappel de l'armée, sa mission étant terminée (1). Au milieu de telles contradictions, on peut se faire une idée du désordre qui accompagna cette prise de possession. Mais la nouvelle de la chute d'Alger avait eu à peine le temps d'arriver à Paris, qu'une révolution soudaine brisait le trône des Bourbons ; le roi gagnait la frontière, tandis que le peuple, traquant ses ministres, se préparait à leur demander de sévères comptes. Peu après, le vainqueur du dey prenait aussi le chemin de l'exil.

Nous avons dit que notre point de départ avait été un malentendu causé, d'une part, par le manque de plan chez les conquérants et, de l'autre, par leur ignorance du pays conquis. Voyons quelle était, en réalité, sa situation, au moment de la conquête.

Un dey, représentant nominal de la Porte, règne à peu près indépendant à Alger. Elu généralement par la milice turque, choisi quelquefois dans les derniers rangs de la société, ce « prince » est soumis aux caprices des soudards qui l'ont nommé. Malheur à lui s'il ne sait contenter ses janissaires : on défait un dey aussi facilement qu'on le crée.

Le dey a, sous ses ordres, trois beys : celui de l'Est, ou

---

(1) *Annales algériennes*, par Pellissier de Reynaud, t. I, p. 73.

de Constantine, le plus important des trois; celui de l'Ouest, ou d'Oran; et celui de Titteri ou de Médéa, qui commande les tribus arabes du Sud. Ces beys relèvent du pouvoir central et sont dans l'obligation de fournir à Alger un tribut annuel ou bisannuel qui n'a rien de fixe.

Les provinces se trouvent donc sous le régime d'une sorte de mise en ferme et l'on est surpris de voir quelle petite part le dey s'est réservée dans l'administration directe des indigènes. C'est qu'il a d'autres soins à Alger; il faut organiser la course, une des principales institutions du gouvernement qui prélève la part du lion sur les prises (1). Le produit de la course, les tributs servis par les beys et les cadeaux et redevances fournis par les nations chrétiennes pour éviter l'agression des corsaires, constituent les ressources pécuniaires de l'*odjak* ou régence d'Alger. Un *agha*, général en chef, un *khaznadji*, trésorier, et un *oukil-el-hardj*, sorte de ministre de la marine et des affaires étrangères, voilà les auxiliaires du dey. Quelques milliers de soldats de toute origine : Turcs, Grecs, Albanais, Arméniens, renégats, composant la milice, sont répandus, par petits groupes, dans les principales localités de l'Algérie et suffisent pour maintenir ce pays sous l'autorité du sultan.

Les beys ont, sous leurs ordres, des *hâkem* qui commandent pour eux les villes, et des *caïds*, chefs administratifs et militaires, qu'ils placent à la tête des tribus pour les diriger et les *manger*, selon l'énergique expression indigène. Quand le caïd s'est suffisamment enrichi par tous les moyens, s'il a échappé aux balles de ses admi-

---

(1) Voir la curieuse publication du *Registre des prises maritimes*, par M. Albert Deroulx, *Revue Africaine*, XV° année, p. 70 et suiv.

nistrés, le bey le révoque ou le met à mort, et s'empare de ses richesses. L'obéissance des indigènes n'a rien d'absolu; parfois une tribu reste pendant de longues années en état de révolte; on se contente de lui interdire l'accès des marchés et des villes et, tout à coup, quand son ardeur est bien épuisée, le bey, avec l'appui d'autres tribus, à ce moment fidèles, fond sur les révoltés, les défait, les massacre et met au pillage leur pays; puis chacun rentre chargé de butin.

Tel est le procédé gouvernemental des Turcs; la terreur est partout et le pays ne sort pas de ces deux états : tyrannie, anarchie. Le nom turc est maudit et abhorré. Du reste, un certain nombre d'agglomérations vivent dans une indépendance absolue, telle, par exemple, la Grande Kabilie, à quelques lieues d'Alger, pays hérissé d'âpres montagnes, renfermant une nombreuse population berbère que les Turcs ont, en vain, essayé de réduire. La route qui conduit d'Alger à Constantine, par terre, est coupée, à moitié chemin, par des tribus pillardes, et, trop souvent, le bey de l'Est, apportant le *denouche*, ou tribut, à Alger, est contraint, malgré les forces qui l'accompagnent, car il faut pour cela une véritable colonne, d'acheter le passage à prix d'argent.

Quant à la population indigène, elle est composée de quatre éléments principaux :

1º La race berbère qu'on peut appeler autochthone, peuple de la *Berbérie* improprement nommée par nous Barbarie. Elle occupe principalement les montagnes du littoral, le *Djebel-Aourès* et le *Sahara*, et porte, suivant les localités, les noms divers de *Kabile* (régulièrement Kebaïl), *Maure, Chaouïa, Beni-Mezab, Touareg, Beni-Menasser, Trara, Beni-Snous, Mezita, Zengag*, etc.

2° La race arabe, se composant de tribus venues de l'Arabie au onzième siècle et s'étant établies, d'abord, sur toute la ligne des Hauts-Plateaux, entre le Tel et le désert; de là, les Arabes ont pénétré dans les vallées du Nord et atteint, en mains endroits, le littoral (1).

3° Les Berbères arabisés, formant de grandes tribus qui occupent les parties intermédiaires, entre les Arabes purs et les Berbères. Ils parlent, en général, la langue arabe et se croient ou se disent arabes.

4° Les Turcs, établis, en petit nombre, dans certaines villes.

Ces quatre groupes principaux forment diverses subdivisions parmi lesquelles nous citerons les Kouloug'lis, produit des unions entre Turcs et indigènes.

Enfin les villes renferment une certaine quantité de Juifs ayant pris la langue et les mœurs indigènes.

Tous ces éléments sont ennemis les uns des autres. Les tribus vivent dans un état d'hostilité constante et ne demandent qu'à se courir sus, tant à cause de l'inimitié séculaire qui les divise que par goût pour la guerre et le pillage. Les Turcs séjournent dans le pays comme des étrangers détestés. De leur côté, ils méprisent les indigènes et renient les enfants issus de leurs unions avec les femmes maures. Les Kabiles vivent chez eux sous un régime communaliste et particulariste excluant tout mélange avec les autres indigènes. Ils défendront, plus tard, avec énergie, leurs montagnes, mais comme un paysan dispute son champ à l'envahisseur et non comme

(1) Nous avons suivi pas à pas cet envahissement et étudié la transformation de la population de l'Afrique, dans notre *Histoire de l'établissement des Arabes dans l'Afrique septentrionale*; 1 vol. in-8° avec 2 cartes (Marle-Challamel, 1875), et dans notre brochure : *Comment l'Afrique septentrionale a été arabisée* (1874).

un homme libre luttant pour se conserver une patrie. Nul sentiment national ne met un frein aux passions de ces sauvages et ne les réunit dans une idée commune. Aucun d'eux ne veut obéir à un autre indigène, et chacun accepterait plutôt le joug de l'étranger. Les Arabes méprisent les Kabiles qui le leur rendent bien; les citadins n'ont pas de pires ennemis que les gens de la campagne; les villes, elles-mêmes, sont divisées en plusieurs *sofs* ou partis. Défiance et haine, tels sont les sentiments des populations algériennes les unes vis-à-vis des autres.

Un seul lien est capable de les réunir contre le chrétien conquérant : c'est l'esprit religieux. Qu'un *marabout* se présente, fasse quelques tours de grossière jonglerie et crie que l'heure est arrivée, aussitôt toute une population, tranquille auparavant, se précipitera à sa suite pour combattre l'infidèle, lui prendre ses filles et ses richesses ou cueillir la palme du martyre, en mourant pour la foi. Rien de mobile comme ces gens qui n'agissent jamais en suivant une ligne tracée dans le for intérieur; par esprit de race et par devoir religieux, ils refusent de penser au lendemain et vivent esclaves de l'occasion, comme des enfants. « L'anarchie la plus complète », — a dit excellemment M. Renan (1), — « tel a toujours été l'état politique de la race arabe. Cette race nous présente le singulier spectacle d'une société se soutenant à sa manière, sans aucune espèce de gouvernement ou d'idée de souveraineté. »

Nous venons de constater l'importance de l'idée religieuse. Dans presque toutes les localités une ou plusieurs familles de marabouts étaient en possession de cette

---

(1) *Histoire générale des langues sémitiques*, p. 14.

influence; mais, comme ces familles étaient généralement riches, on les vit rarement à la tête des mouvements populaires. Quand on possède, on devient naturellement conservateur et ennemi de toute cause de trouble, parce qu'on sent qu'on ne peut qu'y perdre. Ce sont donc presque toujours des gens inconnus, souvent de véritables vagabonds, qui ont levé le drapeau de la guerre sainte contre nous (1).

Les familles dont nous venons de parler ont, presque toutes, des *zaouia* (écoles et chapelles), centre de réunion où les présents des fidèles leur sont apportés et où les passants viennent chercher une hospitalité se composant de quelques reliefs et d'une place pour dormir par terre, roulés dans leurs loques. Là, les nouvelles se colportent et se commentent et les plans se concertent.

Enfin, le pays est enserré dans un réseau formé par une douzaine de confréries de *Khouan* (frères), ayant toutes entre elles cette analogie de soumettre l'adepte à une obéissance absolue au *Mokaddem* ou provincial. Pour être admis dans la société, il doit subir une initiation et des épreuves accompagnées de pratiques mystérieuses. Le Khouan (*Khaouni*), ayant son entrée partout, est un

---

(1) Qu'il nous suffise de citer les noms suivants de *cherifs* ayant lutté contre nous :

   Moussa Derkaoui, dans le Sud ;
   Bou Derbala, dans le Bellezma ;
   Bou Châreb, dans le Dira ;
   Bou Bar'la, dans l'O. Sahel ;
   Bou Mâza, dans le Dahra ;
   El Fâdel, à Tlemcen ;
   Ougab-el-Oukt, dans la Kabilie orientale ;
   Moulaï Brahim, dans les O. Naïl ;
   Bou Sif, dans le Djerdjera ;
   Bou Sebâ, dans la Kabilie ;
   Mohammed ben Abd-er-Rahman, dans l'Aourès ;

et tant d'autres, tous gens inconnus dans le pays, auquel il faut ajouter maintenant Bou Ammama.

agent d'autant plus dangereux que rien ne le décèle aux yeux des profanes. Aussi est-il peu d'insurrections où ces confréries n'aient joué un rôle décisif.

Telles étaient, telles sont encore, en partie, les conditions politiques et sociales de l'Algérie. Leur connaissance aurait montré la marche à suivre et, malheureusement, on les ignorait. On avait cette chance de se trouver en présence d'un peuple rompu, désorganisé, sans nationalité, sans chef, et il fallait s'appliquer à le maintenir dans cette anarchie qui triplait notre force. Or, on fit son possible pour le reconstituer et lui donner un chef. Nos généraux, après avoir renversé, à Alger, la puissance légale régnant sur le pays, ont oublié que les indigènes, avant la conquête, n'étaient pas libres et ont traité avec eux de puissance à puissance, au lieu de déclarer, en toute circonstance, que, par le fait de la capitulation de leurs maîtres les Turcs, ils étaient devenus nos sujets. Enfin, il aurait fallu, tout d'abord, avoir un plan de conquête et le faire appliquer d'une manière suivie par des hommes d'initiative, énergiques et intelligents. On se trouvait en présence de l'inconnu ; mais on devait aussitôt chercher à en pénétrer les mystères et à se faire une idée précise de la géographie du pays et de l'état de ses populations. En procédant avec cette logique, la conquête aurait pu être effectuée en quelques années et l'on aurait évité des efforts, des revers et des sacrifices inutiles. « Il faudrait remonter bien haut dans l'histoire des peuples, — a dit M. Walsin-Esterhazy (1), pour y trouver une conquête à laquelle aient présidé aussi peu d'idées de conservation et d'avenir. »

(1) *De la domination turque*, in 8°, 1840 (préface).

Il est facile, dira-t-on, de raisonner sur ce qu'il fallait faire en 1830; mais on doit se reporter à cette époque, et, faisant abstraction de tout ce qu'on a acquis depuis, se mettre, par la pensée, dans la situation de ceux qui dirigeaient alors les affaires, qui en avaient la responsabilité et qui voulaient, avant tout, éviter un désastre. Rien de plus juste. Notre intention n'est pas de leur reprocher ce qu'ils n'ont pas fait, bien qu'un certain nombre de fautes eussent dû être évitées. Nous disons seulement ce qu'il aurait fallu faire pour réussir en quelques années, avec moins de difficultés; il est vrai qu'une foule de choses ne pouvaient se deviner : une dure expérience devait les faire connaître.

Après cette longue digression, revenons à l'analyse rapide des faits.

Le gouvernement de juillet, entre autres avantages dont il profita, eut ce bonheur de trouver l'affaire d'Alger lancée et en bonne voie. Peu après la chute de cette ville, les beys de Titteri et d'Oran avaient envoyé leur soumission; puis, Bône s'était livrée à nous. Des cheikhs du Sud avaient envoyé leur adhésion. Cependant le gouvernement, après avoir eu, un instant, l'étrange idée de rendre Alger à la Porte et de conserver, sur le littoral algérien, une bande partant de l'embouchure de l'Harrache et se prolongeant jusqu'à Bône, c'est-à-dire à travers le pays le plus difficile et habité par les populations les plus sauvages, semblait revenu à un plan d'occupation restreinte. Le général Clauzel, commandant des troupes expéditionnaires, car il n'était pas question de nommer un gouverneur, entra, à cet effet, en pourparlers avec le bey de Tunis et conclut avec lui, le 19 septembre 1830, un traité par lequel il cédait à un frère du bey la province de Constantine, moyennant certains avantages pour les Européens, et le service d'une redevance d'un million de francs (1). Une seule chose manquait à cette convention : c'était la ratification du bey de Constantine, Ahmed, homme énergique, qui avait pris le titre de pacha et n'était nullement disposé à abandonner sa province, malgré la destitution dont il avait été frappé par Clauzel. Le nouveau bey ne faisant aucun effort pour prendre possession de son domaine, le traité resta lettre morte.

Encouragé par ce succès politique, le général Clauzel signa, dans les premiers jours du mois de février suivant (1831), une autre convention par laquelle il céda, à un autre frère du bey de Tunis, la province d'Oran, à charge de fournir un tribut égal d'un million de francs. C'était, paraît-il, une taxe unique. Le nouveau bey alla mélancoliquement, avec quelques centaines de Turcs, occuper la ville d'Oran qu'il trouva vide d'habitants et sans ressources.

Cette politique simplifiait singulièrement la question de conquête. La fortune nous avait mis dans la main une vaste et belle contrée et nous ouvrions la main. Cependant, l'opinion publique se souleva contre de telles insanités. Clauzel, rappelé, fut remplacé par le général Berthezène. Il était difficile de rencontrer un homme moins apte aux fonctions dont on le chargeait.

Depuis plus d'un an nous occupions Alger. De nombreuses courses avaient été faites dans la plaine de la Mitidja ; on était allé à Blida et à Médéa, où l'on avait conduit un bey, mais on était revenu, sans occuper ces villes, de sorte qu'après notre départ les choses étaient rentrées dans

---

(1) Voir ce traité dans Ménerville, t, I, p. 13.

leur état antérieur, avec cette aggravation que les hommes et les tribus qui s'étaient montrés bien disposés pour nous avaient été l'objet des vengeances de leurs concitoyens. Notre situation à Alger était précaire; aucune sécurité ne régnait au delà des avant-postes et l'on n'avait pas su créer de rapports sérieux avec les indigènes. En septembre 1831, on se décida à occuper Oran et à rendre la liberté aux malheureux Tunisiens qui y mouraient d'ennui et de misère, bloqués de toute part par des populations hostiles.

Mais nous n'avons pas la prétention de reproduire un à un les faits de la conquête. Au général Berthezène succéda le duc de Rovigo (1er décembre 1831), qui, à son tour, fut remplacé par le général Voirol (avril 1832). Sous le commandement de ce dernier, ou plutôt pendant l'intérim qui précéda son arrivée, fut créée l'institution du bureau arabe qui procura enfin le moyen de pénétrer la société indigène et d'entrer directement en rapports avec elle. Les bons résultats de l'administration du général Voirol ne tardèrent pas à se faire sentir. La Mitidja fut pacifiée et la colonisation put commencer à s'y étendre.

Malheureusement nos affaires n'étaient pas dans d'aussi bonnes mains à Oran. Le général Desmichels, qui y commandait, prétendait ne recevoir aucun ordre d'Alger et prenait ses instructions directement de Paris. Dès les premiers jours de son arrivée, qui avait eu lieu en avril 1833, il avait pris possession d'Arzeu et de Mostaganem et avait lutté, sans grand avantage, contre les Arabes qui pressaient constamment Oran.

A cette époque, un jeune indigène de la tribu des Hâchem, voisine de Maskara, remarquablement doué, ambitieux et énergique, commençait à se faire un nom dans l'Ouest. Son père, El Hadj Mohi-ed-Dine, était un *marabout* renommé, et c'est en s'appuyant sur la notoriété dont il jouissait, que son fils, Abd-el-Kader, avait réussi à entraîner à sa suite quelques partisans de sa tribu pour guerroyer contre les chrétiens. Ses succès, son activité, l'ascendant qu'il savait exercer sur les masses, en firent bientôt le plus redoutable ennemi des Français. Etabli près d'Oran, il coupa toute communication entre cette ville et les tribus, inquiéta sans cesse nos avant-postes, fondit sur nos convois, en un mot, fut toujours en face de nous, de telle sorte que nos soldats s'habituèrent à voir en lui le chef des Arabes.

Le général Desmichels s'y trompa également et ne sut pas se rendre compte que le jeune Abd-el-Kader agissait isolément et que les indigènes avaient d'autres chefs plus anciens et plus puissants que lui. Tout heureux de voir la résistance personnifiée, enfin, dans un homme, il ne chercha qu'à entrer en relations avec ce représentant des Arabes, et, ses ouvertures ayant été acceptées, un traité fut conclu entre Abd-el-Kader, Emir (ou prince) des Croyants, et le général Desmichels, au nom de la France. Il consacrait les points suivants : Cessation des hostilités, remise des prisonniers et liberté des marchés; mais l'émir avait entre les mains une autre pièce, traité secret signé par le général, lui attribuant le monopole du commerce et la haute main sur le port d'Arzeu, et laissant aux Arabes le droit d'acheter des armes et de la poudre (1).

Ainsi, par notre faute, la pierre sur laquelle l'obscur fils de marabout allait fonder sa puissance, était posée. Nous lui donnions ce titre de Prince des Croyants, *Emir-el-Moumenin,* qui n'appartient qu'aux khalifes et n'est

---

(1) *Annales algériennes,* t. I, p. 369 et suiv.

pris que par les souverains d'empires. La France traitait de puissance à puissance avec un homme qui n'avait sous son autorité que quelques tribus et dont la famille n'avait jamais exercé le moindre pouvoir. On envoya au jeune chef un consul à Maskara : on le laissa s'emparer du port et du commerce d'Arzeu, et l'on reçut, à Oran et à Mostaganem, ses chargés d'affaires, véritables espions placés au milieu de nous pour surveiller les Arabes et les empêcher de se rapprocher de nous. La diplomatie du petit marabout avait remporté une véritable victoire.

L'étonnement causé par l'audace d'Abd-el-Kader fut encore plus grand chez les indigènes que chez nous et faillit causer sa perte. Sidi el Aribi, chef des tribus du Chelif, personnage bien autrement puissant que le marabout des Hâchem ; — Moustafa ben Ismaïl, chef des Douairs, qui avait été agha du temps des Turcs ; — Kaddour ben el Mokhfi, cheïkh de la tribu des Bordjïa, se prononcèrent ouvertement contre l'imposteur qui osait se parer du titre d'émir et traiter au nom des indigènes. Réduit, pour tout territoire, à Maskara et à sa banlieue, car Tlemcen était aux mains des Turcs et Kouloug'lis du Mechouar, qui ne cessaient de nous appeler depuis plusieurs années, Abd-el-Kader voulut attaquer ses ennemis à l'improviste, avant qu'ils eussent opéré leur jonction ; mais Moustafa lui fit essuyer une défaite dans laquelle l'émir lui-même faillit périr.

Un autre que le général Desmichels aurait profité de cette circonstance pour réparer les torts qu'il avait faits à sa patrie par son inconséquence, et sortir de la position impossible qu'il s'était créée à Oran. Mais notre général tenait, au contraire, à compléter son œuvre. Non seulement il envoya des armes et des munitions à notre plus dangereux ennemi, mais encore, repoussant les instances de Moustafa qui le suppliait de l'appuyer, il fit des démonstrations qui permirent au jeune émir de triompher de ses adversaires.

Telle fut notre politique dans la province d'Oran. Aucune ne pouvait être plus funeste et l'on se demande si, pour trahir son pays, il eût fallu s'y prendre autrement. Le général, dira-t-on, avait traité avec le seul chef qui se trouvât en face de lui. Mais la moindre enquête lui aurait appris qu'il en existait d'autres qui ne se montraient pas, parce qu'ils n'attendaient que l'occasion de se déclarer pour nous. Abd-el-Kader les empêcha, en traitant lui-même avec les *mécréants*. Nous ne nous sommes donc pas trop avancé en disant, plus haut, que bien des fautes pouvaient être évitées. De plus lourdes encore allaient être commises.

Le 22 juillet 1834, le gouvernement se décida à donner à l'Algérie un gouverneur général avec une organisation administrative indiquant enfin l'idée de conserver le pays. Malheureusement, il nomma à ce poste le comte Drouet d'Erlon, glorieux reste des guerres de l'empire, septuagénaire, dont l'âge aurait dû être un motif suffisant pour ne pas l'arracher à son repos. Un homme actif et énergique, prenant en main les affaires d'Algérie, pouvait encore réparer le mal fait dans la province d'Oran. Le comte d'Erlon sembla d'abord entrer dans cette voie, surtout quand l'existence du traité secret fut connue. Le général Trézel vint à Oran remplacer son collègue Desmichels et reçut pour instructions de s'opposer à toute tentative d'agrandissement, de la part d'Abd-el-Kader, à l'Est du Chelif. Mais, en même temps, l'habile émir envoyait à Alger son homme de confiance, le juif Durand, personnage des plus dangereux, qui sut bientôt prendre une grande influence sur le vieux gouverneur et l'amener à modifier lui-même tous ses plans.

Abd-el-Kader commença donc à intriguer dans la province d'Alger et bientôt, levant le masque, il se rendit à Miliana, puis alla défaire, près de Médéa, un marabout du nom de Mouça, qui était venu, à la tête d'une bande de Khouan Derkaoua, saccager le beylik de Titteri. Il profita de cette marche pour étendre son autorité sur tout le pays du Chelif et laisser des représentants à Miliana, à Cherchel et à Tenès.

L'émir lui-même avait déchiré le traité. Le général Trézel marcha contre lui, mais la campagne se termina presqu'aussitôt par le désastre de la Maktâ, une des plus tristes journées de l'histoire des guerres d'Afrique. Avec quelle abnégation, avec quel courage notre brave armée se dévouait à l'œuvre de la conquête! Pourquoi fallait-il qu'on ne sût pas mieux employer ces nobles cœurs et que tant de sang fût versé si généreusement, sans profit!

On ne pouvait rester sur cette défaite : le maréchal Clauzel, chargé de venger notre honneur, arriva le 10 août 1835 à Alger que le comte Drouet d'Erlon avait quittée quelques jours auparavant. On alla, en faisant de la haute stratégie, à Maskara, où l'on ne trouva personne et qu'on abandonna en essayant en vain de l'incendier. On alla à Tlemcen où, après avoir débloqué les braves Turcs, on ne trouva rien de mieux, pour les récompenser, que de les frapper d'une forte contribution dont le recouvrement fut confié au commandant Yusuf et au juif Lasri. Au moyen du bâton on força ces malheureux à livrer les derniers bijoux de leurs femmes, seule chose qui leur restât après les longues années de blocus qui avaient absorbé toutes leurs ressources; dépouillés, abreuvés d'avanies, ils abandonnèrent cette ville qu'ils nous avaient conservée et allèrent chercher un refuge ailleurs (1). Cet exemple prouvait, une fois de plus, aux Algériens, qu'il valait beaucoup mieux être de nos ennemis que de nos amis. Une garnison française fut laissée dans le Mechouar.

Depuis quelques années Bougie avait été occupée et on s'y était maintenu au prix de luttes incessantes. A Bône, le général d'Uzer avait, par une politique habile et ferme, étendu notre domination et rétabli la sécurité dans le pays environnant. La situation dans l'Est était donc satisfaisante. En 1836, le général Perrégaux poussait une pointe dans la vallée du Chelif et obtenait d'importants résultats politiques et militaires. On le voit, quand le commandement tombait dans des mains autres que celles des Berthezène, des Drouet d'Erlon, des Desmichels, la face des choses changeait rapidement, et c'est avec satisfaction qu'on peut opposer à ces noms, ceux des Voirol, des d'Uzer, des Perrégaux.

Mais M. Clauzel trouvant, sans doute, que les choses marchaient trop bien dans l'Est, se hâta de destituer le général d'Uzer et de le remplacer par Yusuf nommé bey de Constantine, *sans traitement*. Le nouveau bey arrive à Bône, accompagné de l'inévitable Lasri, son bailleur de fonds ou son associé. Aussitôt, l'œuvre du général est mise à néant. On organise le système des *razias* sur les tribus inoffensives, et les bestiaux sont embarqués par les soins de Lasri. Le vide se fait autour de Bône et les indigènes, déjà ralliés à notre cause, rejoignent le bey

---

(1) *Annales algériennes*, t. II, pp. 47 et suiv. Voir surtout la lettre écrite au maréchal Clauzel, par les Turcs du Mechouar.

Ahmed, en disant : « Puisque le bey des Français nous traite encore plus durement qu'Ahmed, mieux vaut retourner à celui-ci (1). »

Bientôt le maréchal Clauzel, qui est allé en France pour demander des troupes et n'a pu en obtenir, se décide à marcher sur Constantine avec ses seules forces. Yusuf lui a annoncé que les populations n'attendent que son arrivée pour se jeter dans ses bras et il croit qu'il va faire une promenade triomphale. La désillusion fut cruelle, car l'expédition, follement entreprise, ne fut qu'une suite de déconvenues terminées par la terrible retraite que l'on connaît. (Oct. 1836.)

L'année suivante, l'armée française conduite par le général de Damrémont reprenait le chemin de Constantine. Cette fois, le siège était mené avec autant de vigueur que d'habileté. Officiers et soldats y déployèrent une ardeur, une constance et un courage admirables ; aussi, le 13 octobre 1837, notre drapeau flottait-il sur la vieille cité numide. Les généraux de Damrémont et Perrégaux et un grand nombre d'officiers et de soldats avaient payé de leur vie ce beau succès, qui nous permettait de nous établir au cœur de la province de Constantine.

Cependant la province d'Oran avait, de nouveau, été le théâtre d'événements singuliers. Le général Bugeaud, arrivé avec des instructions qui, selon lui, lui conféraient le droit de traiter directement avec l'émir, se mit en route, au mois de mai 1837, à la tête d'une colonne assez forte. Il ravitailla Tlemcen et se porta ensuite sur la Tafna. Quelques jours après, le 30 mai, il signait, avec Abd-el-

---

(1) *Annales alg.*, t. II, p. 90.

Kader, ce traité de la Tafna qui n'est que la consécration de celui qui avait été accepté par le général Desmichels, mais, avec cette aggravation que le royaume de l'émir était considérablement étendu. L'article premier dispose que l'émir Abd-el-Kader reconnaît la souveraineté de la France sur l'Afrique, reconnaissance platonique, singulièrement atténuée par ce qui suit. En effet, par l'article 2, la France ne se réserve, dans la province d'Oran, que « Mostaganem, Mazagran et leur banlieue », Oran et Arzeu, avec un petit territoire à l'Ouest d'Oran ; dans celle d'Alger, Alger et la Mitidja qu'on a soin de mal délimiter à l'Est, afin de donner à l'émir de bons prétextes pour étendre ses prétentions jusqu'à la province de Constantine. Tlemcen et son port Rachegoun sont, en outre, cédés à Abd-el-Kader.

L'esprit reste confondu devant une pareille aberration. A quoi le général Bugeaud aurait-il consenti s'il avait fallu traiter après des désastres ? Les détails du procès du général Brossard vinrent, quelque temps après, jeter un triste jour sur les affaires de la province d'Oran et l'on ne peut se défendre de soupçons bien offensants pour la mémoire du général Bugeaud qui a, plus tard, acquis tant de titres à la reconnaissance des Algériens, quand on le voit forcé d'avouer qu'il a reçu cent mille boudjous (1) d'Abd-el-Kader et une forte somme d'un négociant d'Oran auquel il a annoncé la paix, avant peut-être qu'elle ne fût signée, le tout pour remettre en état les chemins vicinaux d'Excideul ! Mais ce qui étonne davantage c'est que le gouvernement français ait ratifié ce traité, alors qu'il paraît avoir donné pour instructions,

---

(1) Le rial boudjou valait 1 fr. 80 cent.

à M. Bugeaud, de ne conclure que sur les bases suivantes :
l'émir s'obligera à servir un tribut et ne dépassera pas le
Chelif, à l'Est. Il ratifia ce traité malgré l'opposition de
la chambre, malgré les manifestations de l'opinion
publique scandalisée, malgré les protestations du gouverneur général et de l'armée tout entière !

Les conséquences de cette déplorable convention ne tardèrent pas à se faire sentir, d'autant plus que le maréchal
Valée, gouverneur de l'Algérie, voulut, à toute force,
prouver à la France que l'Algérie était pacifiée, et, à cet
effet, supporta toutes les exigences, tous les empiètements
de l'émir. On se fit un véritable plaisir de fournir à « ce
prince » tout ce dont il avait besoin pour s'organiser
contre nous : armes, munitions, matériel, et même des
ingénieurs pour organiser ses arsenaux, des ouvriers pour
y travailler, des officiers pour instruire ses troupes, des
médecins pour les soigner.

Malgré toutes ces capitulations de conscience, malgré
toutes les humiliations supportées par notre gouverneur
d'un front si serein, la paix ne fut pas de longue durée.
Dès le premier jour, des contestations s'étaient élevées
au sujet de la limite orientale qu'Abd-el-Kader voulait
reporter au milieu de la province de Constantine. La promenade du duc d'Orléans, de Constantine à Alger, par le
passage des Biban, exécutée dans des conditions toutes
particulières et dont la portée fut si étrangement exagérée (1), entraîna la rupture. A la fin de 1839, l'émir nous
ayant déclaré la guerre, vint ravager la colonisation
naissante dans la plaine de la Mitidja et porter le meurtre,
le pillage et l'incendie jusque sous les murs d'Alger, sans

---

(1) Voir *Annales alg.*, t. II, p, 334.

que le gouverneur songeât à lui opposer la moindre résistance. Notre premier acte, en présence de cette levée de boucliers, avait été de rappeler tous nos postes avancés, en abandonnant les colons au couteau des indigènes. Le gouverneur finit cependant par prendre l'offensive ; il alla occuper Médéa et Miliana et passa toute l'année 1840 en marches et contremarches, sans obtenir de résultats bien appréciables.

Par bonheur le général Bugeaud, nommé gouverneur, arriva à Alger le 22 février 1841, et prit la direction des opérations. Dès lors la face des choses changea, car le général sembla vouloir racheter, à force d'activité et d'habilité militaire, ses torts et ses erreurs des premiers jours. Fort bien secondé par des officiers tels que Lamoricière, Bedeau, Changarnier, Baraguey d'Hilliers, Géry, Pélissier et tant d'autres, il ne laissa pas un instant de repos à l'émir, le chassa de toutes ses forteresses et le força à chercher un refuge au Maroc. Les villes de Maskara, Tlemcen, Cherchel, Tenès, furent successivement occupées ainsi qu'une foule de postes secondaires. Takdemt, l'arsenal d'Abd-el-Kader, fut détruit de fond en comble, de même que Boghar, Saïda, et Sebdou, où il avait établi des magasins. Les indigènes trouvant, enfin, chez nous, une protection efficace et une politique suivie, reçurent les chefs que nous leurs donnâmes et nous fournirent leurs cavaliers pour le combat et leurs bêtes de somme pour les convois.

Mais l'émir avait reçu de nous une puissance par trop grande, et cet homme, vraiment supérieur, joignait à une énergie qu'aucun revers ne pouvait abattre, un esprit fertile en ressources et un coup d'œil sûr. Il avait le génie de la guerre de partisans en Afrique. Nouveau Jugurtha, il traîna à sa suite nos légions, dans tous les ravins, sur tous les sommets du pays. Vingt fois sur le point d'être pris, il parvenait toujours à glisser entre nos colonnes. En vain ses plus fidèles guerriers tombaient-ils autour de lui; en vain le duc d'Aumale lui enlevait-il sa Zmala; en vain forçait-on toutes les tribus à se détacher de lui ; en vain coupait-on ses communications et le réduisait-on aux abois ; il reparaissait toujours, au moment où on le croyait écrasé, et par un coup d'audace, prouvait que sa ténacité et son adresse lui procuraient sans cesse de nouvelles ressources. Il ne remportait aucune victoire, mais parfois un succès partiel couronnait ses entreprises, et les tribus qui reconnaissaient trop facilement notre autorité portaient tout le poids de sa colère. Citons cependant l'affaire de Djamâ-Ghazaouet, dans laquelle un bataillon de chasseurs à pied et un escadron de hussards, entraînés par un chef trop ardent, périrent écrasés par le nombre des ennemis, après une héroïque résistance.

Dans la province de Constantine, dont les tribus étaient au moins aussi indépendantes que celles de l'Ouest, rien de semblable. Les populations se soumettaient, et notre rayon d'occupation s'étendait, pour ainsi dire, sans lutte. Et cependant, le bey Ahmed tenait toujours la campagne, et, dans la région kabile, un marabout du nom de Si Zerdoud essayait de lutter contre nous et poussait l'audace jusqu'à venir attaquer le camp et le village naissant d'El-Harrouch. Mais, comme on n'avait pas fait la faute de traiter avec eux et de leur constituer un empire de toutes pièces, ils étaient sans force et l'on finit par avoir raison de l'un et de l'autre, sans que les indigènes eussent été troublés d'une façon inquiétante par ces agitateurs. De tout temps ces choses s'étaient produites en Algérie; il n'y avait là rien que de normal.

L'année 1845 se signala par une véritable levée de boucliers, dans les provinces d'Alger et d'Oran. Les Khouan de Moulaï-Taïeb paraissent en avoir été les promoteurs. Le signal partit du massif du Dahra, à la voix d'un thaumaturge qui se faisait appeler Bou Mâza (l'homme à la chèvre). Du reste, plusieurs *Bou Mâza* parurent simultanément, et l'un deux, jeune fanatique, ayant été livré par les Beni-Zoug-Zoug, montra, par ses réponses, qu'aucune idée politique n'avait armé les indigènes et qu'ils n'avaient cédé qu'à la haine religieuse. « Les Arabes vous détestent », dit-il dans son interrogatoire, « parce que vous n'avez pas la même religion qu'eux..... (1). » Ces diversions retardèrent certainement la chute d'Abd-el-Kader.

Cependant, le général Bugeaud, suivant une vraie politique de conquête, faisait occuper tous les points que la position stratégique ou l'importance agricole désignaient pour la fondation de nouvelles villes. Sidi Bel Abbès, Tiaret, Nemours, dans la province d'Oran; Orléansville, Teniet-el-Had, Aumale, Boghar, dans celle d'Alger; Djidjeli, Setif, Batna, Biskra, Aïn-Beïda, Tebessa, Souk-Ahras, La Calle, dans celle de Constantine, reçurent des garnisons autour desquelles se forma le noyau de villes françaises. La quantité de troupes mises à la disposition du gouverneur avait, enfin, été suffisamment augmentée pour permettre d'occuper le pays et de rompre la résistance indigène en la fractionnant.

Quelque temps auparavant, Abd-el-Kader avait, par ses intrigues, entraîné le sultan du Maroc à le soutenir;

---

(1) *Annales alg.*, t. III, p. 205.

le bombardement de Tanger et de Mogador et la bataille d'Isli (14 août 1844) suffirent pour ramener Mouley Abd-er-Rahmane à la politique de non-intervention dont il n'aurait jamais dû sortir ; l'obligation de repousser l'émir par les armes lui fut même imposée. Dès lors, Abd-el-Kader n'eut plus une pierre pour reposer sa tête ; réfugié dans le Sud, sur le territoire marocain, il tenta de nous créer encore des embarras et partit de là, plusieurs fois, pour faire de hardies expéditions contre nous ou nos alliés ; mais il était toujours contraint de regagner le Sud. Dans ces retraites précipitées, l'émir commit, en deux occasions, cet acte barbare d'ordonner ou tout au moins de permettre le massacre de ses prisonniers français. Forcé d'abandonner, dans le Djebel Amour, M. Lacote, chef du bureau arabe de Tiaret, et M. Levy, interprète militaire, il ne nous les laissa que criblés de balles et expirants. Peu après, il laissait mettre à mort 270 prisonniers français ; on les partagea en petits groupes et on les égorgea lâchement. Quoi qu'on ait pu dire pour atténuer cette infamie, l'acte subsiste, et l'auteur aurait dû nous en rendre de sévères comptes. Les services postérieurs n'effaceront pas cette tache au front de l'émir, et l'opinion publique aurait pu modérer son enthousiasme pour le bourreau de nos prisonniers.

Dans l'automne de l'année 1847, le souverain du Maroc, cédant à notre pression, fit marcher des troupes contre l'émir, afin de l'expulser de son territoire. Contraint à la fuite, Abd-el-Kader voulut rentrer sur notre territoire et rencontra nos postes qui gardaient tous les passages. Il se livra au colonel de Montauban, qui le remit au général Lamoricière (21 décembre 1847). Le duc d'Aumale, qui avait remplacé le maréchal Bugeaud comme gouverneur, arriva à Nemours pour prendre possession du prisonnier.

Telle fut la chute du Jugurtha moderne; de même que pour l'ancien, c'est grâce à la coopération du Sultan de Maroc, — nous allions dire du roi de Maurétanie, — son ancien allié, qu'elle fut obtenue. Là s'arrête l'analogie, car le traitement qu'il éprouva de ses vainqueurs fut tout autre.

Dans le cours de la même année, Bou Mâza, réduit à la vie errante, repoussé par tous, s'était rendu au colonel de Saint-Arnaud, à Orléansville. On sait qu'après avoir obtenu sa liberté, l'ancien chef de Khouan prit goût à la vie européenne et séjourna assez longtemps à Paris, y menant joyeuse existence. Il s'est engagé ensuite au service en Turquie et est mort en Orient dans ces dernières années.

En 1848, le bey Ahmed se remit entre les mains du colonel Canrobert et fut interné à Alger.

La pacification devenait générale; cependant, pour assurer la sécurité du Tel, on jugea nécessaire d'occuper des postes avancés dans le Sud; nos prédécesseurs les Romains n'avaient pas échappé à cette nécessité. La France s'établit ainsi à Géryville, à Bouçaada, à L'Aghouat. Cette dernière oasis, qui avait donné asile au chérif Ben Abd Allah, fut enlevée de vive force par le général Pélissier, après un siège rapide et meurtrier (4 décembre 1852).

Un seul point échappait encore à notre domination. La Grande Kabilie, c'est-à-dire le massif du Djerdjera, dont les sommets neigeux s'aperçoivent d'Alger, conservait sa farouche indépendance. Jamais les Romains ni les conquérants arabes, ni les princes berbères, ni les Turcs n'avaient pu asservir les populations guerrières de ces contrées. La Kabilie, indépendante, devenait le refuge de tous les agitateurs et des mécontents; ainsi, pendant un certain nombre d'années, un *cherif*, du nom de Bou Bar'la (l'homme à la mule) (1) nous y brava ouvertement. Bien qu'il eût été pris et tué par un parent de notre bach-agha de la Medjana, ce Mokrani qui, en 1871, devait se mettre à la tête de la révolte contre nous, l'hostilité et l'agitation des tribus kabiles continua. Une telle situation ne pouvait être tolérée, mais toutes les forces de la France se trouvaient alors en Crimée et aucun effort sérieux ne put être tenté avant la fin de la guerre d'Orient.

Au commencement de l'été de l'année 1857, des colonnes parties simultanément de Constantine et d'Alger envahirent la Grande Kabilie, et, sous la direction du général Randon, alors gouverneur, attaquèrent les Kabiles massés et retranchés dans les montagnes abruptes du Djerdjera. Malgré la résistance acharnée des indigènes qui nous firent supporter de sérieuses pertes, nos troupes escaladèrent tous leurs retranchements, et, au mois de juillet, le drapeau français flottait sur ce fier *Mons-ferratus*, que nos devanciers n'avaient pu soumettre. La construction d'un fort à Souk-el-Arbâa des Beni Raten, au cœur du pays, l'ouverture d'une route y conduisant assurèrent notre domination sur la contrée.

Ainsi, dans l'été de l'année 1857, la conquête militaire de l'Algérie se trouva terminée. De la Tunisie au Maroc, de la Méditerranée au Sahara, tout le pays nous était soumis. La France avait acquis un domaine d'une super-

---

(1) Voir l'histoire du Cherif Bou Bar'la, par M. Robin. *Revue Africaine*, numéros 145 et suiv.

ficie d'environ quarante-trois mille kilomètres carrés, avec un développement de onze cents kilomètres de côtes et une population de deux millions et demi d'indigènes.

Vingt-sept ans avaient suffi pour mener à bien cette entreprise, et c'est le cas de rappeler ici à ceux qui aiment ce genre de rapprochements, que les Romains, agissant dans des conditions sensiblement identiques, ont mis deux siècles pour conquérir l'Afrique. Les ressources de notre génie national nous permirent de triompher des difficultés et des erreurs du début; le courage et l'abnégation de nos soldats, l'habileté des officiers qui dirigèrent les affaires depuis 1841, firent le reste.

CHAPITRE II

L'Algérie sous notre domination.

Nous avons retracé à grands traits, dans le chapitre précédent, les faits principaux de la conquête de l'Algérie, en essayant d'indiquer combien les indécisions du commencement nous furent préjudiciables. Il est certain que le résultat final aurait pu être plus facilement et plus rapidement atteint; mais il en est ainsi de toutes les choses humaines : rien ne se fait sans tâtonnements et fausses manœuvres; nous avons néanmoins réussi, c'est le principal. N'oublions pas non plus que le gouvernement de juillet qui, à tort ou à raison, s'attachait avec tant de soin à ne pas éveiller les susceptibilités de l'Angleterre, ne pouvait proclamer ouvertement son intention de conquête. Depuis que l'équilibre européen, tel qu'il résultait des traités de 1815, est rompu, chaque nation poursuit, sans contrainte, ses plans d'agrandissement ; mais il n'en était pas de même alors. En France même, un parti était opposé à toute idée d'établissement en Algérie; ce parti avait des représentants à la Chambre, et l'on se rappelle que l'un d'eux, l'honorable M. Desjobert, ne craignit pas de parodier un exemple célèbre, en déclarant à chaque scrutin, qu'il votait, en outre, pour qu'on abandonnât l'Afrique.

Nous allons maintenant passer en revue les différents procédés d'administration appliqués, et faire le rapide historique des événements survenus en Algérie sous notre domination jusqu'à ce jour.

Dès les premiers temps de la conquête, il fallut organiser l'administration des points occupés. On y pourvut en transplantant la plupart de nos services financiers, judiciaires et administratifs de la métropole auxquels on fit subir les modifications nécessaires. Un fonctionnaire dit *intendant civil* fut chargé, avec l'assistance d'un conseil, de la centralisation et de la direction des affaires, sous l'autorité du gouverneur général.

Organiser ce qui précède n'était pas difficile; il en était autrement de l'administration des indigènes. On s'en débarrassa d'abord, en nommant un « *agha des Arabes* », chargé de régler tous les rapports avec eux. Cette fonction existait sous les Turcs, mais on comprend que pour nous, étrangers, ne connaissant rien au pays, elle nous fut plus nuisible qu'utile. M. de Bourmont en avait d'abord chargé un maure d'Alger (1), intrigant sans influence et sans talent. Le 18 février 1831, un officier supérieur de gendarmerie fut nommé agha des Arabes; il va sans dire que le résultat ne fut pas plus satisfaisant. Un arrêté du général Berthezène, du 24 juin suivant, accorda cette fonction à El Hadj Mahi-ed-Dine (2), en lui attribuant un traitement de huit mille francs, lui donnant une garde de quarante hommes et lui conférant le droit de nommer des caïds et des cheïkhs, de frapper des amendes, etc. (3).

Ces mesures n'eurent d'autre résultat que d'éloigner de nous les indigènes; de plus, elles nous enlevèrent

---

(1) Hamdane-ben-Amine-es-Sekka.
(2) Il ne faut pas confondre ce chef, qui habitait près de Larbâ, avec le père d'Abd-el-Kader, son homonyme.
(3) Voir cet arrêté dans Ménerville, t. I, p. 5.

l'occasion et le moyen de pénétrer cette société et de l'administrer par nous-mêmes, nous forçant ainsi à rester sous la dépendance d'intermédiaires de rencontre qui ne présentaient, le plus souvent, aucune garantie.

Enfin, au mois de mars 1832, pendant l'intérim du général Avizard, on organisa le bureau arabe, d'après les conseils du général Trézel, chef d'état-major. Le capitaine Lamoricière, nommé chef de ce bureau, groupa autour de lui des hommes intelligents, au courant de la langue et des mœurs du pays, et, dès lors, on entra directement en relations avec les indigènes. Ainsi fut créée une institution qui devint un des meilleurs instruments de la conquête et dont les bons effets se firent immédiatement apprécier.

Cependant, en 1834, le comte Drouet d'Erlon crut devoir supprimer le bureau arabe et rétablir l'emploi d'agha qu'il confia au lieutenant-colonel Marey (1). Le nouvel agha, assis à la turque et armé d'une longue pipe, tint ses audiences à Alger et remplaça, à lui seul, les officiers qui, auparavant, parcouraient les tribus, en voyant les choses par eux-mêmes. Mais le 22 avril 1837, le général Damrémont abolit définitivement les fonctions d'agha et rétablit la direction des affaires arabes. En 1839, sous le maréchal Valée, nouvelle suppression de cette direction qui fut remise à l'état-major général. Enfin le général Bugeaud, par un arrêté du 17 août 1841, reconstitua la direction des affaires arabes, et, par un autre arrêté du 12 février 1844, donna aux bureaux arabes leur organisation définitive, régla leurs attributions et fixa leur service. Les indigènes continuèrent à être administrés, comme

(1) Arrêté des 18-28 novembre 1834.

sous le régime turc, par des caïds ayant au-dessous d'eux des cheïkhs et au-dessus des aghas, bach-aghas et khalifas.

Composé, au début, d'hommes choisis, le bureau arabe fut l'auxiliaire le plus précieux du commandement. Les officiers qui embrassèrent cette carrière ne parvinrent au grade de chef de bureau qu'après une longue initiation auprès de maîtres expérimentés, et ainsi se forma un personnel excellent. Quand on avait obtenu la soumission d'un groupe de tribus et que l'on occupait un nouveau poste, un bureau y était installé. Il avait sous ses ordres directs les caïds et cheïkhs, intermédiaires entre l'administration et les indigènes. La direction politique et administrative, la police, la justice sommaire, la rentrée des impôts et contributions de guerre, la conduite des *goums*, auxiliaires de nos colonnes, la réunion des bêtes de transport réquisitionnées pour les convois, tels étaient les soins multiples qui incombaient aux officiers des affaires arabes. Souvent, un bureau de subdivision, se trouvant trop éloigné de tribus importantes, se dédoublait en formant une ou plusieurs annexes, et alors un officier allait, avec quelques spahis, s'établir au milieu de populations à peine soumises, dans un petit poste éloigné quelquefois de plusieurs journées de marche de tout centre européen.

Les résultats qu'obtinrent certains officiers par leur énergie, leur habileté et leur esprit de justice furent souvent remarquables. Quelques noms sont restés comme légendaires, plus encore chez les indigènes que chez les européens. Ayant leur existence constamment menacée, sans avoir aucun secours à attendre, on vit ces hommes faire tomber les armes des mains des assassins, en marchant audacieusement à eux, et, en peu de temps, établir et faire respecter notre autorité, obtenir de tous l'obéissance à nos ordres et ramener une sécurité depuis longtemps inconnue. Une sévérité implacable, une grande rapidité de conception et d'exécution et une justice constante, tels furent leurs procédés, et nous n'hésitons pas à déclarer que ce sont les seuls moyens d'administrer les indigènes de l'Algérie. Honneur à ces hommes qui surent, dès les premiers jours, frapper l'esprit des indigènes et les dominer en leur démontrant notre supériorité !

Malheureusement les meilleures institutions se transforment, et plus les pouvoirs donnés à des hommes sont étendus, plus il est à craindre qu'ils n'en abusent, car il faut une grande élévation d'esprit pour résister aux tentations diverses qui naissent de l'exercice d'une puissance sans bornes, loin de tout contrôle. Le bureau arabe n'échappa pas à cette fatalité.

Une ordonnance du 15 avril 1845 avait partagé l'Algérie en trois divisions militaires; le pays avait, en outre, été fractionné en territoires civils, mixtes et arabes. La République de 1848 déclara, dans sa constitution, l'Algérie territoire français, afin de la faire passer du régime des ordonnances à celui des lois, discutées par le Parlement. Elle créa les préfectures d'Alger, d'Oran et de Constantine, formant ainsi trois départements dans les anciennes divisions qui furent partagées en territoires civils administrés par les préfets, sous-préfets, commissaires civils et maires, et en territoires militaires administrés par les généraux de division ayant sous leurs ordres des chefs de subdivision, de cercle et d'annexe, et tous les chefs indigènes. Le gouverneur général resta investi de la haute direction du pays qui continua à ressortir au ministère de la guerre (1). Un conseil du gouvernement fut placé près du gouverneur. Enfin les Algériens élirent trois députés.

Ainsi s'établit, entre l'autorité militaire et l'autorité civile, un dualisme qui devait être fertile en conflits. Et cependant, il était difficile d'éviter cet écueil. La chute de la République et l'établissement de l'Empire eurent bientôt pour conséquence de rendre à l'élément militaire toute sa prépondérance, en restreignant les libertés civiles que le gouvernement de 1848 avait octroyées. L'Algérie ayant été choisie comme lieu de déportation politique, il fallait donner la toute-puissance à la force militaire; du reste, le rôle de l'armée devait encore être prépondérant, puisque la conquête n'était même pas terminée. L'occupation, la mise en valeur du pays n'en continuèrent pas moins leur marche progressive. Les cultures s'étendirent et la population se forma, se constitua peu à peu.

Pendant que le pays subissait ce commencement de transformation, le bureau arabe devenait une véritable puissance. Comme la pacification s'accentuait tous les jours, les officiers, n'étant plus tenus en haleine par une lutte de chaque heure, se laissaient quelque peu amollir. Dans les postes avancés, qu'ils s'appelassent Ammi-Moussa, Drâ-el-Mizan ou El Milïa, le service était toujours dangereux et pénible; mais, dans les villes, là justement où l'on était en vue de la population civile, on en prenait plus à son aise. Les chasses, les galopades, une sorte de faste oriental, trop souvent une morgue méprisante, excitaient les murmures des colons et provoquaient l'envie

(1) Arrêtés des 5-21 mai 1848 et du 9 décembre 1848.

des officiers de troupe. Le chef du bureau arabe vivait au milieu d'une véritable cour ; les plus grands chefs arabes passaient prendre le mot d'ordre auprès de lui, avant de se présenter au commandant supérieur, et, quand il sortait dans la rue, la tourbe des Bédouins se précipitait pour baiser sa cuisse ou le pan de son vêtement, et les chaouchs, ses gardes du corps, écartaient la populace à grands coups de bâtons. C'était bien lui le vrai commandant supérieur, et ceux qui prétendaient s'adresser d'abord à l'autre savaient ce qu'il en coûtait. A l'époque du versement de l'impôt, des mulets chargés de douros venaient déposer leur précieuse marchandise dans la cour du bureau. Personne ne savait au juste ce qui se passait dans cette maison pleine de mystère, et les commentaires allaient leur train.

Le bureau arabe fit son possible pour qu'aucun œil indiscret ne pût jeter de regards dans ses affaires. Il s'appliqua, avec le plus grand soin, à tenir les indigènes en chartre privée, si l'on peut employer cette expression, et à élever un mur entre eux et le reste du monde. C'était sa chose dont personne n'avait le droit de s'occuper. Les colons que leurs affaires appelaient au bureau arabe obtenaient, quelquefois, rapide et bonne justice, mais à la condition de laisser faire, car, s'ils voulaient agir par eux-mêmes, mal leur en prenait; et l'on se rappelle la menace de cet officier à un négociant qui avait obtenu un jugement contre un caïd et voulait le faire exécuter : « Si quelqu'un, huissier ou gendarme, s'avise de pénétrer dans les tribus, je le fais enlever par mes spahis ! »

En 1857, l'affaire Doineau, éclatant comme un coup de foudre, vint donner raison aux racontars qui commençaient à avoir cours. La parole de Jules

Favre, dévoilant les scandales de Tlemcen, trouva dans la population un vivant écho. On oublia les services rendus, pour ne voir dans l'institution des bureaux arabes qu'un monument de corruption. Comme toujours, l'opinion publique alla trop loin et fut injuste. On insulta tout un corps sans faire d'exception, en oubliant que les choses humaines ne sont pas parfaites et qu'un fait isolé ne suffit pas pour établir une règle générale, malgré la formule *ab uno disce omnes*.

L'agitation qui résulta de cet événement eut pour conséquence d'ouvrir la discussion sur les questions algériennes. Dans la presse, dans des ouvrages d'actualité, on proposa des réformes et l'on formula des programmes. On demanda :

L'assimilation politique ;
Le régime civil ;
Le cantonnement des Arabes ;
La vente des terres ;
La concession de voies ferrées ;
La réforme douanière ;
Et l'organisation du crédit agricole (1).

On le voit, ces questions ne datent pas d'aujourd'hui. La presse métropolitaine s'en occupa et il en résulta, à la fin de l'année 1858, la création du ministère de l'Algérie et des colonies, à la tête duquel le prince Napoléon fut placé (2). Le gouvernement général fut supprimé. Un commandant supérieur des forces de terre et de mer, n'ayant que des attributions militaires, le remplaça (3).

---

(1) Voir l'*Algérie, ce qu'elle est, ce qu'elle doit être*, par C. Duvernois, 1858, p. 385.
(2) Décret des 24 juin-9 août.
(3) Décret des 31 août-21 sept.

Le prince ne visita pas sa vice-royauté, mais il prit, en quelques mois, un grand nombre de mesures, dont la plupart avaient le défaut d'être mal étudiées ou prématurées. Les transitions ne furent pas ménagées; on démolit beaucoup, ce qui est d'une simplicité enfantine, mais on reconstruisit peu ou mal. Les réformes tendaient toutes à la diminution du domaine et de l'autorité militaires. Le territoire civil fut démesurément augmenté. Les départements algériens furent dotés de conseils généraux non élus. On commença l'opération du cantonnement qui consistait à attribuer aux tribus un territoire suffisant, en gardant pour la colonisation tout le superflu ou en procédant par voie d'échange (1), excellente mesure, depuis longtemps préparée (2), qui était le premier pas vers la constitution de la propriété individuelle. Enfin on institua les bureaux arabes départementaux ou civils, que l'on forma comme l'on put et qui remplacèrent, dans un certain nombre de localités, les bureaux militaires.

Sur ces entrefaites éclata la guerre d'Italie. Le prince Napoléon abandonna son ministère et tous ses projets, pour prendre le commandement d'un corps d'armée. Il fut remplacé par M. de Chasseloup-Laubat, homme éminent, mais qui eut le tort d'arriver dans un moment inopportun. Bientôt les troupes d'Afrique rentrèrent chargées de lauriers et l'attention publique fut complètement détournée de l'Algérie. Puis, l'empereur vint faire son premier voyage à Alger. Il fut reçu par ces militaires qui avaient été ses compagnons d'armes en Italie et dont plusieurs étaient d'anciens officiers des bureaux arabes.

(1) V. Circulaires des 20 mai 1858, 7 septembre 1859, 12 et 20 mai 1860.
(2) Circ. du ministre de la guerre du 17 mai 1854.

On eut soin de l'entourer et de ne lui montrer que des indigènes; on lui offrit, dans la plaine, une grande fête arabe, et son esprit rêveur et blasé fut séduit par un spectacle si nouveau, tandis que sa vanité était flattée par ces compliments à brûle-pourpoint que la phraséologie orientale sait faire accepter en les entourant des fleurs d'une rhétorique surannée, et que les gens haut placés trouvent, paraît-il, charmants.

Dès lors, le régime civil fut coulé, d'autant plus qu'on étala, avec complaisance, au maître, les fautes commises par un personnel qu'on avait créé de toutes pièces et qui était détestable. Le bureau arabe civil n'avait été que la caricature de l'autre. Tous les abus des bureaux militaires s'étaient reproduits, aggravés par des agents qui, en général, ne savaient faire autre chose que de copier les défauts de ceux qu'ils remplaçaient, sans prendre une seule de leurs qualités. A cela s'ajoutaient les inconvénients de la centralisation des affaires à Paris, entraînant des retards considérables. Une brochure anonyme (1), qui eut un certain retentissement, permit de juger à quel but tendaient les ennemis de la colonisation.

Cependant les Algériens, voyant les tendances du gouvernement, essayèrent de les combattre. Un groupe de jeunes gens pleins d'ardeur, et dont plusieurs ne manquaient pas de talent, luttèrent avec énergie dans la presse et soutinrent leurs opinions sur tous les terrains. Mais leur voix ne parvenait pas en France. Cette agitation algérienne ne franchissait pas la mer, et, à Paris, les idées avaient pris un autre cours.

---

(1) *Immigrants et Indigènes*. Ce pamphlet, très habilement rédigé, concluait à la liquidation de la colonisation.

Bientôt le ministère de l'Algérie fut supprimé et le gouvernement militaire se trouva rétabli plus fort et plus solide que jamais (1). Le maréchal Pélissier fut nommé gouverneur, correspondant avec le ministre de la guerre, non plus son chef, mais son intermédiaire auprès du gouvernement. Les territoires civils furent réduits à leur plus simple expression; les bureaux arabes départementaux s'évanouirent; les journaux écrasés de condamnations sombrèrent. Les bureaux arabes militaires eurent une heure de triomphe.

Mais ce n'était encore qu'un prélude. Un beau jour le courrier de France apporta une lettre-programme adressée par l'empereur au maréchal. Après quelques considérations, puisées dans la brochure dont nous avons parlé, sur le peu d'avenir de la colonisation, Napoléon III disait : «... L'Algérie n'est pas une colonie proprement dite, mais un royaume arabe (2). » Un tolle général accueillit en Afrique l'exposition de ces principes. Comment ! — s'écriaient les colons, — nous luttons depuis des années contre les éléments et contre les hommes; nous avons sacrifié nos ressources, joué notre vie, perdu nos parents, pour mettre en valeur ce pays, et l'on nous récompense en parlant de nous en expulser pour en faire « un royaume arabe et un camp français! » Des pétitions furent signées partout à titre de protestation et des délégués partirent pour Paris, afin de porter les doléances de la population. Mais les délégués ne purent même pas obtenir une audience, et l'empereur continua son œuvre.

Enfin parut le sénatus-consulte des 22 avril-8 mai 1863

(1) Décret du 10 décembre 1860.
(2) Lettre du 6 février 1863.

qui reconnut les indigènes propriétaires du sol qu'ils occupaient à titre de simples usufruitiers. L'article premier commence ainsi : « Les tribus de l'Algérie sont reconnues propriétaires des territoires dont elles ont la jouissance permanente et traditionnelle, à quelque titre que ce soit. » Il va sans dire que l'opération du cantonnement était arrêtée depuis longtemps. Des commissions, formées d'officiers des bureaux arabes assistés de géomètres, procédèrent aussitôt à la reconnaissance des territoires des tribus, travail colossal qui aurait pu être utile, s'il avait été accompagné ou suivi de la constitution de la propriété individuelle. En somme, cette mesure, qui avait pour but de soustraire les terres à la colonisation, ne profita pas aux indigènes, en tant qu'individualités, puisque l'indivision entre tous les membres de la tribu fut maintenue.

L'œuvre poursuivie était la liquidation de la colonisation européenne et la constitution d'un royaume arabe servant en même temps de camp français, pour tenir en haleine des soldats prêts à être transportés dans toutes les parties du globe. Ainsi la France avait versé depuis trente ans le sang le plus pur de ses enfants en Algérie, et y avait répandu son or pour arriver à ce résultat ! En vérité, les hommes qui se sont faits les promoteurs et les conseillers de cette mesure ont assumé une grande responsabilité devant l'histoire. Cette belle entreprise, la civilisation de l'Afrique du nord par la France, a failli être arrêtée pour jamais. Par bonheur la vitalité de l'Algérie a été plus forte que la haine anti-nationale de ses ennemis. Et puis, les colons étaient déjà trop fortement implantés; il aurait fallu, pour les indemniser, des sommes trop considérables, et, devant cette impossibilité matérielle, on dut, bon gré mal gré, s'arrêter.

Pendant que l'autorité militaire était occupée de ces soins, les fils de notre bach-agha Si Hamza (1) levaient l'étendard de la révolte dans le Sud de la province d'Oran, entraînant à leur suite la puissante tribu saharienne des Oulad-Sidi-Cheïkh. Le colonel Beauprêtre ayant marché contre les rebelles à la tête d'une très petite colonne de troupes régulières appuyée par les goums, était lâchement abandonné par ses auxiliaires arabes et périssait, avec toute sa troupe, les armes à la main, à Aouïnet-bou-Beker dans le Djebel-Amour, entre Géryville et L'Aghouat. En quelques jours la révolte s'étendit à toutes les tribus sahariennes des provinces d'Oran et d'Alger, et les rebelles vinrent commettre des dévastations, à l'Ouest, jusqu'à quelques lieues de Sidi-Bel-Abbès, et, à l'Est, jusque dans le Hodna, près d'Aumale. Zemmoura, Ammi-Moussa, les caravansérails de la route de L'Aghouat furent pillés et brûlés par les rebelles.

Presque en même temps, la Kabilie prenait les armes à la voix de fanatiques poussés par la famille Ben Azz-ed-Dine et le cheïkh Bou Aokkaz, du Ferdjioua.

Nos meilleurs soldats étaient alors au Mexique; on dut faire venir, en hâte, des troupes de France, et si l'on put préserver nos établissements, il fallut plus d'une année pour réduire les rebelles, et encore ne le furent-ils pas complètement, puisque, jusqu'à ce jour, une grande partie des Oulad-Sidi-Cheïkh n'a pas fait sa soumission et vit dans le Sud du Maroc (2).

---

(1) Si Hamza était mort, quelque temps auparavant, à Alger.
(2) Voir, pour les détails de cette insurrection, le récit détaillé dû à la plume si pittoresque de M. le colonel Trumelet, dans la *Revue Africaine*, numéros 136 et suiv.

L'autorité militaire jouait de malheur, et l'on dit que le chagrin qu'en ressentit le maréchal Pélissier hâta sa mort. Il fut remplacé par le maréchal de Mac-Mahon que les Algériens connaissaient depuis longtemps et qu'ils accueillirent presque comme un libérateur. Ils s'aperçurent bientôt que rien n'était changé en Algérie et que le même esprit gouvernait.

Mais des choses autrement graves ne tardèrent pas à réclamer l'attention de tous. Au printemps de l'année 1866, une invasion considérable de sauterelles se répandit dans les hauts-plateaux d'où elle gagna peu à peu le Tel et détruisit tous les fruits d'une récolte déjà mauvaise. Une épidémie cholérique suivit le passage des sauterelles. L'année suivante fut d'une sécheresse désolante; l'herbe ne poussa pas et les récoltes, brûlées sur pied, n'arrivèrent pas à maturité. Dès le mois de septembre, les indigènes se trouvèrent dans la détresse, car toutes leurs ressources étaient épuisées. Les colons, fort éprouvés eux-mêmes, se préoccupèrent de cette situation, et la presse se fit l'écho de leurs craintes; on annonça la disette pour l'hiver. Mais l'autorité militaire n'entendait pas qu'on pût prédire de telles choses; elle semblait avoir pris à forfait le soin de fournir le bonheur aux Arabes, et il n'était pas plus permis de lui donner un conseil que d'émettre des doutes sur sa sagesse. Un journal d'Alger fut condamné sévèrement pour avoir répandu « de mauvaise foi des propos de nature à inquiéter. » Après cette exécution, on attendit, sans rien faire, au gouvernement général, en répétant, sans doute, cette formule musulmane : Dieu y pourvoira !

Cependant, quand arriva le mois de décembre, les bestiaux des Arabes étaient vendus depuis longtemps ou morts de misère ; l'hiver était froid et pluvieux et les indigènes n'avaient plus rien à se mettre sous la dent. Après avoir supporté, dans la limite du possible, les tortures de la faim, ils commencèrent à se porter vers les villes européennes pour y chercher des secours. Bientôt, l'horrible famine régna dans ces territoires que l'on avait préservés avec tant de soins du contact des Français. On avait prétendu enrichir les indigènes et on ne leur avait laissé que la faculté de périr d'une mort affreuse. Ces terres qu'on avait soustraites à la colonisation ne leur étaient d'aucune utilité, puisqu'elles étaient demeurées propriétés collectives : étant à tous, elles n'appartenaient à personne, et leur richesse ne pouvait leur procurer une miette de pain.

Autour des villes et dans les pays occupés par nous, il y avait de la gêne, mais les Arabes ne mouraient pas de faim ; les relations avec les Européens leur avaient procuré du crédit ou du travail, et l'on vivait. Les indigènes du territoire militaire se jetèrent sur ces contrées fortunées. Quiconque a vu ce spectacle navrant ne l'oubliera jamais. Ces malheureux, haves, d'une maigreur étique, couverts à peine de quelques loques informes, car ils avaient depuis longtemps vendu leurs burnous pour avoir du pain, arrivaient par bandes, semant des cadavres le long des routes, confondus dans leur misère, car la notion de la famille avait disparu ; on s'était mis en route ensemble, mais, peu à peu, les plus faibles étaient tombés ou restés en arrière et l'on ne s'était pas même retourné ; chacun marchait muet et isolé dans ces bandes. En pénétrant dans nos villes ils se jetaient sur les détritus les plus immondes, et, chose affreuse, quand on leur donnait du pain, sur lequel ils se précipitaient avidement, on les voyait, quelques minutes après, chanceler et tomber pour ne plus se relever : l'instrument de leur salut causait leur trépas.

La charité de la population européenne fut inépuisable et arracha à la mort un grand nombre d'affamés ; l'administration prit aussi des mesures, organisa des chantiers et des dépôts, car il fallait non seulement secourir ces malheureux, mais encore en débarrasser les villes qu'ils encombraient. Le désastre fut épouvantable ; des faits inouïs se produisirent : l'on vit, en plusieurs localités, des Arabes assassiner des gens isolés, des enfants, pour les manger. Les actes d'anthropophagie ayant donné lieu à des poursuites judiciaires, furent relevés notamment aux environs de Tebessa et de Ténès ; mais on ne les connut et on ne les poursuivit pas tous.

Le pays était, depuis quelque temps déjà, le théâtre de ce drame digne d'un autre âge, et c'est à peine si la nouvelle commençait à en parvenir en France par les correspondances particulières, car la presse ne pouvait parler, lorsque l'archevêque d'Alger dévoila, dans une lettre restée célèbre, toute l'étendue du mal. Aussitôt des comités se formèrent, des souscriptions abondantes furent versées dans toute l'Europe et les secours matériels arrivèrent enfin. On était au printemps de l'année 1868 ; les herbes avaient poussé et commençaient à fournir une nourriture, bien précaire il est vrai, aux bêtes et aux gens qui survivaient ; le soleil faisait sentir sa chaleur et les besoins devenaient moins grands, d'autant plus que la mort, en accomplissant son œuvre, avait diminué le nombre des affamés. Les secours parvinrent donc bien tard. De plus, avec l'été se développèrent des miasmes délétères, et le typhus et le choléra, tristes compagnons des guerres et des famines, sévirent chez les Européens comme chez les indigènes.

A quel chiffre s'éleva le nombre des victimes de la famine et des épidémies ? Nul ne peut le dire. On l'estima à cinq cent mille personnes, approximativement, car il fut impossible de faire une recensement immédiat ; il est certain que, dans plusieurs contrées, des tribus entières disparurent. Peu à peu, quelques revenants rentrèrent ; mais le chiffre des manquants fut considérable. Un grand nombre d'enfants furent recueillis par les Européens ; il en mourut la plus grande partie. Quelques-uns furent reconnus et réclamés, plus tard, par leurs parents ; mais les autres, incapables de faire connaître leur lieu d'origine, restèrent avec nous et sont actuellement mêlés dans la population. S'il est de leurs parents qui ont survécu, ils peuvent les rencontrer chaque jour et ignorer les liens du sang qui les unissent à une mère, à un frère, à une sœur, qu'ils heurtent avec indifférence !

L'archevêque d'Alger fonda un orphelinat d'enfants indigènes des deux sexes non réclamés. Plus tard il les baptisa, puis les maria et les établit au village de Saint-Cyprien-des-Attafs, entre Miliana et Orléansville. On dit que cet essai est loin d'avoir été couronné d'un grand succès.

L'effet produit par cet événement lamentable fut immense. Les attaques contre l'administration militaire qui n'avait su ni prévoir cette calamité, ni y remédier, redoublèrent et trouvèrent de l'écho en France. Les Chambres s'en occupèrent et il fut décidé qu'une grande enquête serait faite sur place, par M. le comte Le Hon, député. En 1869, la commission d'enquête parcourut le pays, s'arrêtant dans les localités importantes et recueillant tous les témoignages. Un très remarquable rapport, fait par M. le comte Le Hon, fut déposé au Corps législatif dans les premiers jours de 1870. Il donna lieu à une sérieuse discussion qui occupa les séances des 13 et 14 avril, et se termina par un vote presque unanime de cette Chambre, décidant que le régime militaire avait vécu en Algérie et que l'administration civile devait lui être substituée. Ce vote, auquel s'associa un ancien officier des affaires arabes (1), fut accueilli avec transport en Afrique.

Mais, quelques mois après, éclatait la fatale guerre de 1870, et, bientôt, nos désastres ne nous laissèrent plus le loisir de penser à autre chose qu'à la défense de la patrie. Dans cette triste circonstance, l'Algérie donna un bel exemple de son attachement à la France. Un grand nombre de jeunes gens, exempts de droit du service militaire, partirent dans des corps francs, et, s'ils ne rendirent pas de plus grands services, il faut s'en prendre aux inconvénients de ce genre de troupes, dont on avait tant exagéré les avantages sous l'Empire. Plusieurs se firent bravement tuer ou blesser sur la Loire ou à Dijon, et il faut convenir qu'on a été avare de récompenses pour les survivants. Les offrandes matérielles abondèrent; partout, des comités se formèrent dans le but de faliciter l'œuvre de la défense nationale. Enfin, les Algériens, oubliant leur sécurité personnelle, ne cessèrent de conjurer le gouvernement de ne pas laisser un soldat en Afrique, se faisant forts de pourvoir eux-mêmes à leur défense. Et quand les délégués, envoyés par le Midi, pour entraîner l'Algérie dans cette mons-

---

(1) M. le baron Jérôme David.

truosité qu'ils appelèrent leur ligue, se présentèrent, on les renvoya sans vouloir les entendre.

La chute de l'Empire fut accueillie par les Algériens avec une vive satisfaction, car, non seulement ils sont foncièrement républicains, mais on avouera qu'ils avaient de bonnes raisons pour ne pas aimer Napoléon III. Plusieurs d'entre eux, dont nous ne voulons pas suspecter le patriotisme, jugèrent que le moment était opportun pour faire appliquer toute une série, nous ne disons pas un plan, de réformes diverses. Ils eurent un agent auprès du gouvernement, et l'on vit paraître, dans le courant d'octobre 1870, une suite de décrets signés par la Délégation de Tours et édictant des mesures variées, dont la plupart donnaient satisfaction à des théories plus ou moins bizarres qui avaient été émises et étaient ressassées depuis bien des années. L'assemblée de 1871 annula le plus grand nombre de ces décrets; d'autres ne furent jamais appliqués; d'autres enfin furent conservés et parmi ceux-ci nous citerons l'établissement des Conseils généraux élus, la représentation politique et la naturalisation en bloc des israélites. La responsabilité de cette dernière mesure remonte, dit-on, à l'honorable M. Crémieux; nous nous réservons de l'apprécier plus loin, dans le chapitre : *Population européenne et juive.*

Un autre décret de la même date (24 octobre 1870) divisa l'Algérie en trois départements entièrement civils, sous l'autorité d'un gouverneur général civil correspondant directement avec le pouvoir exécutif.

Le gouverneur militaire avait disparu depuis longtemps et le pays était en proie à une effervescence ressemblant beaucoup à l'anarchie. Un vieux général peu sympathique à la population n'avait pu prendre possession du gouvernement, à Alger, et avait été chassé par une sorte d'émeute. Un avocat, M. Wuillermoz, auquel on avait décerné le pouvoir par acclamation, avait voulu faire sanctionner cette usurpation par le reste de l'Algérie et par le gouvernement central; il avait doublement échoué, mais le pays était demeuré sans direction, abandonné aux excentricités des agitateurs et des brouillons.

Enfin la Délégation remit le pouvoir entre les mains d'une personne qu'on décora du titre de commissaire extraordinaire. Le titulaire de cet emploi fut M. du Bouzet, alors préfet d'Oran, ancien professeur, journaliste de mérite, mais n'ayant peut-être pas les qualités nécessaires dans un pareil moment. Il échoua et fut remplacé par M. Lambert, ancien secrétaire de la mairie de Constantine, puis, successivement, sous-préfet et préfet depuis le 4 septembre. C'était un homme fort intelligent et passablement paradoxal. Il faisait partie d'un groupe qui, depuis quelques années, avait arboré le drapeau de l'assimilation. L'Algérie formant trois départements français, avec tous les rouages, toutes les institutions de la France, rien de plus : tel était leur programme, et il faut convenir que c'était une manière de résoudre le problème sans grands frais d'imagination. Le but réel était de faire échec à l'autorité militaire qu'on voulait voir disparaître en rentrant dans le droit commun. En débarquant, M. Lambert lança aux Algériens une proclamation par laquelle il annonçait qu'il arrivait pour « liquider le gouvernement général. » En cela, il était fidèle à son programme, mais la logique aurait dû lui faire comprendre qu'un tel langage était déplacé dans la bouche de celui qui venait s'installer dans le palais du gouverneur et que, si réellement cette fonction était inutile, il n'y avait qu'à la faire supprimer, au lieu de s'en administrer sinon le titre, au moins les avantages et les honneurs.

On était au mois de février 1871 ; la France venait de succomber dans la lutte. Les indigènes avaient assisté aux péripéties du drame, étonnés de nos défaites, et sans prendre parti. On avait poussé, dans la limite du possible, les enrôlements pour les Turcos. On avait essayé de former un corps d'éclaireurs à cheval, et l'on avait, à grand'peine, réuni quelques centaines de cavaliers. Chez eux, cependant, aucun symptôme d'hostilité ne se manifestait. Seuls, les chefs indigènes voyaient leur position menacée par les mesures législatives qui éclosaient chaque jour à Tours ou à Bordeaux. Déjà, à la suite du vote du Corps législatif, les grands chefs avaient adressé leur démission au gouverneur et ne l'avaient retirée que sur ses instances ; pour plusieurs d'entre eux, la chute de l'empereur les déliait de leur serment de fidélité. Les officiers des affaires arabes, fort irrités aussi des attaques dont ils étaient l'objet, ne faisaient rien, en général, pour calmer et remettre dans la bonne voie leurs auxiliaires, les caïds et les aghas.

Sur ces entrefaites, une zmala de spahis, établie sur la frontière tunisienne, se mutina parce qu'on voulait envoyer en France ces militaires, qui, selon les conditions de leur engagement, ne doivent, paraît-il, servir qu'en Afrique. Il y eut une petite révolte qu'on apaisa facilement avec l'aide de quelques mobiles. Peu après, nouvelle insurrection du côté d'El Milïa. La répression fut un peu plus difficile.

Ce fut alors que Mokrâni, bach-agha de la Medjana, qui, jusque-là, nous avait bien servis, se mit en état de révolte et envoya au commandant supérieur du Setif sa croix et son traitement, avec une véritable déclaration de guerre dans laquelle il proclamait que jamais il n'obéirait à un civil. Les mobiles qui le poussèrent à cet acte furent, assurément, de diverse nature, et nous ne pourrions discuter ici cette question sans entrer dans des développements qui nous mèneraient trop loin; et puis ces faits sont encore trop modernes pour être discutés avec fruit. L'opinion publique accusa hautement les Bureaux arabes d'avoir été les promoteurs de cette rebellion. Il est certain que l'autorité militaire commit de grandes fautes politiques, notamment en poussant à la réconciliation deux sofs, ou clans ennemis, qui conclurent la paix à nos dépens; après la défection du bach-agha, elle manqua d'énergie et d'initiative, car on pouvait, avec quelques cavaliers déterminés, enlever ce chef avant que la révolte se fût propagée; des officiers d'autrefois n'auraient pas manqué de le faire, ou, au moins, de l'essayer. Enfin, il n'est pas douteux que quelques officiers virent avec plaisir des troubles éclater. Nous ne les excusons pas; mais de là à une conspiration dans le but de produire la révolte générale, il y a loin.

En quelques jours, la Kabilie fut en feu, le mouvement s'étendit jusqu'à la région de Batna. Des colons des environs de cette ville furent massacrés, tandis que ceux de Palestro, après avoir en vain défendu leur village, succombaient sous le nombre de leurs ennemis. Dans d'autres points de la Kabilie, des massacres de colons eurent également lieu. Les insurgés entreprirent en même temps le siège régulier de Fort-National, de Dellis, de Tizi-Ouzzou, de Drâ-el-Mizan, de Beni-Mansour, de Bougie, de Djidjeli, de Bordj-bou-Aréridj, de Mila. Ils menacèrent

Batna, Setif et Aumale, et ne tardèrent pas à marcher sur la Mitidja. Quelques soldats réunis à la hâte, les francs-tireurs et la milice d'Alger les arrêtèrent à l'Alma. L'Algérie se trouvait, à ce moment, dépourvue de troupes, et n'avait, pour toute garnison, que quelques mobiles et mobilisés de France, mal armés, mal vêtus et mal commandés ; les milices locales complétaient la force militaire. Et cependant, malgré la fureur avec laquelle les indigènes pressèrent les localités qu'ils assiégeaient et dont plusieurs restèrent un mois sans secours et étroitement bloquées, ils ne purent se rendre maîtres d'un seul poste.

Le gouvernement était alors absorbé par une autre lutte, plus grave encore, celle contre la Commune. On put cependant envoyer en Afrique quelques régiments de marche. Les généraux Cérez et Lallemant, dans la province d'Alger, Saussier, dans celle de Constantine, attaquèrent de trois côtés le massif insurgé et obtinrent bientôt des soumissions. Tout à coup, on apprit que Mokrâni venait d'être tué en combattant la colonne Cérez, non loin d'Aumale. Cette fois, la révolte n'avait plus de chef. Il était temps, car l'agitation gagnait l'Ouest ; au mois de juin, la tribu kabile des Beni-Menasser se mettait en état de révolte, venait attaquer sans succès le village de Vesoul-Benian, près de Miliana ; puis, entraînant les tribus voisines, allait mettre le siège devant Cherchel et ravager sa banlieue.

Néanmoins la révolte ne tarda pas à être domptée. Le général de Lacroix, continuant l'œuvre si bien commencée, dans la province de Constantine, par le général Saussier, parcourut la région kabile, la contraignit à une soumission immédiate et effective, rejeta dans le Sud la famille du bach-agha et ses adhérents les plus compromis, les poursuivit, en plein été, dans le Sahara et finit par atteindre Bou-Mezrag-Mokrâni, devenu chef de l'insurrection après la mort de son frère. A la fin de juillet, la pacification était générale.

L'Algérie échappa ainsi à un danger des plus graves. En effet, si les indigènes s'étaient mis en révolte plus tôt, s'ils avaient su s'entendre et qu'ils eussent trouvé un chef sérieux après la mort de Mokrâni, on aurait eu à déplorer de véritables désastres. Nous avons reçu là une leçon qui ne doit pas être perdue pour nous. Par bonheur, la profonde désunion des indigènes, leur manque absolu d'esprit d'organisation, firent encore une fois notre force.

Dans cette bagarre, le commissaire extraordinaire, qui devait liquider le gouvernement général, avait disparu. M. Thiers nomma à sa place, comme gouverneur général *civil*, le contre-amiral de Gueydon (1), marin énergique qui prit, avec décision, les mesures nécessitées par les circonstances. Les indigènes ayant participé à la révolte furent frappés d'une très forte contribution de guerre, et leurs terres, formant une superficie de plus de deux millions d'hectares, furent séquestrées (2). De larges indemnités furent réparties entre les victimes par les soins de commissions.

Quand le calme fut rétabli, le nouveau gouverneur essaya l'application d'un système de colonisation dont nous parlerons plus loin et d'une nouvelle organisation administrative dans laquelle il remania les divisions des trois provinces, en augmentant considérablement les territoires civils. Il rétablit le Conseil supérieur; plaça,

---

(1) Arrêté du 29 mars 1871.
(2) Cette mesure du séquestre avait déjà été édictée par M. Alexis Lambert.

à la tête des districts retirés à l'administration militaire, des employés civils munis de pouvoirs disciplinaires; institua un corps de recenseurs chargés de dresser les rôles de l'impôt, et, en un mot, déploya une grande activité.

Mais M. Thiers ayant été renversé, le 26 mai, par la coalition monarchique, l'amiral tomba avec lui. Il fut remplacé par le général Chanzy, l'ex-commandant de l'armée de la Loire, l'ancien président du centre-gauche (1). La nomination du général républicain fut accueillie avec faveur en Afrique et l'on peut dire que le nouveau gouverneur, auquel le titre de civil avait été soigneusement conservé, arriva dans d'excellentes conditions. Mais, de même que, dans l'ordre naturel, la réaction suit l'action, l'enthousiasme des Algériens est de peu de durée et ne tarde pas à être remplacé par le sentiment contraire. La conduite politique du général civil, vraiment un peu ambiguë, comme son titre, commença à faire murmurer. On se rappela qu'il avait été officier des affaires arabes et l'on prétendit qu'il n'avait d'autre but que de rendre de beaux jours à cette institution. Cependant, le gouverneur, qui avait d'abord réduit dans de fortes proportions le territoire civil et retiré aux administrateurs les pouvoirs disciplinaires, créait des villages et rattachait par-ci, par-là, quelques tribus aux circonscriptions civiles. Doué d'une certaine souplesse de caractère, possédant à fond les secrets de la politique arabe, parlant avec la plus grande facilité, il avait, semblait-il, tout pour réussir. Et, cependant, il perdit chaque jour du terrain dans l'opinion publique. Quelques mesures, violentes et intem-

(1) Décret du 10 juin 1873.

pestives, achevèrent de détacher de lui un groupe important. Les journaux, qu'il avait voulu réduire au silence, se mirent après lui comme une meute et ne lui laissèrent plus une heure de repos, attaquant l'homme privé comme l'homme public. Cette situation fut aggravée par un conflit avec la représentation algérienne. Après les élections de 1879, le général Chanzy, dont la situation n'était plus tenable, se décida à se retirer.

Diverses mesures importantes ont été prises sous son administration. Nous avons dit qu'après avoir réduit le périmètre du territoire civil, tel qu'il avait été délimité par M. Gueydon, il rattacha successivement un certain nombre de tribus au territoire qu'il appela de droit commun, tandis que l'autre fut dit de commandement. Le séquestre collectif, avons-nous vu, avait été apposé sur environ deux millions d'hectares de terres; puis les rebelles s'étaient soumis et avaient acquitté leurs amendes : on ne pouvait en réalité les expulser du pays ni les mettre dans l'impossibilité d'y vivre. Le général institua des commissions qui furent chargées de se rendre sur place; de tailler, dans les parties séquestrées, l'emplacement de villages avec un périmètre suffisant, autour, et de conclure, avec les indigènes, des conventions par lesquelles ils rachèteraient le surplus de leurs terres. Cette mesure a été vivement critiquée, et, cependant, il fallait bien trouver, pour les révoltés, un *modus vivendi;* elle rapporta au Trésor une somme importante et l'on conserva, pour la colonisation, environ quatre cent cinquante mille hectares.

Enfin, il fit commencer l'application de la loi du 23 juillet 1873 sur la propriété, importante mesure, de laquelle on attend de grands résultats. Mais on comprend que la constitution de la propriété individuelle chez un peuple réparti sur un vaste territoire n'est pas une petite entreprise et doit demander du temps. La loi, du reste, est obscure, surchargée de formalités, et il a fallu trouver, par l'expérience, la procédure à suivre ; il a fallu aussi se procurer des agents aptes à ce travail. Mais l'opinion publique n'entre pas dans ces considérations ; elle trouva qu'on n'allait pas assez vite et n'hésita pas à qualifier ces lenteurs de calculées.

Pendant le gouvernement du général Chanzy, au mois de mai 1876, une révolte éclata dans l'oasis d'El Amri, non loin de Biskra. Des forces ayant été rapidement dirigées sur les lieux, ce mouvement demeura localisé et, bientôt, les rebelles se virent contraints à la soumission.

M. Albert Grévy, vice-président à la Chambre des députés, a recueilli l'héritage du général (19 mars 1879). Premier gouverneur réellement civil, il a accepté la mission d'inaugurer le régime civil en Algérie. Après avoir occupé ce poste pendant près de deux ans, il a été remplacé par M. Tirman.

Les événements importants survenus pendant son gouvernement, les réformes accomplies ont, pour le pays, un intérêt considérable ; c'est pourquoi nous consacrons plus loin un chapitre spécial pour en faire l'historique (1).

---

(1) Voir ci-après Chapitre IX.

CHAPITRE III

La colonisation.

Dès les premiers jours de la conquête, malgré l'absence de plan chez nos gouvernants, le problème de la colonisation s'imposa. Aux portes d'Alger, des terres étaient abandonnées; il se présenta des colons pour les mettre en valeur, et les premières cultures furent entreprises sous la protection de nos baïonnettes et avec l'aide de nos soldats. Quelques grandes concessions furent données, notamment le beau domaine de la Regaïa, comprenant cinq fermes, avec les prairies du Hamiz, dont on fit cadeau à un réfugié polonais, prince ruiné, qui ne sut en tirer parti. Peu à peu les colons s'avancèrent dans la Mitidja, et nous avons vu que, lors de la levée de boucliers de 1840, ces hardis pionniers furent forcés d'abandonner leurs fermes pour se réfugier à Alger, et que ceux qui s'attardèrent furent impitoyablement massacrés.

Tout le monde connaît les traits de courage dont plusieurs de nos concitoyens furent les héros : M. de Saint-Guilhem, attaqué dans sa ferme par un grand nombre d'indigènes, sort à la tête de ses hommes au nombre de trente-huit, et repousse les assaillants après un combat meurtrier dans lequel huit des siens sont tués. Puis, apercevant l'incendie du hameau de Ben Harlouz, il se porte avec le reste de sa troupe, au secours de ses compatriotes et les aide à repousser les Arabes. Le colon Pirette resté seul dans une grande ferme, le Haouch-Sinan, soutient le siège, tire 260 coups de fusil, tue un grand nombre d'assaillants, et ceux-ci, persuadés qu'ils ont affaire à de nombreux défenseurs, se décident à se retirer (1).

Ces premiers essais ne furent pas heureux. On songea, alors, à établir des colonies militaires, comme celles de nos devanciers les Romains. On pensait, avec raison, que les soldats formeraient une solide barrière contre les déprédations et les attaques des indigènes, qu'ils s'attacheraient à leurs champs et resteraient dans le village à l'expiration de leur congé. Un arrêté du maréchal Valée (2) fonda, à Coléa, la première colonie militaire composée de trois cents soldats qui reçurent chacun quelques hectares et un emplacement à bâtir dans le centre. Différentes conditions leur étaient imposées pour qu'ils devinssent propriétaires définitifs de leurs concessions. Ce système, qui fut repris avec faveur par le maréchal Bugeaud et appliqué dans différentes localités, ne donna pas de résultats satisfaisants, car les soldats rentrèrent presque tous chez eux, abandonnant leur propriété éventuelle. Néanmoins, il permit d'étendre la zone de colonisation en procurant aux véritables cultivateurs un peu de sécurité.

Afin d'éviter la désertion dans les colonies militaires, le maréchal Bugeaud songea à marier les soldats qu'il y avait placés. A cet effet, il écrivit au maire de Toulon pour le prier de chercher parmi ses administrées des

---

(1) Pirette est mort dernièrement, ayant atteint un grand âge.
(2) Du 1er octobre 1840.

femmes décidées à s'unir aux colons militaires de Fouka (près de Coléa). Le magistrat municipal ne voyant que la moralité et l'utilité du but, s'empressa de déférer aux désirs du maréchal et finit par recruter vingt femmes disposées à aller faire de la colonisation en Afrique. Vingt colons militaires, choisi parmi les plus méritants, furent alors envoyés à Toulon; ils virent leurs futures épouses; on se choisit réciproquement, et quand chacun fut d'accord, on fit passer les couples à la mairie et à l'église; puis on remit 500 francs à chaque homme et 200 francs à chaque femme, et tout le monde partit pour Fouka.

« On sourit encore au souvenir de cette idylle, moitié guerrière, moitié champêtre. On se souvient involontairement de l'enlèvement des Sabines par les Romains, aussi embarrassés, paraît-il, pour peupler le berceau de leur futur empire, que l'étaient les Français pour peupler le pauvre petit village de Fouka, et l'on se plaît à reconnaître que Romulus, en cette circonstance, avait été beaucoup plus ingénieux et expéditif que le maréchal. Mais, autres temps, autre mœurs » (1)!

Il est inutile de dire que des mariages faits dans de telles conditions réussirent fort mal; quand les indemnités furent mangées, on se sépara plus ou moins amiablement.

Le maréchal songea alors à former des villages de militaires non-libérés; mais il ne les retint pas davantage, et, à l'expiration de leur congé, presque tous rentrèrent en France.

(1) Ces faits ont été rappelés par notre spirituel confrère et ami M. Papier, président de l'Académie d'Hippône, dans le journal *la Seybouse* des 30 juillet et 1er août 1880.

Les premières concessions accordées aux civils ayant donné lieu à des spéculations, ce qui était inévitable, le gouvernement général s'appliqua à règlementer le régime des distributions de terres, dans le but d'empêcher le trafic des gens qui ne cherchaient nullement à coloniser. On imposa au concessionaire des clauses dites résolutoires, se résumant, à peu près, à ceci : 1° construire une maison d'exploitation en rapport avec l'étendue de son terrain ; 2° planter un certain nombre d'arbres par hectare ; 3° défricher et mettre en valeur ses terres ; 4° les entourer d'un fossé ou d'une haie. Pour en assurer l'exécution, on ne délivra au colon qu'un titre provisoire (1). Des inspecteurs, dits de colonisation, vérifiaient, après un temps donné, l'état de la concession, et, si les conditions avaient été remplies, le concessionnaire recevait un titre définitif ; sinon, il était ajourné ou évincé,

On saisit facilement les inconvénients d'un tel système. Ces entraves, cette instabilité ne pouvaient que paralyser l'initiative individuelle et en arrêter les féconds effets. Cependant, de courageux colons se mirent à l'œuvre et fondèrent les villages de la banlieue d'Alger et de la plaine. Les difficultés étaient grandes, bien que la terre fût riche ; mais elle était couverte de palmiers-nains qu'il fallait extirper ; et puis, on avait non seulement à lutter contre les pillards indigènes, mais contre un ennemi plus terrible : la fièvre. Beaucoup de villages de la Mitidja, actuellement ombragés, sains, paisibles, étaient entourés de marais aux exhalaisons délétères et dévorèrent leur

---

(1) Arrêté du 4 mai 1841 ; ordonnance des 21 juillet-1ᵉʳ septembre 1845 ; ord. des 5 juin-1ᵉʳ juillet 1847.

population renouvelée successivement trois fois. Il en fut de même aux environs de Bône et de Philippeville, aussi bien que dans la province d'Oran.

Nous avons vu que le gouvernement républicain, en 1848, s'occupa avec sympathie de l'Algérie. La révolution de juin, en lui imposant la nécessité de fournir du pain à un grand nombre d'ouvriers inoccupés, le poussa à les utiliser pour la colonisation de ce pays. Un décret de l'Assemblée nationale des 19 septembre-3 octobre 1848, affecta à cette entreprise un crédit de cinquante millions et décida que des lots de terre seraient accordés aux colons, sous les conditions générales du régime des concessions. Un arrêté ministériel régla les détails d'application. On donna aux colons :

Une maison dans le village à peupler ;

Un lot de 2 à 12 hectares par famille ;

Les semences et les instruments de culture ;

Et, enfin, des vivres et des secours en argent, jusqu'à ce que les terres fussent « mises en valeur. »

A cela on ajouta des prêts de bestiaux. Les ouvriers d'art furent particulièrement avantagés. Douze mille colons devaient être installés dans ces conditions en 1848, mais ce chiffres fut même dépassé ; il atteignit 13.500 personnes la première année, et, en 1850, il s'élevait à 20.000 (1). On les répartit entre quarante-deux localités dans les trois provinces.

Cette entreprise, qui rappelle, sous quelques rapports, l'essai de colonisation de la Guyane par le duc de Choiseul, aboutit à un échec qui, heureusement, ne fut pas un

---

(1) *Histoire de la colonisatiou en Algérie*, par L. de Baudicour, chap. v, pp. 274 et suiv.

désastre. Cet insuccès fut dû à des causes multiples dont nous nous bornerons à indiquer les principales : le personnel, composé presque uniquement d'ouvriers de grandes villes, était le moins possible apte au but auquel on le destinait ; enfin les concessions étaient trop petites. D'autre part, les avantages faits aux colons n'eurent que ce résultat de leur donner l'habitude de vivre sans rien faire, ce qui prouve une fois de plus que l'homme ne profite que de ce qu'il a gagné à la sueur de son front. Quand les secours furent coupés, ils disparurent. Rien de curieux comme le rapport de M. L. Reybaud, membre de la commission envoyée en 1849 par l'Assemblée nationale, pour examiner, sur place, la situation des colons. Les faits relevés par le spirituel rapporteur sont caractéristiques et méritent de fixer l'attention du moraliste comme de l'économiste. Ces braves gens qui, dans les clubs de Paris, faisaient du communisme, montrèrent combien il y a loin de la théorie à l'application.

Les procédés suivis en matière de colonisation ont été, on le voit, ceux du xviiie siècle ; encore une fois, les leçons du passé ne nous ont pas servi et, tandis que l'Angleterre appliquait à ses colonies le système libéral et logique de Wakefield, auquel est dû, en particulier, le beau développement de l'Australie, nous persistions dans l'emploi des méthodes surannées.

Cependant, tous les centres fondés sont devenus des villages dont plusieurs se trouvent actuellement en pleine prospérité ; il est vrai que trente ans se sont écoulés et que bien des transformations se sont opérées depuis. L'échec n'a donc pas été absolu. Partout il resta un noyau de colons qui ajoutèrent à leurs concessions les champs de ceux qui avaient disparu et auxquels vinrent s'adjoindre de véritables cultivateurs.

Quand il fut bien prouvé que le colon soldé et entretenu ne donnait pas les résultats attendus, on en revint au système ordinaire des concessions et l'on distribua des terres aux environs des centres nouvellement occupés dans l'intérieur; la superficie attribuée à chaque famille fut porté à une moyenne de vingt-cinq hectares (vers 1855). En outre, des traités furent passés avec des sociétés de capitalistes auxquels on accorda de vastes périmètres à la condition d'y créer des villages. La société genevoise, l'une d'elles, établie aux environs de Setif, fut une des premières tentatives de colonisation anonyme réalisée en Algérie, si l'on en excepte, toufefois, les entreprises des communautés religieuses, dont l'une, celle des Trappistes de Staouéli, a été couronnée d'un grand succès.

A partir de 1850, la colonisation prit un réel essor. En un grand nombre de localités, le pays fut réellement transformé. Malheureusement les cultivateurs étaient obligés de chercher leur voie et perdaient un temps précieux en fausses manœuvres. Les uns arrivaient de leur pays avec des idées préconçues, ce qui est fort mauvais en général, mais surtout en matière de colonisation, et ne connaissaient que les procédés routiniers de leurs aïeux; les autres, pleins d'illusions, croyaient que leurs terres étaient destinées à les enrichir par des productions exotiques ou inconnues. Des utopistes, que l'Administration soutint trop souvent, lançaient telle plante, tel arbre, dont ils célébraient, avec pompe, les avantages : on s'engouait pour cette nouveauté, on se disputait les graines et les plants, et ce n'était qu'après plusieurs années d'efforts que l'on se convainquait de son illusion. Perte matérielle, découragement, tels étaient les fruits de ces prétendues découvertes ; ce fut la cause de bien des échecs. Il s'agissait non seulement de travailler courageusement et d'avoir des avances permettant d'attendre, il fallait encore trouver la manière de procéder propre au pays, et ce procédé devait être variable, selon la nature très diverse des localités.

Après la réaction qui fut la conséquence du voyage de l'empereur, c'est-à-dire à partir de 1860, et pendant la tentative folle de création d'un royaume arabe en Algérie, il ne se donna plus de concessions aux particuliers. Le sénatus-consulte de 1863, en attribuant toutes les terres aux indigènes, dépouilla le patrimoine de la colonisation. Il ne resta que les terres domaniales, dont la superficie n'était un peu considérable que dans les *azels* (réserves) de la province de Constantine. Néanmoins, le pays continua à progresser, lentement, il est vrai, mais régulièrement, et rien n'indiqua que la liquidation annoncée fût proche. Le gouvernement impérial, comme s'il revenait sur les erreurs de son programme, avait conclu, avec une société financière, qui prit le nom de Société générale algérienne, un traité par lequel il lui concédait cent mille hectares, à charge, par elle, de mettre ces terres en valeur et de fournir, en plusieurs annuités, une somme de cent millions pour les travaux publics. Elle était, en outre, autorisée à faire les opérations de banque. On avait fondé des espérances sur cette affaire, mais le résultat fut à peu près nul pour la colonisation. Quelques villages furent établis par la compagnie, pour la forme, mais la grande majorité des terres fut simplement louée aux indigènes. On sait comment cette société sombra, malgré les bénéfices réalisés par elle en Algérie; quant aux cent millions, ils n'ont pas été entièrement versés.

C'était toujours l'application de l'ancien système : les grandes compagnies privilégiées faisant concurrence à l'initiative individuelle.

Après la révolte de 1871, l'amiral de Gueydon frappa de séquestre les tribus insurgées, et un certain nombre de ces territoires qu'on avait si généreusement donnés aux indigènes, se trouvèrent disponibles pour la colonisation. C'est ainsi qu'on pénétra dans les vallées de la Kabilie, qui, sans cela, nous auraient été fermées pour longtemps. Une loi du 15 septembre 1871 avait attribué cent mille hectares, en Algérie, aux émigrés d'Alsace et de Lorraine; un décret du Président de la République (1) régla le mode de distribution de ces terres. Le titre I dispose que le concessionnaire qui pourra justifier de la possession d'une certaine somme et s'engagera à la dépenser pour la mise en valeur de son terrain, en deviendra propriétaire définitif, aussitôt qu'il aura établi que les dépenses ont été faites. Il va sans dire qu'il se trouva peu de colons de cette catégorie. Le titre II s'appliqua au plus grand nombre et apporta une véritable innovation au régime suivi jusqu'alors. La concession fut transformée en un bail de neuf ans avec promesse de remise en toute propriété après ce délai, si les conditions de résidence et de mise en valeur imposées avaient été exécutées. C'était une aggravation considérable des anciennes clauses résolutoires; de plus, le droit par trop aléatoire du colon lui enlevait la faculté d'effectuer le moindre emprunt, puisque, en réalité,

---

(1) Des 16-28 octobre 1871.

il n'était que locataire et ne pouvait donner de gage.

Ce fameux titre II, dont la paternité fut attribuée à l'amiral, souleva contre lui de légitimes critiques de la part des Algériens et de leurs assemblées électives. De plus, le décret ne faisait aucune part aux gens du pays, aux fils des colons des premiers jours dont le patrimoine si restreint n'était plus en rapport avec l'augmentation de la famille. Ils demandaient, depuis longtemps, des terres, et, si on les avait admis dans les nouveaux villages, ils auraient pu, par leur expérience, être fort utiles aux immigrants. Le gouverneur fut amené, bon gré, mal gré, à faire modifier le décret, en permettant la cession du bail, afin de garantir les prêteurs par un engagement de l'administration de laisser vendre, au besoin, la concession à leur requête. Plus tard, on réduisit à cinq ans la durée du bail (1). On se décida aussi à accorder des terres aux Algériens, mais à la condition qu'ils ne fussent pas célibataires, ce qui était une façon un peu arbitraire de provoquer l'augmentation de la population.

Environ 2.200 familles d'Alsaciens-Lorrains, représentant, à peu près, 10.500 personnes, arrivèrent en Algérie après l'annexion de leur pays. Patronnés par des comités disposant de sommes importantes, reçus à leur débarquement par des délégués chargés de leur fournir la nourriture et des secours, placés par l'administration au milieu de fort beaux territoires, dans des villages où l'on avait préparé de petites maisons pour les abriter, ces immigrants se trouvèrent, à peu près, dans les mêmes conditions que les colons de 1848, avec cet avantage sur eux qu'on leur donna quatre fois plus de terrain.

---

(1) Décret du 15 juillet 1874.

On ne tint aucun compte des leçons de ce premier essai et l'on retomba dans les mêmes erreurs. L'élément immigrant ne valait guère mieux, car les cultivateurs s'y trouvaient en minorité. La plupart des Alsaciens étaient des ouvriers de fabrique, peut-être très attachés à la France, mais dont la moralité et l'esprit de conduite laissaient trop souvent à désirer; il va sans dire qu'il y avait d'honorables exceptions. Malgré les efforts des comités et de l'administration, malgré les secours envoyés pendant plusieurs années de France, la réussite fut peu brillante comparativement aux efforts et aux sacrifices faits. Quand on cessa de distribuer de l'argent et des vivres, un certain nombre d'Alsaciens rentrèrent chez eux ou se dispersèrent; d'autres attendirent l'expiration des cinq années du bail, vendirent leur concession depuis longtemps grevée et disparurent. Il faut reconnaître néanmoins, et nous le faisons avec plaisir, que, dans les immigrants de 1871, se trouvaient de bons travailleurs, dont quelques-uns ont réussi à force de persévérance. Il faut reconnaître également qu'ils ont eu contre eux cette circonstance défavorable d'avoir à supporter, au début, plusieurs années de mauvaises récoltes. Enfin, non seulement on leur a mesuré trop parcimonieusement la terre (1), mais encore leur concession a été fractionnée en quatre lots répartis en autant de zones concentriques, entourant le village, de sorte que le lot le plus étendu s'est trouvé le plus éloigné; nous connaissons un centre dont les colons ont leur grand lot de culture à six kilomètres de distance.

---

(1) Le décret porte qu'il leur sera donné de 3 à 10 hectares par tête, en comptant les enfants et les domestiques comme unités.

Cependant, partout où ces villages ont été établis, il est resté un groupe de cultivateurs bien fixés au sol : dans la vallée de l'Isser, dans celle l'Ouâd Sahel, aux environs de Djidjeli et de Mila. Il en est donc résulté une réelle extension du périmètre colonisé. Sous l'administration du général Chanzy, il a été donné une grande quantité de terres, et les colons Algériens en ont largement profité. En somme, il en a été de la colonisation faite depuis 1871, comme des précédentes; malgré de nombreux échecs isolés, un vaste pays, précédemment occupé par les indigènes, se trouve maintenant aux mains des Européens. Ceux-ci possédaient, en 1877, en chiffres ronds, 1.031.095 hectares (1). Ce chiffre doit être beaucoup plus considérable maintenant, car les Européens ont acheté beaucoup de terres dans ces dernières années. Un certain nombre de capitalistes français ont enfin compris l'avantage et la solidité des placements fonciers en Algérie. La conséquence a été une augmentation dans le prix des terres; en certains endroits leur valeur a quadruplé et nous pensons que ce mouvement n'est pas près de s'arrêter.

Un résultat a donc été obtenu. Aurait-il pu l'être au prix de moins d'insuccès particuliers ? Nous le pensons, et c'est un sujet qu'il y a lieu de traiter à fond.

L'Algérie cultivable est divisée en deux zones principales. Le littoral, comprenant des vallées arrosées et de riches plaines d'alluvion, contrée fertile par excellence, suffisamment pourvue d'eau et qu'un climat chaud rend apte aux cultures les plus diverses et notamment à la

---

(1) *Situation de l'Algérie*, dressée par le gouvernement général, 1877, p. 45.

production des primeurs et des fruits du Midi. La petite culture y est déjà possible et largement rémunératrice. L'autre zone est celle du Tel proprement dit, composée de montagnes, de vallées et de plaines s'élevant successivement pour atteindre la région des hauts plateaux qui précèdent le Sahara. Les terres y sont également fertiles, mais les eaux, s'écoulant vers le littoral par des pentes souvent raides, y sont plus rares; le climat, plus froid, ne permet, pour ainsi dire, pas de culture d'hiver en dehors des céréales. Enfin, les parties montagneuses, les mamelons qu'on ne peut labourer, diminuent grandement la superficie des terres cultivables. C'est la région spéciale à la culture des céréales et à l'élève des troupeaux. Quand les hivers et les printemps sont pluvieux, les récoltes y sont fort belles; mais dans les périodes de sécheresse, le blé et l'orge rendent très peu et le colon n'a aucune autre culture pouvant lui donner de réelles compensations.

La vigne paraît devoir être, aussi bien pour le littoral que pour le Tel, une ressource inappréciable, si nous avons ce bonheur que le phylloxera ne pénètre pas en Algérie. Mais la vigne demande de grands frais de plantation et d'entretien, et il faut attendre plusieurs années avant d'en recueillir les fruits.

Il résulte de ce qui précède que le genre de culture et les ressources de la terre sont très variables, selon les localités, et que si le colon est à son aise avec quelques hectares irrigables sur le littoral, il est malheureux avec cinquante hectares dans le Tel, s'il a à lutter contre de mauvaises récoltes et qu'il n'ait pas d'autre industrie. Les bestiaux seraient pour lui une excellente ressource ; mais peut-il avoir un troupeau quand il habite un village et a une quarantaine d'hectares divisés en quatre lots distincts, éloignés les uns des autres ? La vie du colon en village, qui offre de grands avantages au point de vue de la sécurité et de l'appui mutuel, n'est possible que dans un pays de petite culture. Or, nous ne saurions trop le répéter, dans le Tel il faut de grands terrains, et la logique veut, en raison même de l'étendue de la propriété, que le colon n'habite pas au loin, afin d'éviter le double inconvénient du temps perdu dans un long trajet au soleil, pendant l'été, et de l'impossibilité de surveiller des fruits toujours exposés aux entreprises des voleurs. Le système des villages a été combattu depuis longtemps et notamment par un économiste de grande valeur, M. Jules Duval, dès 1854.

« Comme moyen de sécurité, — dit cet auteur (1), — on a construit, surtout en Algérie, de grands villages, contenant des centaines de feux qui sont devenus, dans l'esprit de l'administration, le principal témoignage du progrès de l'œuvre coloniale : c'est plutôt un exemple de la regrettable confusion de la fonction civile et de la fonction militaire dans les colonies..... L'agriculture, de sa nature, est une industrie disséminée sur le sol, opérant sur des chantiers isolés, dont la maison d'habitation ne peut être éloignée sans de grands dommages. »

Nous savons qu'on a donné des fermes isolées, de 40 à 50 hectares, dont les concessionaires n'ont pas mieux réussi, particulièrement dans la région un peu élevée du Tel. Nous savons aussi, qu'ailleurs, et notamment dans la province d'Oran, des colons ont prospéré avec une

---

(1) *Les colonies et la politique coloniale de la France*, par Jules Duval, vol. in-8°. Paris, Arthus Bertrand.

superficie beaucoup moindre. Les premiers ont échoué parce qu'ils n'avaient pas de ressources et parce que leur terrain était encore trop petit; du reste la proportion des échecs, dans ce cas, a été moins grande que pour les colons résidant dans les villages. Parce qu'ils n'avaient pas de ressources, avons-nous dit ; en effet, c'est surtout en matière de colonisation que l'axiome *ex nihilo nil fit* est vrai. Comment veut-on que l'homme qui, ne possédant rien, va s'établir sur sa concession, réalise ce problème de la mettre en valeur, et, à cet effet, défricher, planter, chercher ou aménager l'eau, construire, etc., et de vivre, lui et sa famille, en attendant les récoltes ? C'est absolument impossible. Aussi qu'arrive-t-il, le plus souvent ? Le malheureux colon s'installe, comme il le peut, sur son terrain, dans une chaumière qui l'abrite fort mal contre les intempéries de l'hiver et les chaleurs de l'été. Il devient bientôt la proie de la fièvre ou de toute autre maladie et n'a pas les soins nécessaires. Néanmoins il résiste, avec un courage héroïque, aux privations et à la misère, et travaille, soutenu par ce mirage : l'espoir d'être propriétaire. S'il a triomphé de la maladie et échappé aux coups des indigènes, il voit enfin arriver ce jour où la législation lui permet d'emprunter sur sa terre. Il se croit sauvé, et cependant il s'enlève une chance de réussite. En effet, non seulement il sera grevé du service des intérêts de son emprunt, ce qui réduira ses maigres revenus; mais, quand arrivera le moment de rembourser, il ne pourra le faire, où prendrait-il cette somme ? Les quelques mille francs qu'il a empruntés et qu'il n'a reçus que diminués des frais et des intérêts retenus d'avance, lui ont servi à se faire une maisonnette un peu plus confortable et à payer les dettes contractées pendant les premiers temps, car il fallait vivre. Tout a donc été absorbé sans créer une nouvelle source de revenus, au contraire, en les diminuant, et bientôt le malheureux est exproprié; il maudit, en la quittant, cette terre où il a passé sans profit quatre ou cinq années de misère et où il laisse peut-être le tombeau de plusieurs des siens.

Quiconque a vu de près le colon reconnaîtra l'exactitude de ce tableau. Tel est invariablement le sort de celui qui ne possède pas de ressources pécuniaires et n'a d'autre industrie que la culture. Celui qui a des avances liquides ou qui est ouvrier et peut exercer un métier : maçon, boulanger, menuisier, forgeron, aubergiste même, ou qui obtient un petit emploi : cantonnier, garde des eaux, facteur, etc., est dans une tout autre situation, car le peu qu'il gagne lui assure sa subsistance, tous les produits de la campagne sont un supplément, et, s'il est rangé, il peut les employer en améliorations. Ceux-là ont généralement réussi. Quant à l'emprunt, il est, le plus souvent, cause de la ruine du colon, sauf s'il emploie les fonds à acheter des terres dans de bonnes conditions, parce qu'alors il se crée une augmentation de revenus; dans le commerce ou l'industrie un prêt peut être avantageux, parce qu'il permet de réaliser des bénéfices souvent considérables; mais pour la culture, il n'y a pas de coups de fortune à espérer et ce n'est que dans le plus strict calcul et le moins d'avances de fonds qu'on peut y réussir; et puis, ce n'est pas le tout d'emprunter et de servir des intérêts, il faut, à un moment donné, rendre le capital.

Il est une autre catégorie de petits cultivateurs venus dans ce pays sans le moindre capital et qui, néanmoins, ont su s'y faire une position. Ce sont les Espagnols, gens travailleurs par excellence, durs au climat, d'une sobriété étonnante et d'un caractère sur lequel la nostalgie n'a pas de prise. Leur réussite, dans la province d'Oran, où, cependant, ils trouvaient des terres infestées de palmiers nains, est remarquable. Certains Italiens des pays pauvres, des Corses, tous gens doués de qualités qui les rapprochent des précédents, ont su, également, triompher des obstacles des premiers jours et s'établir sérieusement. Par exemple, ils n'ont rien emprunté. Enfin, parmi les Français, ceux qui réussissent le mieux sont des gens des Pyrénées ou des pays pauvres du Midi. Il va sans dire qu'il y a des exceptions ; nous citerons notamment le village comtois de Vesoul-Benian, près Miliana, le village allemand de Sidi-Lahcen, près de Bel-Abbès, etc.

Le cultivateur français émigre peu, et cela se conçoit, puisqu'il trouve, avec tant de facilité, dans notre féconde patrie, une vie plantureuse. Ceux qui se décident à chercher fortune ailleurs ont généralement échoué dans leur village; ce n'est déjà pas la crème des fermiers. Ils n'ont pas su réussir chez eux, où ils n'avaient, pour ainsi dire, qu'à se laisser vivre, et ils partent dans l'espoir de trouver, avec moins de peine, une existence plus agréable. Aussi quelle n'est pas leur désillusion quand ils voient de près ce qu'est la rude vie du colon ! L'énergie qui leur faisait défaut en France est vite épuisée en Afrique. Bientôt, ils ne songent qu'à regagner leur village et ils fuient ce pays qu'ils avaient entrevu comme un Eldorado et où ils n'ont trouvé que la misère, les privations et la maladie. On l'a dit bien des fois, l'Algérie est trop près de la France; on peut y rentrer quand on veut, même sans argent, même par un coup de tête, et, de retour au pays, on justifie son insuccès par des récits fantaisistes qui enlèvent aux compatriotes toute velléité d'imitation.

Il n'en est pas de même pour les contrées éloignées; quand on y est, il faut y rester, même après les revers, et, souvent, en se remettant à l'œuvre, on réussit.

Fidèle au principe que nous nous sommes tracé en écrivant ce livre, nous disons la vérité, toute la vérité. Les gens forts doivent savoir l'entendre. Les échecs des colons isolés ont été nombreux; nous avons tâché d'en indiquer les causes, mais cela ne nous empêche pas de croire fermement à l'avenir de la colonisation française en Algérie; il n'y a, pour cela, qu'à constater les résultats obtenus. Nous avons dit que, partout où l'on a donné des terres, il est resté un noyau de colons bien fixés au sol, qui ont su trouver le procédé propre à leur contrée et qui sont l'avenir du pays. Un grand nombre de villages, fondés il y a vingt ou trente ans, après avoir passé par diverses vicissitudes et avoir été presque abandonnés, ont, maintenant, une population trop nombreuse et qui, par suite du manque de terre, est forcée de se dédoubler.

Nous avons exposé, aussi longuement que l'exiguïté de notre cadre nous le permettait, les différents systèmes qui ont été appliqués et nous en avons fait ressortir les inconvénients. Examinons, maintenant, ce qu'on aurait pu, ce qu'on pourrait encore faire.

M. Lestiboudois, dans un rapport rédigé en 1853 sur l'état de la colonisation en Algérie, après avoir apprécié les différentes causes ayant amené l'insuccès des colons de 1848, s'exprime comme suit : «..... L'Etat a pour mission d'assurer les indispensables conditions de la prospérité coloniale, ... ce sont :

« 1º la sécurité;

« 2º l'étendue des terres;

« 3° un régime libre, c'est-à-dire la libre action des personnes, la libre disposition des biens ;

« 4° les voies de communication ;

« 5° un marché où les colons puissent placer d'une manière assurée leurs produits..... »

Ce programme est fort bon, à l'exception, peut-être, du dernier desideratum qui est en contradiction avec les lois économiques, en faisant sortir l'Etat de son rôle. Toutes les autres conditions sont de nécessité absolue, et il faut convenir qu'elles ont généralement manqué. La sécurité n'a pas été et n'est pas suffisamment assurée (1). L'étendue des terres a été généralement insuffisante. La liberté des personnes a été souvent contrariée, notamment dans ces villages placés sous la direction d'un officier qui envoyait les colons à l'ouvrage ou à la messe au son du tambour. La liberté des transactions a manqué, puisque le concessionnaire ne pouvait disposer de son bien. Enfin les voies de communication, malgré de réels sacrifices faits par l'administration, sont restées longtemps à l'état rudimentaire et ne sont pas complètes maintenant.

Les économistes modernes qui se sont occupés de la colonisation, sont d'accord sur les points qui précèdent, et sans parler de l'école anglaise, nous ne pouvons que renvoyer le lecteur aux beaux ouvrages de M. Jules Duval (2) et Paul Leroy-Beaulieu (3).

Ici vient se placer la question de la vente des terres. A priori, il semble que ce mode eût présenté de grands avantages ; mais on objecte que la spéculation en aurait

---

(1) Nous traitons plus loin cette question dans un chapitre spécial.
(2) Notamment « *Les colonies de la France* ; l'art de coloniser, pp. 461 et suiv.
(3) *De la colonisation chez les peuples modernes* p. 308 et passim.

profité et que les gens, après avoir acheté de vastes domaines, auraient attendu la plus-value sans y faire la moindre amélioration, de sorte que la colonisation n'en aurait retiré aucun profit. Cette objection ne manque pas de force; il est vrai qu'on aurait pu imposer certaines clauses à l'acquéreur, mais il aurait toujours été difficile d'établir une sanction, car rien ne prévaut contre les principes, et, quand on a acheté et payé une chose, on en est maître.

Eh bien, malgré les inconvénients de la vente, nous déclarons qu'à notre avis ce mode est préférable et que la spéculation ne nous fait pas peur, parce que la spéculation, c'est la vie, tandis que la réglementation outrée entraîne la stérilité.

L'épreuve, du reste, a été faite en Angleterre par l'adoption du système Wakefieldien et voici ce qu'en dit M. P. Leroy-Beaulieu (1) : « Ce système a transformé l'Australie et il n'est personne aujourd'hui qui ne lui attribue, en grande partie, le mérite du développement inouï des colonies anglaises pendant la période qui s'écoule de 1830 à 1851. »

Si l'on écarte la vente, reste la concession; or, si l'on adopte ce dernier système et qu'on le débarrasse de ses entraves, pour se conformer au principe de M. Lestiboudois, « la libre disposition des biens », on ne pourra davantage empêcher la spéculation. Et même avec les entraves actuelles ne s'exerce-t-elle pas ?

Mais, quel que soit le système adopté, nous pensons que, pour une colonisation qui s'établit dans les régions ordinaires du Tel, il faut, dès le début, de vastes terres,

---

(1) *De la colonisation*, p 433.

avec la ferme au milieu de la propriété, dans un endroit dominant et bien exposé, comme les Romains savaient les choisir. Cette ferme doit former un quadrilatère entouré de murs solides pour que les indigènes ne puissent, en une nuit, y pratiquer des trous, et élevés, afin de défier l'escalade. Là où tout est en sécurité, les hommes peuvent se reposer tranquillement du travail de la journée et les bestiaux ruminer à leur aise dans la cour ou les hangars, à l'abri des intempéries et hors de l'atteinte des voleurs. Enfin, en cas d'insurrection, la ferme devient un petit fort facilement défendable.

Il est inutile de dire que, pour procéder de la sorte, il faut des capitaux; c'est la condition *sine qua non* de la réussite; or, l'argent ne manque pas en France. Il faut aussi des hommes actifs, intelligents et surtout bien au courant des choses du pays, pour diriger ces exploitations. Mais, en procédant ainsi, quelle différence dans les résultats ! Ce qui tue le colon, c'est son isolement; son effort est perdu parce qu'il n'est pas complété par un autre effort; il ne peut résister à ses ennemis : la maladie, les privations et les voleurs, parce qu'il n'est pas organisé et qu'il est seul. Combien cet homme serait plus heureux s'il arrivait dans une vaste exploitation où il travaillerait comme fermier ou colon partiaire, ayant sa subsistance et sa sécurité assurées et certain d'être soigné à temps s'il tombait malade ! Et, quand il aurait réuni un certain pécule et acquis l'expérience du pays, il posséderait les éléments pour réussir et pourrait devenir propriétaire à son tour. Cela aurait encore l'avantage de procurer à l'agriculture de bons fermiers, ce qui manque absolument.

Voilà, à notre avis, la seule voie logique à suivre en Algérie. Il est vrai que les terres disponibles deviennent rares; mais le Domaine qui a su les conserver et fournir, jusqu'à ce jour, aux besoins, en possède bien encore. Quant aux capitaux, ils sont nombreux en France, où ils ne rapportent qu'un intérêt minime. N'arrivera-t-il pas un moment où les capitalistes, au lieu de risquer leur fortune dans des affaires immorales ou des prêts à l'étranger, préféreront les employer activement dans des entreprises agricoles en Algérie? Le jour où ils s'y décideront, fût-ce demain, ils trouveront dans tous nos villages une jeune génération, forte, intelligente, ayant l'expérience du pays et dont ils pourront tirer un excellent parti.

Nous pensons donc qu'au lieu de procéder, comme on l'a fait, en partant de la petite propriété pour arriver à la grande par le groupement de plusieurs concessions abandonnées, il faut débuter par la grande propriété pour arriver à la petite. L'auteur que nous venons de citer dit excellemment à ce sujet (p. 308) : « Cette idée que la colonisation procède par centres est, au point de vue économique et historique, une idée complètement fausse; la colonisation rayonne et s'étend indéfiniment par projection sur tout le pays cultivable; les centres viennent plus tard... »

Nous allons maintenant passer une rapide revue des ressources que l'agriculture peut fournir en Algérie ; elles sont nombreuses.

En première ligne se placent les céréales, la production spéciale du Tel, et d'abord, le blé et l'orge, puis l'avoine, les fèves, le maïs et le sorgho. Cette culture est en grande partie aux mains des indigènes qui, souvent, travaillent encore comme colons partiaires pour les Européens. Leurs procédés sont des plus primitifs, et, cependant, quand l'année est favorable, les récoltes sont fort belles ; ils ont, en outre, l'avantage d'être peu coûteux. La culture faite par les Européens donne des résultats bien supérieurs, mais les frais sont incomparablement plus élevés, la main-d'œuvre agricole étant très chère ; néanmoins, dirigée par des mains expérimentées, elle peut encore donner de beaux résultats. Les fermiers sont rares, et il en sera ainsi tant qu'on donnera des concessions aux gens susceptibles de l'être.

La production des céréales, en 1874, année fort moyenne, a été de :

5.611.894 quintaux métr. de blé dur.
1.215.694 — blé tendre.
8.000.656 — orge.
240.851 — avoine.
13.174 — seigle.
225.576 — sorgho.

Voici les chiffres de 1880, année assez médiocre :

5.425.003 quintaux métr. de blé dur.
1.405.315 — blé tendre.
8.054.611 — orge.
386.126 — avoine.
6.210 — seigle.
312.988 — sorgho.

En ajoutant à ces grains les fèves et le maïs, on arrive à un total de 16.006.527 quintaux métr. pour 1879 (1).

Après les céréales, la culture qui est appelée au plus grand avenir, en Algérie, est celle de la vigne. Déjà, la

(1) *Etat de l'Algérie en 1881* p. 167.

quantité d'hectolitres de vin produite se chiffre par centaines de mille et augmente rapidement. Le nombre d'hectares cultivés en vigne en 1879 est de 23. 724, ayant donné 432. 580 hectolitres de vin (2). On consomme, en outre, beaucoup de raisin de table et on en fait sécher. Cette culture est, pour les quatre cinquièmes, entre les mains des Européens.

Tous les terrains paraissent convenir à la vigne ; mais pour savoir quels cépages seront mieux appropriés aux localités, il faut le temps et l'expérience. Il en est de même pour les procédés de fabrication du vin, qui doivent être modifiés selon les conditions climatériques du pays et la nature du raisin. Si le phylloxéra nous épargne, la vigne, seule, pourra faire la richesse de l'Algérie. Les vignerons de l'Hérault, du Gard, de Vaucluse, du Var, ruinés par le fatal insecte, commencent à le comprendre et à venir, sur cette terre d'Afrique, refaire leurs vignobles détruits.

Comme qualité les vins algériens laissent encore trop souvent à désirer, mais cela tient surtout à la défectuosité de la fabrication. La commission chargée d'examiner les vins algériens ayant figuré à l'Exposition universelle de 1878, a constaté ce fait, tout en reconnaissant leurs qualités naturelles. Quand l'expérience aura fait connaître la manière rationnelle de traiter les différents cépages, les vins algériens ne laisseront rien à désirer. Déjà, en maintes localités, on produit, non seulement de très bons vins de table ordinaires, mais encore des vins liquoreux se rapprochant du Madère, du Malaga, du Marsala, etc.

---

(1) *Etat de l'Algérie en* 1881 p, 167.

Les cultures maraîchères, pour la consommation locale, et celle des primeurs, pour l'exportation, constituent un revenu important. Les Mahonais des environs d'Alger ont réussi, à cet égard, d'une manière admirable, et il est certain que leur exemple pourrait être suivi sur tout le littoral et que l'Algérie serait en mesure de fournir des légumes frais à une partie de l'Europe, en hiver.

Comme cultures industrielles, le tabac, le lin, la ramie, donnent de bons résultats. La récolte du tabac, en 1880, a été de 5.750.552 kilogrammes. Le coton réussit dans quelques localités, mais ne peut, comme prix de revient, supporter la concurrence avec l'Amérique. Peut-être donnerait-il, dans les oasis du sud, des produits plus rémunérateurs et à meilleur compte.

Les plantes d'ornement et les plantes à essences sont cultivées avec succès aux environs d'Alger.

La sériciculture, entreprise sur différents points, ne se trouve pas dans une situation prospère. La quantité de cocons récoltés en 1879 n'a été que de 14.655 kilogrammes. Et cependant, il y a peut-être quelque chose à faire sous ce rapport.

L'apiculture est pratiquée avec succès par les Kabiles; les Européens qui s'y adonnent réussissent généralement.

Comme fruits d'exportation, l'orange et le citron donnent déjà un certain chiffre. L'oranger vient bien partout où l'altitude ne dépasse pas une moyenne de cinq cents mètres. Cette production peut donc facilement être décuplée.

Un autre fruit d'exportation est la datte. Le nombre des palmiers peut être grandement augmenté, et, comme des Français viennent d'acheter des quantités considérables de ces arbres dans les oasis de la province de Constantine, il faut espérer que cette production suivra également une marche ascendante et que partout où la sonde amènera l'eau à la surface, on plantera des palmiers.

L'olivier, indigène en Algérie, où il atteint les proportions d'un arbre de haute futaie, donne d'excellents fruits et en abondance. L'huile entre pour un chiffre important dans le tableau des exportations et il s'en consomme beaucoup sur place. La quantité d'huile fabriquée en 1877 a été d'environ 1.500.000 hectolitres, dont les deux tiers produits par les Européens. Quant à celle que préparent les indigènes, elle est de qualité inférieure, par suite du mauvais procédé de fabrication.

Comme productions naturelles, nous citerons : le liège, qui est déjà sérieusement exploité, les écorces à tan, les bois, les prairies naturelles et les plantes textiles croissant spontanément, c'est-à-dire l'*Halfa*, le *Dis* et le palmier nain. L'Halfa, exploité surtout dans la province d'Oran, donne lieu à une exportation moyenne de 70.000 tonnes. Un chemin de fer a été établi, d'Arzeu à Saïda, dans le but spécial d'aller chercher cette plante dans les hauts-plateaux. Ce textile est expédié particulièrement en Angleterre, à l'état brut, et il est incompréhensible que l'industrie française n'ait pas encore trouvé le moyen de l'utiliser ou, tout au moins, de lui faire subir, sur place, une première préparation. L'Espagne, le Portugal, la Belgique achètent notre Halfa, tandis que la France n'en emploie que des quantités infimes.

Il nous reste à parler des troupeaux et des animaux domestiques; chevaux, mulets, ânes, chameaux, bœufs, vaches, moutons, chèvres, formant un chiffre total de 14.188.120 têtes réparties comme suit (1) :

Races.	
Chevaline	156.939
Mulassière	134.232
Asine	187.464
Chameaux	195.303
Bovine	1.200.004
Ovine	8.788.452
Caprine	3.468.688
Porcine	57.038
Total	14.188.120

Dans ce chiffre, les bestiaux européens n'entrent que pour 528.496 têtes.

Ici, encore, c'est l'indigène qui est le principal producteur; ses troupeaux sont sa meilleure ressource, car ils s'élèvent et s'accroissent sans frais. Le mouton et le chameau ont en outre cet avantage de vivre et de prospérer dans les steppes des hauts-plateaux et du Sahara, où l'eau est rare et où la végétation se compose de plantes aromatiques et épineuses dont ces animaux peuvent, seuls, s'accommoder. Chaque année, à partir du mois d'octobre, des troupeaux énormes sont dirigés vers le littoral. Là, on les embarque sur des vapeurs qui les conduisent à Marseille, où ils arrivent exténués mais vivants, grâce à la rapidité de la traversée. Ainsi l'Algérie contribue, pour une part, à l'alimentation, en viande, de la France.

A ces bestiaux il faut ajouter le porc qui s'élève facilement et à peu de frais; il a, en outre, pour nos colons,

---

(1) *Etat de l'Algérie en 1879-1880*, p. 128.

cet avantage, qu'il ne tente pas la cupidité des voleurs musulmans.

Enfin, des tentatives sont faites pour vulgariser l'élevage de l'autruche, qui se reproduit, depuis de longues années, au Jardin d'essai d'Alger, à l'état domestique. On ne voit pas, en effet, pourquoi cette industrie ne réussirait pas aussi bien en Algérie qu'au Cap, où elle constitue une véritable richesse publique. Un ingénieur civil, M. Oudot, vient de publier à ce sujet un manuel pratique qui, espérons-le, servira de guide aux éleveurs (1).

La laine complète le groupe des principales productions du pays. Il s'en exporte, chaque année, environ huit millions de kilogrammes, sans compter tout ce qui s'emploie dans le pays.

---

(1) *Le fermage des autruches en Algérie*, par J. Oudot. 1 vol. in 8, avec planches (Challamel). 1880.

CHAPITRE IV

Le commerce, l'industrie, les grands travaux publics.

D'après les tableaux dressés par Shaler (1), voici quels étaient, en 1822, huit ans avant la conquête, les chiffres des importations et des exportations, pour toute la Régence :

Importations.	6.060.000 fr.
Exportations	1.474.000

Soit un mouvement commercial d'environ sept millions et demi ; ces chiffres se décomposent comme suit :

IMPORTATIONS

De l'Angleterre, produits manufacturés . .	2.700.000 fr.
De l'Espagne, soieries, poivre, café, etc . .	1.200.000
De la France, sucre, café, poivre, étoffes, métaux, etc.	1.088.000
Du Levant, soie brute et manufacturée. . .	540.000
De France et *d'Italie*, bijoux, objets de fantaisie, etc	540.000
TOTAL	6.068.000 fr.

(1) Shaler, *Esquisse de l'Etat d'Alger*, trad. Bianchi, in-8°, 1830.

EXPORTATIONS

Laine.	864.000 fr.
Peaux	432.000
Cire	97.000
Plumes d'autruche et divers.	81.000
Total	1.474.000 fr.

L'exportation du blé était généralement prohibée, pour éviter la disette.

A la suite de notre occupation, cette situation changea rapidement et les chiffres du mouvement commercial ne tardèrent pas à s'élever, ainsi qu'on peut en juger par le tableau suivant (1) :

Années.	IMPORTATIONS	EXPORTATIONS
1831	6.504.000 fr.	1.470.000 fr.
1834	8.560.236	2.376.662
1839	36.877.553	5.281.372
1844	82.804.550	3.272.056
1850	72.692.783	19.262.383
1854	81.234.447	42.176.068
1859	116.485.181	39.741.060
1864	136.458.793	108.067.355
1869	183.302.804	110.051.323
1874	196.255.214	149.352.895
1879	272.126.102	151.918.421
1880	303.434.641	168.835.136

En 1876, le chiffre de l'exportation atteint 166.530.591 fr., et, aussitôt que la période des bonnes récoltes sera revenue, il dépassera 200 millions.

(1) Les chiffres que nous donnons plus loin sont pris dans les *Tableaux des établissements français*, publiés par le ministère.

La progression, on le voit, a été constante, aussi bien pour les importations que pour les exportations. Actuellement, le chiffre du mouvement commercial extérieur est de 472.269.777 fr., et c'est particulièrement le commerce avec la France qui le constitue. Il ne tardera pas à atteindre un demi-milliard. C'est ici le cas de répéter que les chiffres ont leur éloquence.

Nous voici loin des sept millions et demi qui représentaient tout le commerce de la Régence, avant la conquête. L'écart considérable et fort difficile à expliquer, au point de vue économique, qui existait entre le chiffre des importations et celui des exportations, tend à disparaître. Il est probable qu'avant peu l'équilibre se fera.

Examinons maintenant les modifications survenues dans les articles mêmes, en prenant pour point de départ l'année 1853, époque à laquelle le commerce algérien est déjà en plein essor. Le trafic de ladite année a été le suivant :

Importations	99.079.531 fr.
Exportations	33.448.923
TOTAL	132.528.454 fr.

Ces chiffres se décomposent comme suit :

IMPORTATIONS

Tissus de coton	20.764.247 fr.
— de lin ou de chanvre.	2.495.049
Vins.	11.215.274
Effets à usage.	6.980.633
A reporter	41.455.303 fr.

Report	41.455.303 fr.
Tissus de laine................	5.567.892
— de soie................	5.647.491
Sucre raffiné................	2.800.349
Peaux ouvrées................	2.685.560
Papier, livres, gravures	1.454.608
Huile de grains, graisse	1.138.778
Outils et ouvrages en métaux.......	2.052.868
Poterie, verre, cristaux..........	1.094.282
Mercerie................	2.120.342
Peaux préparées................	1.640.516
Eau-de-vie, esprit, liqueurs........	2.679.251
Soie et bourre de soie	1.131.329
Savons ordinaires	1.083.900
Matériaux à bâtir	580.506
Acide stéarique ouvré	554.982
Farine de froment............	1.336.927
Orfèvrerie et bijouterie..........	582.768
Parfumerie	438.732
Fer, fonte et acier............	575.242
Fils de toute sorte............	293.505
Tabac préparé ou fabriqué........	385.488
Médicaments composés..........	307.004
Fromages................	689.213
Fruits de table et oléagineux.......	542.396
Bois communs................	365.083
Viandes salées................	357.259
Indigo................	117.405
Riz et grains................	201.814
Légumes secs................	215.095
Graisse de porc	278.080
Beurre................	66.471
Froment................	31.967
Autres articles................	6.084.030
Total	86.597.135 fr.

EXPORTATIONS

Céréales	11.810.377 fr.
Laines en masse	5.905.745
Peaux brutes	2.153.150
Tabac en feuilles	770.668
Huile d'olive	2.473.836
Légumes secs	1.300.507
Béliers, brebis, moutons	719.896
Minerai de plomb	270.355
Minerais non dénommés	273.583
Futailles	118.032
Végétaux filamenteux	314.857
Citrons et oranges	108.330
Os, sabots et cornes	226.967
Joncs et roseaux	21.297
Tabac fabriqué et autre	142.943
Cire jaune et autre	194.987
Suif brut	234.604
Soies écrues et grèges	112.000
Minerai d'antimoine	85.444
Drilles	83.150
Chevaux	76.650
Liège brut	20.085
Sangsues	154.440
Autres articles	1.301.350
TOTAL	28.873.753 fr.

La nature des marchandises importées a peu varié ; les quantités ont généralement augmenté. Les matériaux de construction, les tissus, certaines denrées et objets de consommation forment les principaux chiffres. L'importation du vin diminue, par suite de l'accroissement rapide de la production locale, et l'Algérie a déjà commencé à exporter, à son tour, le précieux liquide.

Dans les 303 millions d'importations en 1880, les
tissus de coton comptent pour . . . . . 67.757.348 fr.
ceux de chanvre pour. 10.002.489
ceux de laine pour 16.139.096
les sucres pour. 14.000.000
la fonte, les fers pour. 10.691.240
les peaux préparées pour 15.670.718

Tels sont les plus gros chiffres.

Mais ce sont les articles de l'exportation qu'il est intéressant d'étudier comparativement. Nous allons en examiner quelques-uns :

En 1853, l'exportation des bestiaux, qui ne se compose que de moutons et de chevaux, atteint une valeur de 796.546 francs. En 1879 on exporte (1) :

Bêtes de somme	4.717	têtes valant	1.550.655 fr.
— bovines	53.569	—	10.515.230
— à laine	741.725	—	14.834.500
		Total	26.900.385 fr.

En 1853, on exporte pour 11.810.377 fr. de céréales. En 1880 :

1.063.615	quintaux	froment	valant	27.973.075 fr.
905.537	—	orge	—	18.110.740
161.437	—	avoine	—	4.116.634
			Total	50.200.459 fr.

En 1853, on exporte pour 20.085 fr. de liège brut ; en 1879 :

6.036.328 kilog., valant . . . . 7.243.594 fr.

_____
(1) *Etat de l'Algérie* (1879), pp. 194, 195.

En 1853, on exporte pour 314.857 fr. de végétaux filamenteux ; voici les chiffres de 1876 :

75.326 kilog.	coton,	valant	150.652 fr.
1.011.683	— feuilles de palmier nain,	—	151.752
8.390.960	— crin végétal,	—	2.097.740
		Total	2.400.144 fr.

En 1880 on exporte :

12.250 kilog.	coton ou laine,	valant	24.500 fr.
631.503	— feuilles de palmier nain,	—	94.725
9.318.160	— crin végétal,	—	2.329.540
		Total	2.448.765 fr.

Si l'exportation du coton et des feuilles de palmier nain a diminué, celle du crin végétal a augmenté, de façon à rétablir, et au delà, l'équilibre.

En 1853, on exporte pour 21.297 fr. de joncs et roseaux (article comprenant l'Halfa et le Dis). En 1880 :

80.895.170 kilog., valant . . . . 11.134.276 fr.

En 1853, on exporte pour 629.382 fr. de minerais de toute sorte ; voici les chiffres de cette exportation en 1880 :

5.964.092 quintaux	minerai de fer,	valant	9.542.547 fr.
149.043	— de cuivre,	—	1.490.430
44.589	— de plomb,	—	2.006.505
		Total	13.039.482 fr.

Les plus-values portent encore sur les articles suivants :

7.549.669 kilog.	laines en masse,	valant	13.211.921 fr.
2.899.460	— peaux brutes,	—	5.607.908
4.712.743	— légumes secs,	—	1.178.186
2.495.322	— fruits frais (oranges, etc.)	—	1.678.418
6.728.923	— fruits secs (dattes, figues, etc.)	—	2.988.469

13.437.287	— ouvrages en bois,	— 2.425.332
202.630	— tabac fabriqué,	— 1.296.768
2.199.621	— poissons de mer secs ou salés —	1.319.773

Enfin, de nouveaux articles se sont ajoutés aux précédents. Nous citerons parmi eux :

Le poisson de mer pêché sur nos côtes et que l'on exporte en conserve ou dans la glace ; le chiffre de 1876 et de (1) :

5.906.834 kilog., valant . . . . 3.544.100 fr.

Le vin (en 1880) :

49.094 hectolitres, valant. . . . . 432.975 fr.

Les écorces à tan (en 1879) :

12.660.047 kilog., valant . . . . 2.532.009 fr.

Le chiffre de 1877 était de plus de vingt millions de kilogrammes, valant 4 millions de francs ; il faut attribuer cette diminution passagère aux incendies qui ont dévasté les forêts dans ces dernières années.

Les légumes frais (en 1879) :

2.221.707 kilog., valant . . . . 333.256 fr.

Le lin en graines (en 1879) :

1.213.368 kilog., valant . . . . 910.026 fr.

Le corail brut (en 1879) :

17.876 kilog., valant. . . . . 536.280 fr.

---

(1) Nous n'avons pu trouver le chiffre pour le poisson frais dans les statistiques des années suivantes.

Enfin, les essences (rose, géranium, néroly, etc.), les plantes d'ornement, etc.

On voit, par cette rapide revue, quelles ressources variées l'Algérie offre au commerce. Ces ressources ne feront que s'accroître, car chaque jour il s'en créera de nouvelles par la mise en valeur du pays et la facilité des communications. Qui aurait pu prévoir, il y a trente ans, que l'Algérie expédierait, jusque dans le nord de l'Europe, des légumes de primeur, des plantes d'ornement, du poisson; que la viande algérienne serait cotée aux halles centrales; que l'halfa, cette plante monotone des hauts-plateaux, pourrait être utilisée avec tant de succès et devenir une source de richesses, à ce point qu'on construirait un chemin de fer spécial pour aller la chercher au seuil du désert; que des navires viendraient de tous les pays chercher notre minerai de fer brut...? En vérité, celui qui aurait entrevu cet avenir aurait couru grand risque de se voir taxer de folie, non que l'on n'eût rêvé pour l'Algérie un brillant avenir, mais on se plaisait à voir sa fortune dans des productions étranges, alors qu'on foulait aux pieds ses vraies richesses.

Le commerce algérien est desservi par la marine de commerce, à voile et à vapeur. Le port de Marseille fournit, à lui seul, la majeure partie de ces navires. Les principaux ports sont ceux d'Alger, Oran, Bône, Philippeville, Bougie et Arzeu, où des travaux plus ou moins considérables ont été exécutés par nous pour les rendre plus sûrs et plus accessibles. Les petits ports ou rades foraines de la Calle, Collo, Djidjeli, Dellis, Cherchel, Tenès, Mostaganem et Nemours, servent aux caboteurs et aux navires d'un faible tirant d'eau. Les chiffres du mouvement de la navigation, en 1880, sont les suivants :

Entrée : 4.086 navires jaugeant 1.729.689 tonneaux, sur quoi 1.085.568 de provenance française.

Sortie : 4.068 navires jaugeant 1.723.107 tonneaux (1).

La traversée d'Alger et de Philippeville à Marseille (750 kilom. en moyenne) se fait en trente-deux heures par les magnifiques paquebots de la compagnie transatlantique, où l'on rencontre tout le confort et le luxe désirables. Les steamers des autres compagnies mettent de 36 à 42 heures pour ce trajet, ce qui permet d'amener en France les bestiaux vivants, en les entassant sur le pont et dans les cales. Les accidents sont excessivement rares.

Alger a quatre arrivées et autant de départs *réguliers* par semaine. Un de ces courriers conduit à Port-Vendres et fait escale en Espagne. Philippeville et Oran ont, chacune, deux arrivées et deux départs; Bône une. Des services maritimes relient entre elles les villes de la côte. De grands vapeurs font régulièrement le trajet de Dunkerque à Bône, avec escales sur le parcours. Le courrier allant de Marseille à Bône touche à Ajaccio. Deux courriers par semaine vont à Tunis et l'un d'eux prolonge son voyage, tous les quinze jours, jusqu'à Tripoli de Barbarie. A l'ouest on va régulièrement jusqu'à Tanger. Un service à vapeur est aussi établi entre Oran et Carthagène et un autre entre Alger, Tunis, la Sicile et Naples. Enfin, les grand steamers de la Cie British India touchent deux fois par mois à Alger qui se trouve reliée à l'Inde, par Aden et Zanzibar.

Les moyens de transports sont, on le voit, nombreux et variés; leur grand développement date seulement d'une dizaine d'années.

---

(1) *Etat de l'Algérie* 1881, p. 219.

Les communications télégraphiques sont non moins bien assurées avec la France, étant desservies par trois cables spéciaux. Le réseau télégraphique terrestre est à peu près complet, et il est peu de postes qui ne possèdent leur bureau.

Le service télégraphique algérien dessert également celui de la Tunisie. Le nombre de stations, tant en Algérie qu'en Tunisie, était au 31 décembre 1879, de 163, ainsi réparties (1) :

Département d'Alger	67
— d'Oran	39
— de Constantine	45
Tunisie	12
TOTAL	163

La taxe des dépêches par la voie sous-marine est de 10 centimes par mot.

Les marchandises à l'importation sont frappées d'un droit d'entrée dit *octroi de mer*, dont le produit sert à constituer, pour une forte partie, le budget des communes algériennes qui se trouvent ainsi dispensées d'établir un octroi aux portes des villes. Cet impôt est perçu au débarquement une fois pour toutes.

Les établissements de crédit sont représentés :

1° Par la Banque de l'Algérie qui jouit du privilège d'émettre des billets. Il en résulte cette anomalie que le billet de la banque de France perd au change en Algérie, de même que celui de la banque de l'Algérie perd au change en France.

2° La Compagnie Algérienne qui a hérité des terres de l'ancienne Société générale algérienne.

---

(1) *Etat de l'Algérie (1879)*, p. 214.

3° Le Crédit lyonnais,

4° Et le Crédit foncier et agricole de l'Algérie.

Le premier ne doit faire que l'escompte des valeurs commerciales ; les autres font toutes les opérations financières qui se présentent.

Nous ne pouvons avoir la prétention de traiter, d'une manière technique, la question du commerce algérien, de son avenir et des mesures qu'il pourrait être opportun de prendre afin de lui assurer tout sont développement. Il faudrait pour cela une compétence plus grande que la nôtre et un cadre plus vaste que celui de ce livre ; nous nous bornerons donc à l'aperçu qui précède.

L'industrie proprement dite n'existe pas encore en Algérie, et il ne faut pas se dissimuler que l'absence de charbon sur place sera toujours, à cet égard, une difficulté à vaincre. Qu'on trouve un autre moteur, et la question sera bien simplifiée. Mais, si la grande industrie manque, la petite industrie est largement représentée. Partout où les rivières ont de l'eau en quantité suffisante, les chutes ont été utilisées, spécialement pour des moulins à farine ; l'un d'eux, établi sous la paroi verticale du rocher de Constantine, est une véritable usine qui ne compte pas moins de trente-deux paires de meules. Les moulins à huile, les vermicelleries, les distilleries d'essences, les fabriques de crin végétal, l'exploitation et la préparation du liège, les autres exploitations forestières, les tanneries, la cordonnerie indigène, la fabrication des vêtements de laine par les Arabes et les Kabiles, la préparation des conserves de poissons et de légumes, la fabrication du savon, des allumettes, de la glace, du papier, du chocolat, les briqueteries, l'exploitation des carrières de marbre, celle du sel cristallisé et enfin la pêche du corail, telles sont les principales industries actuellement en prospérité.

Bien des essais ons été tentés pour agrandir ce champ ; mais, soit que les fonds aient manqué, soit que les promoteurs n'aient pas su diriger leurs entreprises, soit que le pays ne se trouvât pas dans les conditions voulues, la réussite n'a pas couronné les efforts. Nous citerons notamment les essais entrepris pour utiliser, sur place, l'halfa ou lui faire subir une préparation afin de la réduire en tourteaux et de diminuer son poids, et par suite, les frais de transport. On n'a pas réussi, et c'est très fâcheux ; espérons que plus tard on parviendra à trouver le procédé. Quelques entreprises ont été contrariées par les frabricants de France. Ainsi un industriel qui avait établi une fabrique de bougies en Kabilie s'est vu arrêté par une coalition des frabricants du midi qui ont tellement fait hausser les matières premières dont il avait besoin, qu'il a dû fermer son usine, ruiné par une concurrence qu'il ne pouvait soutenir.

L'exploitation des mines paraît appelée à un brillant avenir. Les gisements métalliques sont nombreux, riches et variés : fer, cuivre, plomb, plomb argentifère, mercure, zinc, antimoine, etc., se trouvent dans un grand nombre de localités. Les premières compagnies formées pour l'exploitation des richesses minières, il y a une trentaine d'années, n'ont pas réussi ; celle de Mousaïa et de Tenès ont abouti à de véritables désastres causés par la mauvaise direction des exploitations. Celle de Gar-Rouban, sur la frontière du Maroc, après avoir tenu assez longtemps, a fini par être également abandonnée, malgré sa richesse, et cela, croyons-nous, en raison de son trop grand éloignement de la mer et de la difficulté des chemins. Les mines de Kef-Oum-Teboul, sur la frontière tunisienne, sont l'objet d'une exploitation sérieuse qui occupe environ quatre cents ouvriers. Celle de Aïn-Barbar en emploie trois cents.

Mais la principale mine de fer de l'Algérie est celle de Mokta-el-Hadid, située à 33 kilomètres à l'ouest de Bône, non loin du lac Fezara. Le minerai de fer magnétique qu'on en extrait est le plus riche de tous les minerais connus. Longtemps la compagnie concessionnaire est restée dans une situation peu brillante et a vu ses actions cotées au-dessous du pair. Enfin elle a eu le bonheur de rencontrer un ingénieur habile (1), qui a pris en main la direction de la mine, et, sous son impulsion, les choses ont bientôt changé de face. D'importants bénéfices ont été réalisés et la prospérité de la compagnie a pris un essor inespéré. Les actions ont regagné le pair, l'ont dépassé et sont cotées à plus de trois fois leur valeur nominale. Le personnel de l'entreprise est de plus de seize cents personnes et la production journalière de dix-huit cents tonnes. La production de 1874 a atteint 428.000 tonnes; celles de 1877 n'a été que de 384.000. En 1867, elle était de 169.000 tonnes. Un chemin de fer appartenant à la compagnie prend le minerai à la mine et l'amène dans le port de Bône, où les wagons déchargent à même dans de grands quatre-mâts à vapeur aménagés spécialement pour ce transport. La Compagnie de Mokta a acheté d'autres mines et étend chaque jour ses opérations.

A côté de ces grandes exploitations, un certain nombre d'autres mines ont fait l'objet de concessions, et, peu à peu, de nouvelles entreprises s'organisent.

Le nombre des mines en exploitation, à la fin de 1879,

---

(1) Feu M. Dumas.

était de dix-huit, dont quatre dans le département d'Alger, deux dans celui d'Oran et douze dans celui de Constantine. Depuis, de nouvelles autorisations ont été accordées, notamment à la société de Chatillon et Commentry, qui a dû remettre en activité l'exploitation des mines de Tenès. La valeur, sur place, du minerai extrait en 1880 est d'environ trois millions de francs. Ces exploitations occupent environ 4.500 ouvriers. Les Américains commencent à rechercher nos minerais; une maison des Etats-Unis a conclu un marché de 650.000 tonnes qui doivent lui être livrées en trois ans (1).

Après les mines, citons encore les carrières de marbre, et, notamment, celle de marbre blanc de Filfila, qui rivalise avec le Carare, et celle de Aïn-Takbalet, au nord de Tlemcen, fournissant un admirable onyx translucide à tons variés, qui commence à être très recherché. Les Romains, nos devanciers, avaient exploité toutes ces carrières.

Passons, maintenant, un rapide examen des travaux publics exécutés ou en cours d'exécution et de ceux en projet.

Un des premiers soins qui s'imposa à nous dans le cours de la conquête, fut de nous fortifier. Ainsi, à mesure que l'on prit possession d'un poste, on s'occupa, aussitôt, de remettre en état et de compléter ses défenses, si c'était déjà une ville habitée, ou de l'entourer d'une muraille, si le centre était de nouvelle création. De plus, un certain nombre de forts, redoutes et blockhaus isolés furent établis. Ces travaux, exécutés sous la direction du génie militaire, absorbèrent des sommes considérables,

---

(1) Etat de l'Algérie 1881, p. 192.

mais ils étaient absolument nécessaires, car la moindre muraille a toujours arrêté l'effort des indigènes.

Vint ensuite l'ouverture des routes praticables dans ces pays montagneux et coupés, où l'on ne trouvait, avant la conquête, que des sentiers à peine suffisants pour les bêtes de somme des indigènes. Ce fut encore l'armée qui commença cet utile travail ; ainsi, à peine nos soldats avaient-ils posé leurs armes, qu'ils prenaient la pioche ; souvent, même, ils travaillèrent sous le feu de l'ennemi, protégés par une partie de leurs camarades. L'administration des Ponts-et-Chaussées, en territoire civil, le Génie, en territoire militaire, ont amélioré et complété les voies ouvertes par l'armée, et, maintenant, on peut dire que tous les points importants sont reliés par des routes sonvent très bonnes, et presque toujours praticables. La viabilité n'est pas encore parfaite, mais les principales artères existent ; les Conseils généraux s'occupent du soin d'établir des chemins vicinaux se rattachant aux grandes lignes, et il est à supposer que, dans quelques années, les voitures pourront circuler partout.

Les travaux maritimes ont exigé de très grandes dépenses. Avant la conquête, il n'existait, pour ainsi dire, pas de ports en Algérie. Ce rivage était bien celui dont Salluste a dit : *mare sævum importuosum,* une mer irritée est sans ports. Alger, chef-lieu de la Régence, n'offrait qu'un abri incertain aux felouques des corsaires, et l'on se rappelle cette tempête qui, en 1841, détruisit un grand nombre de navires ancrés dans ce triste port. Mers-el-Kebir, Arzeu, Bougie et Collo offraient, seuls, des rades que la nature avait faites plus sûres. On créa, de toutes pièces, de nouveaux ports à Alger, à Oran, à Bône, à Philippeville. Des millions y furent engloutis, et si la conception et l'exécution de certains de ces travaux donnèrent lieu à des critiques diverses, de la part des hommes spéciaux, le public doit reconnaître qu'un résultat a été obtenu, puisque ces localités sont maintenant pourvues de ports dont plusieurs sont bons. Dans les autres localités maritimes : La Calle, Collo, Djidjeli, Bougie, Dellis, Cherchel, Tenès, Mostaganem, Arzeu, Nemours, on exécuta des travaux plus ou moins importants, dans le but d'améliorer le mouillage et de rendre l'accès de la côte plus facile. Enfin, un grand nombre de phares ont été construits le long du littoral. Il est inutile d'ajouter que si l'on a fait bien des choses, il reste beaucoup à créer et à améliorer.

Comme travaux d'utilité générale, mais plus restreinte, effectués en Algérie, nous citerons :

Le dessèchement des marécages, notamment dans la plaine de la Mitidja, où le lac Alloula, autrefois un foyer de pestilence, a été mis à sec, ce qui a donné à la colonisation un vaste territoire d'une grande fertilité;

L'aménagement des eaux pour la consommation animale et l'irrigation. Partout les eaux potables ont été recueillies avec soin, et conduites dans les centres. La commune de Constantine a dépensé plusieurs millions pour aller chercher, à 70 kilomètres, les eaux des sources de Fesguïa, que les Romains amenaient également à Cirta, et maintenant cette ville populeuse est abondamment pourvue d'eau;

La création de grands barrages pour la retenue des eaux et l'irrigation. Ceux de la province d'Oran ont particulièrement réussi;

Le forage de puits artésiens dans le Hodna et le Sahara, travail de première utilité exécuté par la main-d'œuvre militaire, sous la direction d'habiles ingénieurs. Aussitôt que l'eau est ramenée à la surface dans les steppes arides, la vie renaît et une oasis se forme ;

Les plantations, faites généralement par l'armée, sous la direction du Génie. On avait même organisé des compagnies de planteurs qui ont fonctionné pendant quelque temps. Les reboisements des environs d'Orléansville leur sont dus. Des pépinières furent, en outre, faites dans chaque localité ayant une garnison ;

Enfin, la construction d'une foule d'établissements publics, tant par le Génie que par le service des Bâtiments civils.

Tous ces travaux représentent une somme considérable d'efforts ; et cependant il reste bien des choses à faire, notamment au point de vue de l'organisation des ressources hydrauliques. Si l'Algérie avait de l'eau en abondance, ce serait le plus riche pays du monde ; malheureusement, elle est rare, et il faudrait s'attacher à n'en laisser perdre que le moins possible. Les Romains avaient étudié à fond cette question capitale, et l'on trouve, à chaque pas, des travaux qui sont pour nous un sujet d'étonnement et qui pourraient nous servir de modèles.

Mais une des créations appelées à modifier, dans les plus grandes proportions, la situation économique de l'Algérie, est celle des chemins de fer.

Le premier réseau algérien a été déterminé par le décret du 8 avril 1857. Une convention, passée avec la compagnie Paris-Lyon-Méditerranée et approuvée par la loi du 11 juin 1863, lui a concédé les deux tronçons Alger-Oran (426 kilomètres) et Philippeville-Constantine (87 kilomètres). Aussitôt, cette puissante compagnie s'est mise à l'œuvre, et en 1870, ces deux tronçons étaient en exploitation. Celui de Philippeville à Constantine a coûté très cher en raison des difficultés du terrain.

Depuis 1870, de nouvelles lignes ont été concédées et sont déjé livrées à la circulation; savoir :

De Bône à Guelma et de Guelma au Khroub (près Constantine), soit environ 200 kilomètres, exploités par la compagnie des Batignolles (Gouin);

De Constantine à Setif par El Garâ, 155 kilomètres, et de là à El Achir (90 kilomètres), exploités par la compagnie Joret (Est algérien);

De la Maison-Carrée à Ménerville (Col des Beni-Aïcha), dans la province d'Alger, 43 kilomètres, exploités par la même compagnie;

D'El Garâ à Batha (80 kilomètres), exploités toujours par la même compagnie.

D'Arzeu à Saïda, dans la province d'Oran, 130 kilomètres, avec prolongement dans les hauts-plateaux (70 kilomètres), pour atteindre la région de l'Halfa, exploités par la compagnie Debrousse (Franco-algérienne);

De Sainte-Barbe-du-Thelat à Sidi Bel Abbès, 53 kilomètres, concédés à la compagnie Seignette;

Enfin de Duvivier à la Medjerda (Tunisie), 157 kilomètres, concédés à la compagnie Bône-Guelma, avec prolongement jusqu'à Tunis.

Telles sont les lignes actuellement livrées à la circulation. Elles forment un total d'environ 1.500 kilomètres, ayant donné, en 1879, une recette de 9.085.769 francs (1).

Le réseau d'intérêt général a été déterminé par la loi du 18 juillet 1879. Il contient vingt lignes nouvelles, sur

---

(1) Etat de l'Algérie (1879), p. 175. Il faut remarquer que le réseau ne comportait pas, alors, plus de 1.200 kilomètres.

lesquelles l'établissement de celles de Setif à Ménerville, par ou près Bordj-bou-Aréridj, et d'El Guerrah à Batna a été déclaré d'utilité publique par la loi du 2 août 1880. L'Est-algérien à qui elles ont été concédées s'est aussitôt mis à l'œuvre et déjà la locomotive va, sans interruption, de Constantine à Alger et de Constantine à Batna. La même loi a approuvé la concession éventuelle à cette compagnie, des lignes suivantes :

De Bordj Bouira aux Trembles,
De Ménerville à Tizi-Ouzon ;
De Beni-Mansour à Bougie ;
De l'Oued-Tixter vers Bougie, par les vallées du Bou-Sellam et de l'Oued Amassin ;
De Batna à Biskra ;
Et d'Ain-Beïda au réseau de la province de Constantine. Une loi du 22 août 1880 a concédé à la compagnie de l'Ouest-algérien, le chemin de fer d'intérêt général de Sidi Bel Abbès à Ras-el-Ma, en y incorporant le tronçon du Tlélat à Bel-Abbès, soit au total 152 kilomètres.

Un grand nombre d'autres tronçons sont à l'étude ou ont déjà fait l'objet de déclarations d'utilité publique.

Les recettes des chemins en exploitation sont généralement en hausse.

La situation des chemins de fer est satisfaisante, car le trafic est important et l'Etat ou les départements garantissent un minimum d'intérêt aux compagnies. Les premiers tronçons ont été faits dans des conditions beaucoup trop coûteuses ; il n'en est pas de même des derniers qui ont été établis plus économiquement et sont revenus à des prix incomparablement moins élevés. Cette extension des chemins de fer algériens est une excellente chose à tous les points de vue. Les producteurs en ressentiront, avant tous les autres, le profit. Les avantages stratégiques sont, également, très appréciables, et cette facilité de transporter rapidement des troupes sur un point donné est un gage de sécurité. Les indigènes emploient volontiers ce mode de locomotion qu'ils paraissent trouver tout naturel.

Nous ne terminerons pas ce chapitre sans parler des deux grands projets à l'ordre du jour : « la mer intérieure » et « le trans-saharien. »

Pour le premier, la mer intérieure, nous ne nous permettrons pas de l'apprécier au point de vue technique, c'est-à-dire de la possibilité d'exécution. Des savants tels que MM. Daubrée, Cosson, Pomel, Fuchs, Delesse, Lechatellier, l'ont combattu par des motifs qui semblent probants et sont confirmés par le rapport de la commission italienne. M. Roudaire prétend, néanmoins, que le projet est réalisable et il a trouvé des appuis considérables à l'Académie des sciences et dans la presse. L'avenir prononcera. Nous nous contenterons de protester, d'abord, contre ce nom de *mer,* car ce ne serait, après tout, qu'un lac. Or, le public, en général, en est encore à croire que le Sahara est une pleine basse, une mer de sable, sans accidents de terrain, et se figure qu'en lâchant l'écluse de Gabès, tout le « désert » serait inondé; c'est là, croyons-nous, le secret de la faveur qui a accueilli le projet du commandant. N'a-t-on pas vu des personnes craindre que le « rétablissement de la mer saharienne » ne fît reparaître les glaciers en Europe !

Pour nous, nous avouons n'en être pas partisan parce que nous en cherchons en vain l'utilité et n'y voyons que des inconvénients. M. Roudaire et ceux qui le soutiennent prétendent que l'inondation de la cuvette du

Melrir aurait pour conséquence de modifier le climat de l'Algérie. Il faudrait dire, d'abord, d'une partie seulement de la province de Constantine; mais c'est là, on l'avouera, une supposition bien gratuite, une hypothèse qui pourrait être combattue par d'autres hypothèses tout aussi plausibles. Au point de vue économique, la proposition n'est pas soutenable, car, on bouleverserait la situation d'une contrée, en immergeant des palmiers et en coupant des chemins, et l'on ne fournirait aux habitants du Souf et de l'Ouad-Rir d'autre avantage que de conduire par eau leurs dattes et leurs haïks à Gabès, tandis qu'ils les apportent dans la province de Constantine et en Tunisie, où ils ont des relations commerciales depuis longtemps établies. Enfin, au point de vue stratégique, ce serait l'ouverture de notre frontière méridionale, la facilité donnée par nous à nos ennemis de nous prendre à revers et de nous envahir par le Sud.

Depuis notre occupation de la Tunisie, les inconvénients signalés ci-dessus ont été en partie atténués. La question politique se trouvant écartée, il reste à étudier la question économique et pratique. Or, une commission, composée de membres de l'Institut et de personnes très autorisées par leur spécialité dans divers genres, a étudié la question à tous les points et conclut au rejet pur et simple de la proposition. Cela nous dispense de nous étendre davantage sur ce sujet.

Tout autre est notre appréciation à l'égard du second projet : le *trans-saharien*. Autant l'utilité du premier — en admettant qu'il soit réalisable — est contestable, autant les avantages du second sont certains et de premier ordre. Relier l'Algérie avec notre grande colonie du Sénégal ; planter notre drapeau au cœur de l'Afrique ;

ouvrir le Soudan à notre commerce et à notre industrie, voilà un projet digne de passionner une nation comme la nôtre, et c'est un devoir patriotique, pour chaque Français, de travailler à sa réalisation. Nous reconnaissons, du reste, avec plaisir, que cette question a éveillé chez nous une noble émulation ; aussi est-elle déjà sortie de l'état de préparation pour entrer dans celui de l'exécution, puisque les études techniques et des reconnaissances ont été déjà faites sur toute la première zone du désert.

Mais il ne faudrait pas se dissimuler que c'est là une grande entreprise, et il est à souhaiter que l'opinion publique ne s'en désintéresse pas, lors de la révélation des difficultés à surmonter. A ce point de vue, l'ouvrage de M. Duponchel (1), malgré le soin apporté par l'auteur à ce travail, peut avoir de fâcheuses conséquences, en présentant l'établissement du trans-saharien comme très facile. Selon lui, on peut, dans un délai fort court, procéder en même temps à la reconnaissance du terrain et à la construction de la voie, et poser, sans s'arrêter, les rails, de Laghouat à Tombouktou (2). Or en réalité la question est loin d'être mûre et se lancer ainsi, au hasard, serait non seulement une hardiesse touchant à la folie, mais encore une légèreté impardonnable, car on compromettrait gratuitement la réussite d'un projet qui doit contribuer, à un haut degré, à la grandeur de notre patrie. L'établissement du trans-continental américain, que l'auteur prend pour modèle, peut fournir d'utiles enseignements, mais en conclure qu'on doit pro-

---

(1) *Le chemin de fer trans-saharien*, par A. Duponchel, Hachette, 1879.
(2) P. 247.

céder absolument de la même manière est une grave erreur, car les deux pays ne sont nullement dans des conditions identiques.

En effet, nos connaissances sur le centre du Sahara et le Soudan sont des plus vagues. Il faut, avant tout, reconnaître et étudier les pays intermédiaires et choisir la voie la plus avantageuse à tous les points de vue, pour ne pas être obligé de recommencer ; il faut avoir des données précises sur le Soudan, sous le double rapport économique et ethnographique, afin de savoir dans quelle direction nous devons aller ; il faut fixer, non seulement le point d'arrivée au Soudan, mais encore le point de départ en Algérie, et l'on est loin de paraître d'accord sur ce sujet. Pour tout cela, des années sont nécessaires et doivent être absorbées par les reconnaissances sur place, les études comparatives et les discussions contradictoires, de façon à ne trancher la question que quand tous les éléments seront réunis.

Les travaux préliminaires pourront être bientôt terminés en Algérie et dans la première zone du Sahara ; mais, mesure-t-on le temps qu'il faudra pour reconnaître les différentes voies proposées, dans un pays douze ou quinze fois grand comme la France, sur une longueur de deux mille kilomètres, au milieu de populations hostiles et en luttant contre des inconvénients sans nombre résultant du manque absolu de ressources et des dangers du climat ? Lorsque le lieutenant-colonel Flatters qui avait, autant qu'il est possible, des notions sur ces contrées, a proposé de se charger d'une première reconnaissance, en emmenant avec lui un certain nombre d'hommes choisis et bien armés, un tolle général a accueilli cette offre qui, cependant n'avait rien que de très sage ; mais la presse ne veut pas que ces explorations aient un caractère militaire, même déguisé, et l'on a vu un membre algérien du Parlement se joindre, avec un certain fracas, à ces protestations. Tout le monde, en effet, parle *ex professo* de cette question que bien peu de personnes connaissent, et si l'on peut citer quelques voyageurs qui sont revenus de ce terrible Sud, on ignore qu'à part Barth, ils ne sont pas allés jusqu'au Soudan et l'on oublie les noms des martyrs qui, agissant isolément, ont payé de leur vie leur généreuse tentative ; on ne se rend pas compte que ceux qui n'y ont pas péri obscurément n'ont pu recueillir quelques observations que d'une manière incomplète, par surprise, pour ainsi dire, en luttant de ruses avec les indigènes et en passant des années dans le Sud.

C'est qu'en effet la plus grande difficuté réside dans les conditions mêmes du pays à traverser. LE SAHARA N'OBÉIT A PERSONNE. Il est parsemé d'oasis habités par des populations berbères sédentaires assez pacifiques, mais très jalouses de leur autonomie, et habituées à défendre, avec un grand courage, leurs villes, contre les incursions étrangères. Quant aux vallées et aux montagnes, elles sont occupées par des peuplades berbères nomades, les descendants de ces farouches Sanhadja-au-voile (*litham*), chez lesquels a pris naissance la secte des Almoravides (*El-Marâbtine*). Ces indigènes parcourent en maîtres toutes les routes du Sahara ; leur principale industrie consiste à convoyer les caravanes : moyennant une très forte rétribution, ils se chargent de les défendre contre les attaques des autres Berbères. Mais, en réalité, leur plus grande ressource, c'est le pillage des caravanes qui n'ont pas traité avec eux. Ce sont des pirates de terre ; du reste, tous en lutte les uns contre les autres et vivant dans un état permanent de rivalité, qui est la conséquence de la tradition et de la concurrence.

Et l'on parle de conclure des traités de paix et de commerce avec ces barbares! Il faut vraiment se faire une étrange idée des hommes et des choses du Sahara. Nos explorateurs en chambre, ceux qui refusent aux reconnaissances tout appareil militaire, oublient qu'une convention a été laborieusement conclue avec les chefs Touaregs venus à Alger, vers 1862, après le voyage de M. Duveyrier. Ce traité n'a pas été abrogé, que nous sachions ; quelle en a été la sanction? Qu'on le demande aux mânes de Mlle Tinné, de Dourneaux-Duperré, des missionnaires et de la mission Flatters. Les géographes de cabinet ignorent une chose : c'est que, dans un pays où l'anarchie est seule maîtresse, les engagements que peuvent prendre les chefs sans mandat ou sans autorité, ce qui revient au même, sont des lettres mortes. Ces partisans de l'exploration du Sahara, un parasol sous le bras, ne sont pas suffisamment éclairés et jugent la question par le sentiment : ils prennent ce qu'ils désirent pour la réalité et voient tout sous des couleurs qui concourent à justifier leur opinion. Un journaliste ne disait-il pas à l'appui de sa thèse : « Voyez Stanley. » En effet, Stanley n'était pas militaire et n'avait aucun militaire sous ses ordres ; aussi a-t-il traversé l'Afrique un rameau d'olivier à la main.

Le plus grand obstacle ne vient donc pas des éléments, comme on aurait pu le croire, mais des hommes. Il est certain que les Berbères du Sud, sans être de grands économistes, verront, dans l'établissement du chemin de fer, la ruine de leur double industrie, et, en conséquence, s'y opposeront de toutes leurs forces (1). Trouverons-nous plus d'appui parmi les habitants des oasis, c'est possible; mais, à coup sûr, ce ne sera pas dans les premiers temps. Pour s'en convaincre on n'a qu'à se rappeler la réception faite à M. Soleillet par les gens de Ain-Salah. Enfin, il ne faut pas perdre de vue que, même dans la partie du Sahara qui nous est soumise, la sécurité est loin d'être absolue, puisque des partis de Chaanbas et d'Oulad Sidi Cheïkh viennent opérer des *razzias* jusque dans les environs du Djebel-Amour. On n'aura pas de batailles rangées à livrer, mais il faudra lutter sans cesse contre des ennemis hardis, obstinés et insaisissables.

En conséquence, il n'y a, à notre avis, qu'une seule manière de procéder, c'est d'étendre méthodiquement et régulièrement notre influence et notre autorité dans le Sud, en occupant militairement des postes de plus en plus éloignés et appliquant une politique suivie et habile. Si l'on avait parlé, il y a trente ans, d'occuper Touggourt, cela aurait paru bien étonnant, et cependant nous y avons une garnison. Quand nous aurons bien reconnu et étudié notre tracé, nous nous ferons suivre par les rails, au lieu de nous faire précéder par eux, comme le demandent quelques personnes. Nous créerons des marchés à mesure

(1) Le major Lenz qui vient d'effectuer si heureusement le voyage du Maroc à Tombouktou, et de cette ville au Sénégal, renouvelant en sens inverse ce qui a été fait par notre compatriote Caillé, confirme pleinement ces appréciations. Répondant à une question qui lui a été adressée à la Société de géographie de Paris, il a dit, en effet : « L'opposition est encore plus vive chez les Africains que chez leurs chefs, car le chemin de fer supprimerait les 40.000 chameaux qui font le commerce entre les principales villes du Sahara. » Parlant de la nécessité d'avoir l'appui des pays à traverser il a dit encore que « tant qu'ils n'auront pas été forcés de se comporter en amis, on ne pourra pas mener, avec la sécurité nécessaire à ceux qui les exécutent, les travaux topographiques préparatoires. »

que nous gagnerons du chemin et que les indigènes se persuaderont que nous sommes assez forts pour résister à leurs attaques et que nous ne venons que dans un but pacifique; de cette façon nous avancerons lentement, peut-être, mais sûrement, à la conquête du Soudan.

Voilà l'entreprise nationale que nous devons mener à bien, non comme on tente un coup de fortune, en comptant sur le hasard, mais comme des hommes sérieux et sages exécutent un dessein mûrement réfléchi.

Les lignes qui précèdent, écrites à la fin de l'année 1879, ont paru dans notre livre « L'Algérie en 1880 (1). » Nous les avons reproduites ci-dessus sans y rien changer. Et cependant des faits considérables se sont produits depuis lors. Une mission composée d'officiers et d'ingénieurs, sous la direction de M. le lieutenant-colonel Flatters, a fait, au commencement de 1880, une première reconnaissance dans le Sahara. Cette pointe hardie a été couronnée d'un plein succès; des faits très importants ont été acquis, sans que l'expédition perdît un seul des hommes qui la composaient. La mission n'avait eu à lutter contre aucune opposition sérieuse de la part des indigènes; elle était, du reste, suffisamment armée pour pouvoir résister à leurs attaques.

Rentré à l'approche de l'été, le colonel Flatters prit ses dispositions pour repartir dès l'automne suivant, et, au mois de novembre 1880, la mission reprit le chemin du Sud, bien décidée à atteindre le Soudan. La réussite inespérée de la première expédition donnait à tous une confiance qui, peut-être, a été fatale. Pendant quelques temps, les nouvelles des explorateurs parvinrent avec

(1) Pp. 125 et suiv.

régularité : ils s'enfonçaient, de plus en plus, dans les régions du Sud, sans accident; puis on ne reçut plus rien du Sahara et tout à coup arriva du désert cet écho lointain : « la mission Flatters est détruite ! »

La fatale nouvelle n'était que trop vraie. Tout le monde connaît les détails de cet épouvantable désastre, tels qu'ils ont été rapportés par les quelques indigènes qui y ont échappé. Victime de sa confiance ou esclave du point d'honneur, le colonel n'a voulu écouter aucun avertissement; il a fermé les yeux à l'évidence et s'est laissé tromper par la duplicité des Touaregs qui ont pu le séparer de son escorte et l'assassiner avec les principaux membres de la mission. Loin de nous la pensée de reprocher au colonel Flatters sa témérité, mais nous ne devons pas moins constater un fait : c'est qu'il a manqué de prudence (1). Il ne devait pas, dans les régions éloignées où il était parvenu, se séparer de sa petite colonne, et s'il se fût tenu davantage sur ses gardes, il eût toujours pu rentrer, avec armes et bagages, en Algérie. Il en résulte qu'une troupe d'une centaine d'hommes bien armés et déterminés peut parcourir, jusqu'à une latitude très éloignée, le Sahara, à la condition de ne pas s'écarter une seconde des règles de la prudence.

Quant aux promesses des Touaregs, aux serments des guides et aux engagements des Berbères du Sud, nous espérons qu'à l'avenir on saura quelle foi on en peut faire. Cette leçon ne sera pas perdue pour les explorateurs de l'avenir. Nous pensons aussi qu'on cessera de parler d'explorations isolées et toutes pacifiques. La mission

---

(1) Voir le compte rendu fait par M. Barbier à la société de géographie de l'Est, sous le titre : *Les deux missions du colonel Flatters, d'après des documents inédits*. Bulletin du 4⁰ trimestre 1881.

Flatters, malgré ses armes, n'avait aucun caractère militaire dans un pays où chacun est armé ; le colonel n'a cherché à agir que par la persuasion et les moyens de douceur. Peut-être s'il avait été plus énergique et plus impérieux aurait-il imposé à ses meurtriers une terreur salutaire.

Ce désastre déplorable justifie pleinement ce que nous disions plus haut, à savoir que les plus grandes difficultés viendraient des hommes, non des éléments et que le seul moyen de mener à bien notre entreprise est d'occuper à mesure que nous avançons. Cela démontre aussi la témérité de la proposition de M. Duponchel, de se faire précéder par le rail.

Mais quelle que soit notre douleur en présence du trépas de nos compatriotes, nous ne devons pas moins apprécier la situation avec sang froid. Toutes les entreprises humaines ont eu leurs martyrs et rien ne s'obtient sans sacrifices : les uns meurent sans gloire au fond d'un puits de mine ; les autres tombent sur le champ de bataille ; d'autres périssent engloutis dans des mers inconnues ; d'autres succombent en cherchant dans le laboratoire ou au plus haut des airs, à arracher à la nature quelque secret. Découvrons-nous devant ces victimes du devoir ! C'est par ces dévouements que les nations deviennent grandes.

Après avoir payé à nos morts le tribut de regrets qui leur est dû, étudions les conditions dans lesquelles le désastre s'est produit et tirons profit de l'expérience faite. Cela ne doit en rien ralentir notre ardeur. Il s'agit de prendre notre revanche et de recommencer dans des conditions qui nous assureront le succès.

CHAPITRE V

La population européenne et juive.

Avant 1830, la France n'était représentée, en Algérie, que par le personnel des consulats et celui de nos établissements de pêche et de commerce de La Calle, ce qu'on appellait *Bastion de France*. Nous ne parlons pas des malheureux qui gémissaient dans les bagnes ou étaient retenus comme esclaves. La population étrangère était à peu près nulle, sous la domination turque.

Aussitôt après la prise d'Alger, des industriels de toute sorte, et spécialement de ceux qui suivent les armées, vinrent s'établir dans cette ville et créèrent les premiers établissements. Bientôt des spéculateurs, des aventuriers, des épaves de toutes les professions s'y abattirent; puis, de prétendus colons et enfin de véritables colons se présentèrent.

Au commencement de l'année 1831, la population européenne d'Alger s'élevait à trois mille personnes. A mesure que nous occupions de nouveaux postes, un groupe de colons s'y établissait : d'abord des aubergistes, puis des marchands et des ouvriers d'art, et, après ceux-ci, des cultivateurs; c'est l'histoire de toutes les colonies. Des militaires ayant achevé leur temps de service, restèrent dans le pays qu'ils avaient aidé à conquérir, ou y revinrent et contribuèrent, pour une bonne part, à former la population.

A la fin de 1836, la population européenne s'élevait à 14.561 personnes se répartissant comme suit (1) :

	Français	Etrangers	Total
Alger	3.625	5.469	9.094
Oran	959	2.109	3.068
Bône	723	1.244	1.967
Bougie	157	200	357
Mostaganem	21	54	75
TOTAUX	5.485	9.076	14.561

Les étrangers, on le voit, étaient en grande majorité. C'étaient, pour la plupart, des Espagnols, gens que la proximité de l'Afrique et l'analogie de climat attirent facilement. Le souvenir de leur longue occupation d'Oran, qui n'a cessé qu'en 1792, est resté vivace chez eux, et ils considèrent la province de ce nom un peu comme leur patrimoine. C'est, nous l'avons dit, un bon élément qui a rendu de réels services à la colonisation.

Au commencement de 1838, la population coloniale était de 16.770 personnes réparties, comme nationalités, dans des proportions analogues au tableau précédent.

Pendant la période de guerres qui suivit la rupture du traité de la Tafna, jusqu'à la chute d'Abd-el-Kader, voici quel fut le mouvement de la population :

Année 1840	28.736 âmes
» 1841	35.727 »
» 1842	46.098 »
» 1843	58.985 »
» 1844	95.321 »
» 1845	99.800 »
» 1846	109.400 »

Cette marche ascendante était due aux arrivées, car les décès excédaient, alors, de beaucoup les naissances.

(1) Ces chiffres et les suivants sont pris dans les *Tableaux des établissements français*.

Ainsi, dans cette dernière année, 1846, les naissances furent de 2.650 et les décès de 3.922, soit une différence de 1.272. Les arrivées étaient suivies de nombreux retours. En 1846, on compte 47.315 arrivées et 31.673 départs. C'était, on le voit, un véritable mouvement de va-et-vient, puisque le gain réel n'est que de 15.632. L'excédant des décès sur les naissances avait, non seulement pour cause l'insalubrité du pays, mais le petit nombre de femmes. En 1840, le rapport était de onze hommes pour quatre femmes ; en 1846, il était de quarante à vingt-cinq.

« Cette disproportion des sexes — a dit M. P. Leroy Beaulieu (1) — est la preuve d'une société artificielle qui n'est pas en équilibre et qui ne se trouve point dans une situation saine..... Elle a des effets économiques qu'il importe de noter. Naturellement la colonie ne s'accroît pas par elle-même, elle décroît, au contraire. Les décès y surpassent les naissances et ce n'est que par l'immigration qu'elle grandit. Il en résulte que l'accroissement de la population n'est pas en rapport avec l'accroissement de la richesse. »

Ce fait est pour ainsi dire normal, et s'est produit partout.

Quant aux nationalités, elles se répartissent de la manière suivante, en 1846 :

Français.		47.274 Fr.
Espagnols.	31.528	
Maltais	8.788	
Allemands et Suisses.	8.624	62.106 étr.
Italiens	8.175	
Divers.	4.991	
TOTAL.		109.380

(1) *De la colonisation*, pag. 426.

Les Français sont encore en minorité, si l'on tient compte de tous les étrangers réunis ; puis, viennent les Espagnols dont le nombre est toujours considérable. Sur ce chiffre, la population agricole n'est que de 9.485 personnes.

Six ans plus tard, le 31 décembre 1853, le chiffre de la population algérienne n'était que de 136.194 âmes, malgré la tentative récente de colonisation officielle, au moyen des ouvriers parisiens. Ce chiffre se répartit comme suit par nationalités :

Français.		77.558
Espagnols.	36.615	
Italiens	7.573	
Maltais	5.966	
Allemands.	4.663	
Suisses	1.656	
Belges et Hollandais.	455	58.636
Anglais	450	
Polonais.	263	
Portugais	232	
Grecs	68	
Divers.	695	
Total.		136.194

Si l'on ajoute à ce qui précède, ce qu'on appelle la population en bloc, soit 3.186 individus, formant le personnel des hospices, prisons, maisons d'éducation, etc., on arrive au chiffre total de 139.380.

On voit, par le tableau qui précède, que le nombre des Français a pris définitivement le dessus sur celui des étrangers, qui a diminué. On remarque, dans les tableaux de ce recensement, que la proportion des femmes et des enfants a notablement augmenté, sans cependant atteindre le chiffre normal.

Les déportations politiques qui eurent lieu vers cette époque apportèrent à la population un élément actif et intelligent. Dégoûtés de la politique, les déportés ne cherchèrent qu'à vivre tranquilles en se faisant une position honorable, et un grand nombre d'entre eux réussirent. Cet élément, en se fondant avec celui des anciens militaires, contribua à former une population dont un des traits caractéristiques est un esprit frondeur qui, à force de craindre qu'on « ne lui en fasse accroire », est porté à tout critiquer et à tout tourner en dérision. C'est une disposition très fâcheuse, en dépit de la maxime qui veut que la défiance soit le commencement de la sagesse, car elle conduit naturellement à l'injustice.

Le recensement de 1856 donne les chiffres suivants :

Français	92.738
Etrangers	66.544
Population en bloc	8.358
TOTAL	167.640 personnes

Recensement de 1861 :

Français	112.229
Etrangers	80.517
Population en bloc	13.142
TOTAL	205.888 personnes

Recensement de 1866 :

Français		112.119
Espagnols	58.510	
Italiens	16.655	
Anglo-Maltais	10.627	105.871
Allemands	5.436	
Autres	4.643	
TOTAL		217.990

Dans ce chiffre n'est pas comprise la population en bloc qui porte à 225.000, environ, le nombre total. Cette période quinquennale, de 1861 à 1866, correspond à l'essai de royaume arabe, et il est à remarquer que, pendant ces cinq années, la population *française* est restée sensiblement la même, l'émigration ayant cessé.

Recensement de 1872 :

Français.	129.601
Juifs naturalisés.	34.574
Etrangers.	115.516
Population en bloc	11.382
TOTAL.	291.073 personnes

Sur les 115.516 étrangers, les Espagnols comptent pour 61.366. Dans la période de 1867 à 1873, les naissances ont été de 53.371 et les décès, non compris ceux de l'armée, qui, du reste, ne figure pas dans le chiffre de la population, de 50.894; l'excédant des naissances sur les décès se trouve donc établi. Sur le nombre de la population européenne, 130.123 individus sont nés en Algérie.

Le recensement de 1877, donne les chiffres suivants (1) :

Français.		155.727
Israélites naturalisés.		33.287
Espagnols.	92.510	
Italiens.	25.759	
Anglo-Maltais.	14.220	155.735
Allemands.	5.722	
Autres nationalités.	17.524	
Population en bloc.		8.890
TOTAL.		353.639

(1) *Etat de l'Algérie*, 1877, p. 12.

Report total 353.639

En ajoutant à ce chiffre celui de l'armée,
soit. 51.051

on arrivera au total de. 404.690

et, en retranchant les militaires indigènes il reste 390.685 Européens ou naturalisés (1).

Le chiffre de 353.639 Européens ou naturalisés, civils, accuse une augmentation de plus de soixante mille âmes sur le recensement de 1872, et cette progression est due, pour une partie, aux naissances, car la natalité augmente rapidement, et, si ce mouvement se maintient, comme tout le fait prévoir, il faudra moins de trente ans pour que la population européenne ait doublé par elle-même, en admettant que l'immigration ne lui apporte pas plus d'éléments. En 1877, il est né 11.902 enfants européens, dont 6.165 garçons et 5.736 filles, ce qui donne une proportion de 3, 7 enfants par 100 habitants, alors qu'en France elle n'est que de 2, 7. Dans la même année, le nombre des décès est de 10.811, qui est assez élevé, mais qui comprend ceux de l'armée, des prisons et des valétudinaires qui viennent trop tard chercher le remède d'un climat plus doux. Néanmoins, l'excédant en faveur des naissances est de 1.091.

Dans la période 1876, 77 et 78, on compte :

Naissances. 34.671
Décès 32.159

Excédant des naissances. 2.512

Dont 2.047 décès militaires à déduire, comme ne faisant pas réellement partie de la population.

---

(1) Les chiffres du décret fixant le dénombrement officiel de la population diffèrent légèrement des précédents en donnant, comme chiffre total, net 394.656 personnes. — Voir *Bulletin officiel*, n° 704.

Voici l'état comparatif des naissances et des décès de la population européenne, les militaires non compris, pendant l'année 1879 :

NATIONALITÉS	NAISSANCES	DÉCÈS	DIFFÉRENCE QUANT AUX NAISSANCES	
			en plus	en moins
Français	6.350	5.275	1.075	»
Anglo-Maltais	527	399	128	»
Espagnols	4.172	3.023	1.149	»
Italiens	1.011	794	217	»
Belges	9	29	»	20
Allemands	117	156	»	39
Suisses	68	78	»	10
Autres Européens	69	69	»	»
Totaux	12.323	9.823	2.569	69

RÉCAPITULATION :

Naissances 12.323
Décès. 9.823
Excédant des naissances. . . . 2.500 (1)

Soit une proportion de 84 décès pour 100 naissances.

En 1880, les chiffres sont les suivants :

Naissances. 13.123
Décès (militaires non compris) . . 11.648
Excédant des naissances. . . . 1.475 (2).

Nous voici déjà loin de cette époque où le général Charon, dans un rapport fait, le 7 juin 1853, au comité consultatif de l'Algérie, s'exprimait comme suit : «... il n'y a

---

(1) *État de l'Algérie* (1879), p. 45.
(2) *État de l'Algérie* (1880-81), p. 87, 88.

pas d'accroissement naturel dans la population européenne transplantée en Algérie ; l'expérience prouve, malheureusement, que le climat dévore, aujourd'hui, plus qu'il ne produit...» C'est alors, aussi, qu'un éminent académicien, jugeant à priori et théoriquement, déclarait que les races du Nord devenaient improductives en Afrique. On le voit, tout cela est bien changé. La population créole de l'Algérie, formée du croisement des éléments divers qui sont venus dans le pays, commence à être formée. Beaucoup de personnes nées ici, n'ayant jamais vu la France, ont déjà, à leur tour, des enfants. Cette race est forte et intelligente et promet ne pas devoir être au-dessous de ces *Afri,* dont le rôle, dans l'antiquité, a été si remarquable et qui ont fourni des illustrations dans tous les genres et même des empereurs à Rome. Quant à sa fécondité, elle est incontestable, et comme la vie est, relativement, facile sur cette terre, elle confirme une fois de plus la justesse de la loi de Malthus (1). Le nombre des mariages entre européens a été de 2.988 en 1880 (2).

Sur les Européens établis en Algérie, la population agricole, en 1877, se composait de 143.349 personnes (3).

Le recensement de 1881 a donné des résultats non moins satisfaisants et qui permettent d'espérer que la

---

(1) Un Algérien, le docteur René Ricoux, vient d'exposer ces importantes questions en y appliquant les procédés de la science moderne dans un livre que l'Institut a couronné. (*Démographie* de l'Algérie, Paris, 1880.)

(2) Les mariages européens se subdivisent comme suit :

Entre Français et Françaises.	1.378
— étrangers et étrangères.	1.147
— Français et étrangères	329
— étrangers et Françaises.	123
— européens et musulmanes.	5
— musulmans et européennes	6
TOTAL	2.988

Etat de *l'Algérie* en 1880 et 1881, p. 86.)

(3) *Situation de l'Algérie* en 1877, p. 45.

durée de trente ans dont nous parlons plus haut ne sera pas nécessaire pour voir doubler le chiffre de la population européenne.

En voici le résumé :

Français.	233.937
Israélites naturalisés.	35.685
Espagnols.	114.320
Italiens.	33.693
Anglo-Maltais.	15.402
Allemands.	4.201
Autres étrangers.	22.328
TOTAL.	459.546

L'augmentation de la population européenne et juive est de 68.861 âmes se décomposant comme suit :

Français.	35.145
Israélites naturalisés.	2.159
Espagnols.	20.282
Italiens.	7.371
Anglo-Maltais.	1.089
Autres étrangers.	5.127
TOTAL.	68.861

Les Espagnols augmentent toujours dans des proportions considérables. Seuls les Allemands subissent une perte de près de la moitié de leur chiffre, soit de 2.312 âmes, mais il ne faut pas attribuer cette différence seulement à l'excédant des décès sur les naissances ; les naturalisations y sont pour quelque chose, depuis la guerre de 1870.

Il résulte des statistiques qui précèdent que le nombre des étrangers réunis est égal au chiffre des Français.

C'est une situation qui mérite de fixer l'attention, mais dont la gravité est peut-être moindre qu'on ne pourrait le croire à première vue. En effet, ce nombre est formé par des nationalités diverses, n'ayant aucun lien entre elles. Seuls les Espagnols qui comptent, à eux seuls, pour la moitié du chiffre des étrangers (114.320), constituent une masse pouvant, à un moment donné, présenter quelque danger, surtout dans la province d'Oran. Mais ce danger n'est que momentané, car les fils de ces étrangers sont, déjà, à moitié français ; leurs enfants le seront complètement, de droit comme de fait. D'autre part, la communauté d'intérêts, les propriétés acquises et les positions occupées créent autant de liens puissants ; et si, pour une raison quelconque, ces étrangers étaient contraints d'opter, on les verrait, presque tous, devenir français, en vertu de l'axiome : *ubi bene, ibi patria*. En somme les étrangers sont ici, comme nous, des colons algériens.

Il faut convenir, du reste, que nous ne faisons rien pour attirer à nous les étrangers en les poussant vers la naturalisation. Au contraire, nous leur offrons des avantages plus grands qu'aux Français et ils auraient bien tort d'en rechercher le titre. Traités, ici, sur le pied de l'égalité absolue, ils jouissent de toutes les faveurs et n'ont à supporter aucune charge, ni service militaire, ni jury, tout en conservant cette faculté de pouvoir, au besoin, se réclamer de leur consul. Ils restent donc platoniquement fidèles à leur nationalité, ce qui est un sentiment fort louable ; mais il faut reconnaître que c'est tout profit pour eux. Ils n'ont pas, il est vrai, l'électorat politique ; mais on leur a donné le droit d'élire, dans chaque localité, un conseiller municipal qui est censé représenter le groupe des étrangers, comme si le Maltais allait voter pour un Espagnol et l'Allemand pour un Italien. Les logiciens qui ont fait cette loi n'ont pas vu que, pour l'étranger établi en Algérie, c'est la France qui vient après sa nationalité et qu'il est absurde de chercher à former ce qui n'existe pas, un corps d'étrangers, en opposition avec le groupe des Français. Il résulte de cette organisation que, dans les municipalités se trouve généralement un conseiller au titre étranger, nommé le plus souvent par un nombre infime de voix, parce que les nationalités qui n'ont pas la majorité ou ne trouvent pas, parmi elles, de candidat capable, ne se donnent pas la peine de voter.

L'amiral de Gueydon, frappé des inconvénients de cette situation, avait cherché à les atténuer. Il a décidé notamment que les Français ou naturalisés auraient, seuls, droit à l'obtention des concessions de terre, et, en vérité, rien n'est plus juste. Nous pensons qu'il y aurait encore quelque chose à faire dans cette voie, sans gêner outre mesure la liberté individuelle, ni entraver la colonisation. Déjà, par suite de la convention consulaire conclue le 17 janvier 1862 avec l'Espagne, les jeunes Espagnols résidant en Algérie peuvent opter pour faire le service militaire dans cette contrée et se trouvent, par ce fait, naturalisés; on les classe ensuite, comme eux, dans la réserve. C'est là une excellente mesure qui, non seulement est équitable, en soumettant les jeunes gens nés dans le même pays aux mêmes obligations, mais qui est appelée à amener une plus grande fusion entre les deux races, par la confraternité qui prend naissance sous les drapeaux.

Il serait donc à souhaiter que le gouvernement français négociât des conventions analogues avec les autres puissances. Quoi de plus choquant et de plus injuste que de voir le colon, l'ouvrier italien, maltais, allemand, continuer à travailler paisiblement, pendant que son contemporain, son voisin Français, né comme lui en Algérie, paie sa dette à la patrie ? Il arrive même que des étrangers prennent la place des Français pendant qu'ils sont sous les drapeaux, de sorte que ceux-ci, en accomplissant leur devoir civique, fournissent à leurs concurrents le moyen de les supplanter. Comme toujours, nous jouons, bénévolement, le rôle de dupes; mais, nous le répétons, le plus grand inconvénient de cette inégalité qui blesse, c'est d'éloigner les étrangers de la naturalisation qui leur supprimerait tous ces avantages.

Il est une autre cause de fusion : c'est le mariage entre Français et étrangères et réciproquement. En voici le tableau pour 1879 :

```
Mariages entre Français et étrangères . . .   311
   —         étrangers et Françaises. . .    125
                              TOTAL. . . . .  436
```

Il est certain, en effet, que les enfants qui proviennent de cette matrimonialité mixte seront, en grande partie, acquis à la nationalité française; celle-ci absorbera toutes les autres et ainsi se formera la race créole franco-algérienne au profit de notre pays.

Nous parlions plus haut des naturalisations, cet autre moyen d'incorporation. Le mouvement des étrangers sollicitant le titre de Français est toujours très faible. Les naturalisations accordées ont été :

```
En 1878, de . . . . .    227
Et en 1879, de . . . .   417
      TOTAL . . . .      644  pour les deux années
```

réunies. De quoi il y a lieu de déduire 52 naturalisations d'indigènes musulmans et 28 de juifs tunisiens, tripolitains et marocains. Il ne nous reste que 263 naturalisations d'étrangers proprement dits, soit une moyenne de 281 par an sur un chiffre de près de 190.000 étrangers (1). C'est insignifiant et, nous le répétons, ce résultat est la conséquence de notre générosité peu raisonnée à l'égard de nos hôtes.

Certes, l'étranger doit être accueilli en Algérie. Il a rendu et il rend tous les jours de grands services en aidant à la mise en valeur du pays. Il doit trouver ici la liberté absolue de s'établir où il veut, d'acquérir et de vivre à sa guise. Mais là s'arrêtent les devoirs de l'hospitalité envers lui. Il ne doit pas plus avoir de représentant dans le conseil municipal que dans le conseil général ou au parlement : s'il veut prendre part à la vie politique ou contribuer à l'administration de la commune ou du département, qu'il se fasse naturaliser ! S'il veut se tenir à l'écart et conserver avec un soin jaloux sa nationalité, c'est son droit ; mais s'il veut profiter des avantages faits aux Français et être traité, à tous les points de vue, sur le même pied qu'eux, qu'il se fasse naturaliser ! en participant aux avantages, il participera aux charges, ce qui est de toute justice.

Cette question a été agitée dernièrement dans la presse algérienne et a amené des discussions fort vives. On demandait en général que la situation si favorable faite aux étrangers fût modifiée. En effet, tandis que les colons se sont vu enlever une à une les immunités à eux

---

(1) Le nombre total des naturalisations accordées aux étrangers de 1865 à 1880 inclus est de 4971, d'où il faut déduire 907 musulmans (algériens, tunisiens et marocains).

accordées dans les premiers temps, pour les attirer, les étrangers sont restés dans le statu quo. Un groupe allait même jusqu'à vouloir qu'ils fussent exclus des adjudications aux travaux de l'Etat et des communes. Enfin, un étranger naturalisé a proposé au parlement d'édicter une loi par laquelle tout enfant de parents étrangers né en Algérie, serait, *ipso facto*, déclaré citoyen français, sous cette réserve que, lorsqu'il aurait atteint sa majorité, il aurait le droit de reprendre sa nationalité par un acte de son initiative personnelle.

Nous pensons que cette dernière idée mérite d'être étudiée. Il est certain que l'élément français, en Algérie, doit prédominer et qu'il faut tendre, par tous les moyens légaux, à amener avec l'élément étranger une fusion qui est un gage de sécurité.

Les étrangers rendent à l'Algérie ce service de lui fournir de la main-d'œuvre à bon marché. Dans la province d'Oran, les Espagnols constituent l'immense majorité des ouvriers agricoles, des mineurs, des terrassiers et des journaliers nécessaires à l'exploitation de l'Alfa. Aux environs d'Alger, la culture maraîchère est, en grande partie, aux mains des Mahonais. Enfin, dans la province de Constantine, les Maltais sont jardiniers et les Italiens des pays pauvres et des îles envahissent tous les chantiers et les exploitations minières. Ces hommes sont généralement de bons travailleurs, sachant vivre de peu, et qui, nous le répétons, rendent des services pour l'exécution des travaux. Mais l'inconvénient de cette concurrence est d'écarter les ouvriers français habitués à des salaires plus rémunérateurs et à un genre de vie plus confortable. Loin de nous la pensée d'interdire nos chantiers aux ouvriers étrangers ; c'est un fait que nous constatons, non sans regret, mais rien de plus.

Il nous reste à parler des Israélites qui augmentent de plus de 35.000 personnes le chiffre de la population française en Algérie. Cet élément est en pleine prospérité et s'est accru rapidement, tant par l'excédant des naissances sur les décès, que par l'arrivée de Juifs tunisiens et marocains.

Le recensement de 1856 donne le chiffre de 21.048 Juifs. En 1861, il est de 28.097 ; en 1872, de 34.474.

Enfin, d'après le dénombrement de 1877, le chiffre des Israélites *naturalisés* serait de 33.312. Cette légère diminution sur le nombre précédent s'explique par ceci : après le décret de naturalisation collective du 24 octobre 1870, on a porté, en bloc, la population juive dans le recensement de 1872; plus tard, quand la loi militaire a été appliquée à l'Algérie, beaucoup d'Israélites se sont soustraits à ses effets, en se faisant reconnaître sujets marocains ou tunisiens. Ils ont donc été rayés de la catégorie des naturalisés et portés dans celle des étrangers. Enfin les Juifs algériens sont de ceux qui n'aident en rien à une opération de recensement, dans laquelle ils n'aperçoivent aucun profit réalisable, de sorte qu'un certain nombre a dû échapper. Pour ces différentes raisons, il y a lieu d'admettre que la population juive, naturalisée et étrangère, doit atteindre, de fort près, le chiffre de 40.000 personnes, c'est-à-dire qu'elle a presque doublé, depuis 1856, en vingt-quatre ans. La natalité est considérable chez ces indigènes qui se marient tous et ont beaucoup d'enfants. Nous avons vu plus haut que le chiffre de 1881 est de 35.665, pour les israélites *naturalisés*.

Voici les chiffres des naissances et des décès pour 1879 :

Naissances. 1.816
Décès 1.035
Excédant des naissances. . . .   971

Soit 57 décès pour 100 naissances (1).

Le décret de la délégation de la Défense nationale, du 24 octobre 1870, a naturalisé en masse cette population ; c'est-à-dire qu'on a jeté le titre de citoyen français à des gens dont la plupart s'en seraient bien passé. Le but était fort louable, mais la mesure était-elle nécessaire ? C'est une chose très grave de naturaliser, d'un seul coup, sans mesures transitoires ni précaution d'aucune sorte, une population qui ne le demande pas ; de plus, c'est faire bon marché de la dignité nationale. Or, les Israélites algériens auraient pu se faire naturaliser depuis longtemps ; quelques-uns, en très petit nombre, avaient tenu à honneur de demander le titre de Français, mais l'immense majorité était restée muette et nous ne voulons pas d'autre preuve pour justifier notre assertion que le plus grand nombre s'en serait passé. On objectera que, depuis quelques années, une campagne avait été entreprise pour obtenir la naturalisation collective ; mais on sait bien ici que cette agitation était le fait de quelques meneurs et que la masse de la population juive y est restée totalement étrangère, sauf peut-être à Alger. En fait, dans l'espace de 40 années qui séparent la conquête de 1830, du décret de 1870, deux cents Israélites, pas un de plus, ont trouvé le temps de se faire naturaliser Français.

---

(1) *Etat de l'Algérie* (1879), pp. 38 et suiv. Les chiffres de 1880 sont de 1966 naissances contre 1173 décès, soit une proportion de 60 0/0.

Nous sommes fâché de faire renaître une discussion qui ne peut avoir de résultat pratique, car la naturalisation des Juifs a acquis la force du fait accompli ; des droits se sont établis et personne ne peut songer à revenir sur le décret du 24 octobre. Nous sommes fâché surtout de ceci, qu'en traitant les questions de ce genre, on est forcé de faire des généralités et, par conséquent, d'être injuste pour des individualités qui se trouvent englobées dans la masse. Mais nous ne pouvons glisser sur cette importante question ; il faut la vider et nous achèverons de le faire, sans acrimonie, mais sans rien laisser dans l'ombre, en suivant notre seul guide, LA VÉRITÉ, et avec l'espoir que les gens qui comprennent et raisonnent ne se méprendront pas sur nos intentions.

Les Israélites algériens ont de grandes qualités, mais ils ont, comme tout le monde, quelques défauts et notamment celui d'être d'une susceptibilité et d'une intolérance incroyables. A-t-on le malheur de constater un simple fait se rapportant à eux, en essayant d'émettre de bienveillants conseils, ils crient, sans vouloir rien entendre et vous accusent tout de suite de prévention et de parti pris. Vous les poursuivez d'une haine de race ; vous êtes imbus de préjugés religieux, etc., et les voilà qui se posent en martyrs. Ils savent, du reste, trouver des défenseurs dans tous les rangs de la société, et la presse est, pour eux, d'une complaisance, d'un dévouement admirables. Eh bien, nous le demandons aux Israélites de bonne foi, est-il un de leurs coréligionnaires franchement rallié à nous et ayant adopté sans arrière-pensée nos mœurs, nos idées, nos passions généreuses, notre goût des choses élevées ; en est-il un qui ait rencontré chez nous la moindre prévention ? S'est-il trouvé quelqu'un pour lui refuser une place au banquet? Les Israélites de France sont-ils traités par nous sur un pied d'inégalité ?

Nous voici dans le cœur même de la question : l'inconvénient, c'est qu'un grand nombre, l'immense majorité de nos nouveaux concitoyens, prétend être traitée, d'emblée, sur le même pied que nos anciens compatriotes, sans faire d'efforts réels pour se mettre au même niveau. C'est que cette majorité conserve, avec soin, ses préjugés, ses mœurs d'un autre âge, son esprit mercantile, son hostilité contre le progrès, sa haine du chrétien. Ces opprimés se réclament de la liberté de conscience pour se cantonner dans leurs préjugés religieux. Il n'est pas jusqu'à leur costume que beaucoup d'entre eux conservent avec soin, pour eux et pour leurs enfants, alors qu'ils devraient le rejeter au loin comme la livrée de la servitude.

Au point de vue économique, quel est le rôle des Israélites en Algérie? Contribuent-ils à la mise en valeur des forces productives du pays. Travaillent-ils à la grande œuvre de civilisation entreprise par la France? S'ils le font, c'est dans une bien faible proportion. Adonnés presque exclusivement au commerce et aux petits métiers, ils ont toutes leurs facultés tournées vers cet objectif : gagner de l'argent en risquant le moins possible; mais cet argent qu'ils gagnent ne sort pas de chez eux. Ils le placent ordinairement en immeubles urbains et ne le font servir ni à l'industrie, ni à la colonisation, ni même aux grandes opérations commerciales. Ils ne connaissent, avons nous dit, que le commerce; mais comment pratiquent-ils le commerce ? En se faisant une concurrence acharnée, en s'arrachant les affaires, en vendant à tout prix, même au-dessous du cours. Il en résulte que le commerçant européen, ne pouvant soutenir cette concurrence déloyale, tombe. Et maintenant, dira-t-on, comment le Juif fait-il pour vendre à perte ou sans bénéfice? C'est un problème que nous ne voulons pas chercher à résoudre; mais il est certain que le commerce européen ne peut coexister à côté du commerce israélite, et que celui-ci n'est pas, lui-même, dans une situation brillante.

Nous entendons les objections que l'énoncé de ces quelques vérités provoque. Il en est deux principales. La première est que ces gens naissent à peine à la vie civilisée et qu'il serait injuste de leur demander mieux; qu'ils ont été, jusqu'à maintenant, opprimés et tenus dans l'abaissement et qu'ils ont leur éducation politique à faire; qu'enfin, ils n'avaient pas, autrefois, la liberté de s'occuper de choses étrangères au commerce et qu'on ne peut repousser instantanément l'héritage du passé.

Tout cela est très juste : qui le conteste ? C'est précisément pour ces causes qu'on est allé trop vite; il aurait fallu que cette population se civilisât, s'élevât au préalable pour se rendre digne du titre de citoyen français; et alors, on aurait été injuste, criminel, même, de le lui refuser, quand elle l'aurait demandé.

Qui donc niera le grand rôle que les Israélites jouent en France et la place distinguée qu'ils occupent, non seulement dans la finance et le commerce, mais encore dans les lettres, dans les sciences, dans les arts? Ceux-là contribuent à la grandeur de notre patrie; c'est qu'aussi ils n'ont rien conservé de leurs préjugés et de leurs traditions, c'est qu'ils sont Français sans restriction.

La seconde objection est celle-ci : Mais si ces gens jouissent de quelques avantages politiques, avantages, pour eux, très platoniques, ils supportent une charge réelle, le service militaire.

C'est juste ; mais il faut réduire ce fait à sa stricte valeur. En quoi consiste le service militaire pour les Juifs algériens ? Ils sont, à l'âge de vingt ans révolus, tous compris dans le contingent, et ceux qui ne profitent pas de la réforme et des cas d'exemption sont envoyés, pendant un an, en France, dans les régiments en garnison dans le Midi ; leur année faite, ils sont incorporés dans la réserve des régiments d'Afrique, et, à trente ans, passent dans l'armée territoriale algérienne.

Nous admettons que cette charge, qui se réduit à un an de service actif, leur paraisse lourde ; mais quel profit en retire la France ? Ce n'est pas dans un an que des gens aussi peu doués pour le métier des armes peuvent faire des soldats ; et puis, ce n'est pour l'armée, qu'un renfort de deux à trois cents hommes. Du reste, on les traite un peu en enfants gâtés et l'on a grand soin de leur accorder toutes les permissions possibles pour leurs nombreuses fêtes. Si donc ils comprenaient leur intérêt réel, ils s'apercevraient que, loin d'être une charge qu'on leur impose, c'est un service qu'on leur rend, en procurant à quelques-uns de leurs enfants la faculté de voir la France et de prendre une idée de notre civilisation. Hélas ! ils le comprennent si mal, que la plupart de ces jeunes gens, après avoir porté, pendant un an, l'uniforme français, n'ont rien de plus pressé, quand ils rentrent, que de remettre les grosses culottes, le turban et les savates (1) et surtout de reprendre leur ancien genre de

---

(1) Nous rappelons l'exception faite pour Alger dont la population juive est beaucoup plus civilisée et amie du progrès que dans le reste de l'Algérie.

vie et leurs idées. Ils secouent leurs souliers au seuil de notre patrie et en sortent comme d'une maison de correction.

En Algérie, ils encombrent l'armée territoriale, et gênent les Européens, car ils sont si peu aptes aux exercices du corps, malgré une bonne volonté incontestable, qu'ils entravent constamment la marche de l'instruction. On arrive encore à les traîner à la place d'exercices ou à la cible ; mais l'armée a un autre but. A quoi servirait cet élément en temps de guerre ? Nous n'hésitons pas à dire qu'il constituerait non seulement une gêne. et des embarras de toute sorte, mais un véritable danger. Une gêne, parce que ces gens ne pourraient jamais supporter les fatigues et les privations d'une campagne. Un danger, parce qu'ils sont en général peu braves. Ce n'est pas de leur faute, nous le reconnaissons, mais c'est indiscutable. D'autre part, les indigènes voyant que les troupes qu'on leur oppose contiennent un grand nombre de juifs, reprendraient une confiance et une audace qu'ils n'auraient pas en face d'autres soldats. Le mieux serait donc, en cas de guerre, de les laisser dans les villes.

Voilà la vérité sur les Israélites algériens, et il n'est pas inutile qu'on la leur dise au moins une fois, ne serait-ce que pour les rappeler à la modestie, cette compagne du mérite. Ceux qui ne seront pas aveuglés par une vanité puérile et qui voudront bien descendre en eux-mêmes, reconnaîtront la justesse et la modération de nos critiques Qu'ils tâchent d'en faire leur profit. Ils ont été trop gâtés par la flaterrie, dans ces dernières années. D'autres les ont attaqués avec trop de passion. Ils ont, nous avons plaisir à le répéter, de grandes qualités : ils sont, en général, rangés, actifs, intelligents, et possèdent, à un haut degré, le sentiment de la famille. Ce sont là d'excellents éléments; qu'ils se mettent en mesure d'acquérir ce qui leur manque, pour mériter le titre qu'on leur a octroyé, et, à cet effet, qu'ils se dépouillent de leurs préjugés et entrent, résolument, dans la civilisation du pays qui les a adoptés et les a arrachés à l'oppression et à l'abaissement.

CHAPITRE VI

La population indigène.

Nous avons, dans le chapitre précédent, suivi pas à pas l'accroissement de la population européenne en Algérie, et apprécié la situation des étrangers et des Israélites dans ce pays. Il nous reste à parler de la population indigène.

On comprend que, tant que nous n'avons pas été maîtres partout, il était impossible d'évaluer un peu exactement son chiffre. En 1851, un recensement, fait avec soin par les Bureaux arabes, établit que la population indigène s'élevait à 2.323.855 âmes se décomposant comme suit :

Province d'Alger.	756.267
— d'Oran.	466.157
— de Constantine.	1.101.421
Total.	2.323.855

Mais il ne faut pas se dissimuler que ce sont là des chiffres approximatifs, car nous ne possédions pas, alors, la Kabilie, et nos données sur le Sud étaient fort incomplètes.

Voici les résultats des dénombrements qui ont suivi :

Recensement de 1856 :

Indigènes des villes	123.250
— — campagnes	2.184.099
Total.	2.307.349

Recensement de 1861 :

Indigènes des villes	358.760
— — campagnes.	2.374.091
Total	2.732.851

Recensement de 1866 :

Nombre total. 2.680.024

Recensement de 1872 :

Nombre total. 2.125.052

Recensement de 1877 :

Nombre total. 2.472.129

D'après l'*Etat de l'Algérie* en 1879 (p. 38), le nombre des naissances et décès inscrits sur les registres de l'état-civil, pour les indigènes musulmans, en 1879, est le suivant :

Naissances.	80.620
Décès	70.072
Excédent en faveur des naissances	10.548

Soit en chiffres ronds 88 pour cent.

Ces documents sont suivis de la remarque que voici : « En ce qui concerne les musulmans, les chiffres portés plus haut ne doivent être considérés que comme très approximatifs ; on sait, en effet, qu'aucun moyen de contrôle, quant aux déclarations de l'état-civil, n'existe encore dans les tribus (1). »

---

(1) Voici les chiffres de 1880 :

Naissances.	68.107
Décès	61.434
Excédent des naissances	8.405

Soit 90 pour cent.

Cet excédent des naissances sur les décès est fourni, en grande partie, par les indigènes de la campagne, car, dans les villes, les décès l'emportent constamment sur les naissances. Il faut donc que la vitalité de la race soit bien puissante dans les campages, pour qu'elle arrive à relever à ce point le chiffre. La petite vérole et des épidémies périodiques, la guerre, les famines, venaient autrefois arrêter l'expansion de la race. Les conditions d'existence se sont bien améliorées et rien ne le prouve mieux que les chiffres suivants du dernier recensement (1881) :

Département d'Alger	1.082.156
— d'Oran	594.708
— de Constantine	1.174.002
Total des indigènes musulmans	2.850.866

Soit une augmentation de 373.925 âmes sur le recensement de 1876.

Il résulte des chiffres qui précèdent que la population musulmane, qui avait augmenté sans cesse jusqu'en 1866, et diminué pendant la période 1866-72, par suite de la famine, des épidémies et de la révolte, est revenue en 1875, à son chiffre normal d'environ 2.500.000 âmes, puis l'a dépassé et atteint maintenant 2.850.866. Il est certain que ces nombres sont des approximations (1), car un recensement exact, toujours difficile parmi des populations civilisées, devient presque impossible chez

---

(1) Le bulletin officiel du dénombrement de 1881, constate à la fin que l'augmentation énorme du chiffre des indigènes musulmans, ne tient pas uniquement à l'excédant des naissances sur les décès, mais aussi à ce que le recensement a été mieux fait.

des gens instables et ayant une répugnance naturelle pour tout ce qui tend à une constatation quelconque. Néanmoins un fait subsiste, c'est que cette population se maintient à son chiffre, augmente même au lieu de se fondre comme on l'avait cru. En dépit de toutes les théories économiques, elle ne diminue pas encore à notre contact. Cela prouve, d'abord, qu'elle n'est pas opprimée et que, quoi qu'en puissent dire nos détracteurs, nous n'employons pas, à son égard, ces procédés barbares qu'on appelle le refoulement et la destruction par tous les moyens. Il faut même reconnaître que l'indigène est matériellement plus heureux qu'avant la conquête, qu'il a plus de sécurité et de confort; qu'il est mieux soigné quand il est malade, que ses produits ont décuplé de valeur et que celui qui veut avoir de l'ordre arrive promptement à une situation qui, dans son milieu, est la fortune.

Mais nous, conquérants, quel enseignement devons-nous tirer de la constatation de ce fait grave que la population indigène se conserve intacte et augmente plutôt qu'elle ne diminue en face de nous? La conséquence logique est que, pendant de longues années encore, nous serons tenus à une grande prudence, car nous sommes, ici, en retranchant les Juifs de notre nombre, dans la proportion d'un Européen pour sept indigènes. Il ne faut pas se le dissimuler, cette disproportion constitue un danger permanent qui diminuera au fur et à mesure de l'augmentation de la population coloniale. Quand nous serons ici un milion de colons, le danger aura disparu; jusque-là, il est de notre devoir d'être sages et habiles. Toute la question algérienne est là pour le moment.

Cependant, aucune hostilité ouverte ne se manifeste

en général contre nous, car le manque de sécurité porte encore plus sur les indigènes que sur les colons. Européens et Arabes se rencontrent dans les villes, sur les routes et dans les marchés et concluent ensemble des transactions importantes, comme peuvent le faire les citoyens d'une même nation. Les agents de l'administration sont respectés, les emplois de toute sorte recherchés par les indigènes; en un mot, tout paraît être dans le plus grand ordre. Il est certain que les Arabes ne songent pas particulièrement à se révolter en ce moment; mais il est non moins certain qu'aucun rapprochement moral ne s'est opéré entre les deux races et que les indigènes n'ont pas fait un pas vers l'assimilation. Ici un mur nous sépare : la religion. Le calme actuel n'est donc qu'une trêve et il ne faudrait qu'une occasion pour qu'il se transformât en tempête. Il s'agit, pour nous, de maintenir l'état de trêve le plus longtemps possible, car nous nous affermissons chaque jour et rendons le succès d'une révolte de plus en plus difficile.

Si les indigènes raisonnaient comme nous, ils se rendraient compte que, même dans des conditions favorables pour eux, c'est-à-dire avec l'appui d'une puissance étrangère, ils auraient bien peu de chances de triompher de nous d'une manière définitive; mais, qu'en admettant même qu'ils réussissent, ils ne pourraient qu'y perdre et y perdre beaucoup, étant absolument incapables de reconstituer une nationalité qu'ils n'ont plus et de se donner un gouvernement sérieux et durable. Ils redeviendraient la proie de l'anarchie et retomberaient, avant peu, sous une domination étrangère qui pourrait bien être moins équitable et moins paternelle que la nôtre. Malheureusement, ils ne raisonnent pas, ne prévoient rien et se laissent aller au gré des événements en répétant avec une foi sincère : « Certes Dieu a la puissance d'exécuter tout ce qu'il veut (1) ! » Il en résulte que l'homme n'a qu'à se tenir prêt à être l'instrument de la destinée et que rien ne doit le surprendre.

C'est ce qui explique que des hommes qui nous avaient fidèlement servis, nous donnant des preuves non équivoques d'amitié et de dévouement, comme Mokrani, pour ne citer qu'un des principaux, des hommes que nous avions enrichis et comblés d'honneurs, qui avaient acquis des propriétés qui auraient dû, à défaut d'autre mobile, être le gage de leur fidélité, des hommes qui étaient venus en France, avaient vu de près les ressources dont nous disposons et avaient même pris quelques-unes de nos habitudes civilisées, parfois de nos vices, se sont, un jour, tournés contre nous et nous ont combattus avec acharnement. Ils ont cru que l'heure était venue et ont jugé, malgré la folie de l'entreprise, qu'ils ne pouvaient se mettre en lutte contre l'arrêt du destin.

Si des chefs, dans les conditions que nous avons énumérées, ont agi ainsi, que pouvons-nous attendre de la plèbe, chez qui la révolte est une tradition, car, avant notre arrivée, les choses se passaient absolument de la même manière ? Les indigènes ne savent pas résister aux incitations de la violence ; ainsi, il arrive fréquemment que des voisins qui n'avaient entre eux aucun motif de haine, se prennent de querelle pour une cause futile : un animal qui a pénétré dans un pâturage, un enfant qui a fait une niche...; on s'injurie de part et d'autre, l'un ramasse une pierre, l'autre tire son couteau ; les amis

(1) Koran.

accourent, on en vient aux mains, et, en quelques instants plusieurs cadavres gisent à terre, et ces meurtriers sont des parents, des frères des victimes, dont ils n'avaient nullement prémédité la mort. Ce n'est que par une longue pratique que l'on peut arriver à comprendre le caractère de ces gens, dont l'excessive mobilité nous confond.

De ce qui précède, nous ne concluons pas que l'Algérie soit sous le coup d'un péril inéluctable. Nous signalons le danger, rien de plus, et nous voulons espérer qu'il ne se produira jamais de révolte générale des Arabes. Que notre administration soit toujours sur le qui-vive ; qu'on suive à l'égard des indigènes une politique raisonnable et ferme, en leur donnant de bons chefs et en évitant de les laisser livrés à eux-mêmes, et, peut-être ateindrons-nous, sans grandes secousses, le moment où la population européenne sera assez nombreuse pour enlever à une insurrection toute possibilité de devenir générale.

Cette situation expectante de l'indigène, vis-à-vis de nous, cette absence de fusion, ont été signalées en très bons termes par M. Sergent, dans un remarquable article publié par l'*Evénement*. « Le mariage mixte », dit-il, « condition essentielle de la fusion des races, annoncée avec tant de fracas, n'est pas pratiqué en Algérie . . . .

« Enfin, il semble évident que, si les indigènes avaient quelque tendance à s'assimiler, si les efforts faits dans ce sens avaient produit quelque effet, on verrait le nombre des demandes en naturalisation, que le décret du 16 août a rendues si faciles et si peu onéreuses, se multiplier et croître rapidement d'année en année. Il n'en est rien : le nombre des indigènes musulmans naturalisés s'est élevé à dix-sept en 1876...

« Quelles considérations pourrait-on ajouter à l'éloquence de ces chiffres ! Est-il possible encore de subordonner aux théories assimilatrices, la politique de la France et le développement de l'immigration ?

« Est-ce à dire que l'on doive repousser les indigènes algériens de la cité française ? — Loin de là ; ceux qui se sentent dignes ou simplement désireux d'y entrer n'ont qu'à demander leur naturalisation ; quant aux autres, à ceux qui la refusent et la redoutent, pourquoi leur en attribuer, malgré eux, et souvent à nos dépens, les bénéfices et les privilèges ? Telle a été la politique d'assimilation, la plus stérile et la plus dangereuse des politiques en matière coloniale. »

Depuis que ces lignes sensées, écrites par un homme qui a passé une partie de sa vie au milieu des indigènes, ont paru, la situation ne s'est pas modifiée. Le chiffre des naturalisations d'indigènes-musulmans a été de 17 en 1877, 23 en 1878, 30 en 1879 et 18 en 1880. C'est absolument insignifiant sur une population de 2.850.000 âmes. De bons esprits pensent que ce nombre pourrait s'élever, si l'on imposait l'obligation de la naturalisation, pour obtenir certains emplois.

Quant au chiffre des mariages mixtes, le voici, pour 1879 :

Entre européens et musulmanes	4
Entre musulmans et européennes	5
Total	9

La fusion, on le voit, est nulle, et pour que ce chiffre de neuf ne soit pas dépassé dans une population dont le contact est si intime, il faut que la répulsion soit complète de part et d'autre.

En l'état actuel, le rôle des indigènes, au point de vue économique, est considérable. Presque toute la production des céréales et l'élève des troupeaux sont entre leurs mains. Malgré leurs procédés primitifs, ils produisent les grains et les bestiaux. Qui donc, si ce n'est les Arabes, pourrait vivre dans les hauts-plateaux, si froids én hiver, si chauds en été, manquant d'eau et de bois ? Ils y vivent et y élèvent ces magnifiques moutons que l'on voit amener en été, par bandes énormes, et conduire vers le littoral pour l'embarquement. Ils y élèvent aussi les chameaux sur lesquels ils apportent leurs laines dans les marchés et remportent du grain pour leur subsistance. Peut-être arrivera-t-il un jour où les Européens exploiteront eux-mêmes les hauts-plateaux, au moyen du mouton, comme les fermiers d'Australie. Mais ce jour est encore bien éloigné et il est heureux, en attendant, que les Arabes en tirent parti.

Et cependant l'indigène est un triste éleveur qui devrait bien améliorer sa manière de procéder ; mais il faudrait, pour cela changer ses habitudes, et c'est ce qu'il ne veut pas. Ainsi, jamais on ne lui fera comprendre qu'il doit avoir des réserves pour nourrir ses bêtes et des abris pour les garantir pendant les mauvais temps : chevaux, ânes, bœufs, moutons, chèvres, doivent trouver, dehors, leur nourriture et coucher à la belle étoile. Seuls, les chevaux de selle sont bourrés d'orge et couverts d'un chaud *djelal* (camail), et les bêtes qui labourent reçoivent un peu de paille. Quand il fait beau et que l'herbe pousse de bonne heure, tout est pour le mieux et les troupeaux prospèrent; si l'herbe est rare, le troupeau maigrit, et, quand l'hiver est rude, ce qui arrive de temps en temps, et que la neige couvre pendant plusieurs jours les montagnes et les vallées, les moutons, glacés par les intempéries et n'ayant absolument rien à manger, crèvent en masse. Il arrive qu'après une période d'une dizaine de jours de mauvais temps continu, les quatre cinquièmes d'un troupeau ont péri; si la pluie persiste, les bêtes à cornes font comme les bêtes à laine. Le maître de ces biens regarde mélancoliquement les cadavres de ses animaux et se dit que, Dieu l'ayant voulu ainsi, il n'y a pas à se révolter contre ses décrets. Quant à prendre la résolution d'être plus prévoyant à l'avenir, jamais! Son père procédait ainsi, ses fils feront de même.

Pour la culture des céréales, c'est encore la même indifférence, la même indolence qui dirige tous ses actes. On détermine un petit emplacement dans lequel on jette la semence; on laboure ensuite, au moyen d'une petite charrue qui écorche la terre, plutôt qu'elle ne la retourne, en respectant avec soin chardons et buissons; puis, l'on attend avec patience que Dieu fasse pousser la récolte, sans plus s'en occuper. Au mois de juin, la moisson commence; on scie l'épi tout en haut de sa tige; la plus grande partie de la paille, restée dans le champ, est, au fur et à mesure, foulée aux pieds et gâtée par les bestiaux, sans aucun profit. Les épis, réunis par paquets d'une poignée, sont portés sur l'aire, où on les dépique sous les pieds des chevaux. Quand la brise se lève, on la charge de séparer le grain de la paille en lançant le tout en l'air, et, enfin, la récolte est faite.

On le voit, rien de plus primitif que cette agriculture, et cependant, on obtient, par ces moyens, les quantités de grains que nous avons indiquées ci-devant. Et, quand les récoltes sont bonnes pendant plusieurs années de suite, l'argent regorge entre les mains des indigènes, car ils ont peu de frais ; ils cherchent alors à acheter des terres et, dans certaines années, notamment en 1875, on les a vus acquérir bon nombre d'anciennes concessions. Les moins prévoyants dépensent simplement le produit de leur récolte en futilités, et quand les mauvaises années arrivent, tous sont dans la plus grande gêne; ils vendent à vil prix ce qu'ils ont acheté très cher, ou vont emprunter aux Juifs, à des taux usuraires, sans songer à la façon dont ils rembourseront ; à l'échéance on renouvelle, la dette fait boule de neige et, bientôt, jugements et saisies pleuvent sur le malheureux arabe, riche, alors que les récoltes étaient bonnes, et, maintenant, ruiné.

Le propriétaire indigène, ne possédât-il qu'une mince *Djorra* (périmètre de culture), ne cultive pas par lui-même; il prend un *khemmas,* colon partiaire, auquel il fait une petite avance en argent et en grain, remboursable à la récolte suivante. Il lui confie une charrue attelée, lui fournit les grains de semence et le charge de labourer le terrain cultivable par une charrue, soit une dizaine d'hectares, environ. A la récolte, on lui adjoint un aide pour la moisson et, quand tout est terminé, il reçoit un cinquième (1) des grains produits. La condition du khemmas est donc fort précaire, car les avances qu'on lui fournit tant pour rembourser son précédent patron que pour vivre, absorbent en grande partie sa part de récolte, et ce paria des champs est toujours en retard et dans la misère.

Lorsque le terrain est plus grand et que le propriétaire

---

(1) *Khoms*, d'où le nom de Khemmas, homme qui travaille pour le cinquième.

ne peut monter le nombre suffisant de charrues, il s'entend avec des *fellah* (cultivateurs), sortes de tenanciers qui lui paient un fermage ou lui donnent une part dans la récolte. Le fellah prend lui-même un khemmas; c'est donc à ce dernier, exclusivement, qu'incombe le soin de mettre en culture les terres.

La colonisation française emploie largement les indigènes et serait fort embarrassée si elle était subitement privée de cet élément qui laisse bien à désirer, mais qui ne coûte pas cher. Non seulement les arabes travaillent comme fellah et comme khemmas chez les colons, mais encore ils prennent souvent à ferme les terres des Européens et leur servent quelquefois des fermages considérables. Enfin, ils leur fournissent des bergers pour leurs troupeaux, s'établissent auprès des fermes et gardent de jour et de nuit leurs bestiaux, moyennant un salaire modique en argent ou en nature. Des journaliers nomades, presque tous kabiles, viennent, en outre, au moment des grands travaux, louer leurs services comme faucheurs ou moissonneurs.

La constitution de la propriété individuelle amènera-t-elle un grand changement dans la situation des indigènes? Nous ne pensons pas qu'il sera aussi important qu'on se plaît à le croire. Le réel avantage de cette mesure sera de rendre les terres disponibles; mais, pour les arabes qui les occupent, le profit ne sera pas considérable. En effet, le prolétaire indigène, le khemmas n'a pas droit à une attribution parce qu'il n'a pas la jouissance effective. Telle est la règle générale; il arrive cependant qu'un khemmas peut avoir droit à une attribution par voie d'hérédité ou autrement; il obtient ainsi cinq ou six hectares de terre, situés quelquefois loin de l'endroit qu'il habite, et il ne sait qu'en faire parce qu'il n'a pas le moyen de cultiver sa parcelle ; il la vend donc, et à vil prix, ainsi que cela a eu lieu pour les premiers titres délivrés, et continue à être khemmas comme devant. Seul, le fellah peut profiter de son lot; c'est ce qui avait lieu précédemment, car les terres occupées par une tribu étaient réparties entre ceux qui pouvaient les cultiver, chacun conservant sa Djorra et se la transmettant, quelquefois, de père en fils, jusqu'au moment où, par suite d'une catastrophe, la Djorra restait plusieurs années inculte. Le possesseur perdait, alors, le droit résultant pour lui de la culture antérieure, ce qu'ils appelaient du chaume (*keçob*), et son terrain passait à un autre.

Ces questions de possession de fait ont donné lieu, dans ces dernières années, à des discussions nombreuses entre indigènes, car il s'agissait de ne pas laisser périmer ses droits, au moment où le commissaire enquêteur allait se transporter sur les lieux pour appliquer la loi. Les Cadis tranchaient ces litiges et les parties pouvaient faire appel de leurs sentences devant nos tribunaux, ce qui était une grande garantie. Mais, par une circulaire datant du 2 décembre 1878, le général Chanzy, fort mal inspiré, a retiré aux Cadis le droit de statuer sur ces contestations, pour le confier aux Djemâa (conseils des tribus), qui les tranchent administrativement, sauf la ratification de l'autorité administrative. On se rend facilement compte des abus de toute sorte qui résultent d'un droit si exorbitant, et pourtant, ce sont ces décisions des Djemâa, rédigées d'une manière informe par des *Taleb* (écrivains) qui en font quelquefois le commerce, qui serviront de base pour la répartition à faire par le commissaire enquêteur. Le but était d'éviter des conflits entre le pouvoir judiciaire et le pouvoir administratif, par suite de décisions contradictoires, mais, nous le répétons, le remède est pire que le mal.

Dans le Tel, l'application de la loi constitutive de la propriété est fort délicate; mais, dans les régions voisines des hauts-plateaux, où les tribus, semi-nomades, occupent des espaces souvent considérables et nullement définis, elle sera plus difficile encore. Là, les tribus qui sont allées, avec leurs troupeaux, passer l'hiver dans le Sahara, reviennent au printemps pour faire leur station d'été et cherchent, pour cet estivage, les localités qui ont de l'herbe ; c'est-à-dire qu'elles ne reviennent pas toujours au même endroit et, qu'en outre, elles changent de place pendant le cours de l'été. Comment faire concorder ces usages, qui sont le résultat des conditions économiques du pays, avec une propriété régulièrement constituée ? Ce n'est pas impossible, mais il y a des précautions à prendre et l'administration fera bien d'en tenir compte.

Il est inutile de dire qu'aux environs des centres et dans les pays kabiles, la propriété n'étant pas collective, la loi n'aura d'autre effet que de constater les droits déjà bien définis de chacun.

La question des noms patronymiques, qui se lie étroitement à celle de la constitution de la propriété, présente aussi certaines difficultés. Là encore, la sanction du temps est nécessaire et il ne faut pas espérer qu'on arrivera, d'emblée, à un résultat absolu, malgré les pénalités édictées par la loi que le Gouverneur a soumise à la sanction des Chambres. En attendant, des noms patronymiques sont donnés aux indigènes au fur et à mesure de la constitution de la propriété : on les prévient en leur remettant leurs titres qu'on leur a assigné tel ou tel nom, mais ils n'en continuent pas moins à être appelés comme ils l'ont toujours été : Ali, fils de (ben) Mohammed, de telle famille, car, en réalité, il est peu de familles qui ne soient désignées par un nom caractéristique tiré soit d'une profession : le *bûcheron*, le *forgeron*, le *boucher*, soit d'un souvenir d'origine : *El-Djaafri* (de la tribu de Djaafer), *El-Meziti* (des Mezita), *El-Dziri* (l'algérien), soit d'une circonstance particulière relative à un ancêtre : *Bou Sebâ* (l'homme au doigt coupé), *Bou Heraoua* (l'homme à la trique). Les noms ne se sont pas formés autrement partout.

En résumé le nom patronymique existe dans la plupart des familles et, il ne peut guère en être autrement. Il n'y a que ceux qui ne connaissent pas les indigènes qui peuvent croire le contraire. Du reste, les notaires reçoivent, depuis longtemps, des actes où des Arabes figurent et nous ne sachons pas qu'il en résulte de grands inconvénients par rapport aux noms : c'est qu'ils se les font donner complètement. Les inscriptions et les transcriptions s'effectuent depuis trente ans avec une régularité suffisante.

De ce qui précède, nous ne concluons pas qu'il n'y a rien à faire sous ce rapport. Il faut, au contraire, tendre à donner aux noms indigènes plus de précision ; mais il ne faut pas attribuer à ce progrès plus d'importance qu'il n'en aura en réalité. On doit surtout éviter de créer pour l'avenir des inconvénients plus grands que ceux qui existent maintenant et de soumettre toute une population à des tracasseries dont la sanction est toujours une pénalité (1).

Nous avons parlé de la situation du propriétaire indigène, cultivateur ou fermier dans le Tel et les hauts-plateaux. Disons quelques mots d'une population intéressante entre toutes, celle de la Grande Kabilie. Nous avons vu (2) que la race berbère, rompue par l'invasion des tribus arabes hilaliennes, au onzième siècle, s'est laissé, en partie, arabiser et a formé de nouvelles tribus qui ont oublié leur origine. Ce fait a été constaté, d'une manière caractéristique, par l'historien Ibn-Khaldoun, à la fin du quatorzième siècle. « Une fraction des Oulhaça (tribu berbère) » dit-il (3), « est celle qui habite la plaine de Bône; elle a des chevaux pour montures, *ayant adopté non seulement le langage et l'habillement des Arabes, mais encore tous leurs usages.* » Et plus loin (4) : « Il se trouve des Houara (autre tribu berbère) sur les plateaux, depuis Tebessa jusqu'à Badja. Ils y vivent en nomades et sont comptés au nombre des Arabes pasteurs de la tribu de Soléïm, auxquels, du reste, ils se sont assimilés par le langage et l'habillement, ainsi que par l'habitude de vivre sous la tente. Comme eux, aussi, ils se servent de chevaux pour montures, ils élèvent des chameaux, ils se livrent à la guerre et ils font régulièrement la station du Tel dans l'été et celle du Désert dans l'hiver. *Ils ont oublié leur dialecte berbère pour apprendre la langue plus*

---

(1) La loi proposée par le gouverneur vient d'être adoptée sans grandes modifications par les deux Chambres. Il s'agit donc de passer à l'application et c'est maintenant que les difficultés vont commencer.
(2) Chap. I. p. 6.
(3) Trad. de Slane, t. I, p. 230.
(4) *Ibid.*, p. 278.

élégante des Arabes et à peine comprennent-ils une parole de leur ancien langage. »

Voilà ce qui se passa en Berbérie dans les pays ouverts ; cette transformation continua à s'opérer lentement depuis l'époque d'Ibn-Kaldoun et tout le pays prit la physionomie arabe qu'il a maintenant. Seuls, les cantons reculés et les montagnes élevées restèrent comme des témoins de l'état antérieur, et c'est là qu'on retrouve la race, la langue et les mœurs berbères. Parmi ces témoins, le principal est la Grande Kabilie qui, limitée au Nord, par la mer et, au Sud, par une chaîne de montagnes escarpées, a su conserver sa physionomie originale et éviter l'action de la *civilisation* arabe.

La Grande Kabilie formait, avant la conquête, une confédération de tribus qui savaient, à un moment donné, s'unir pour la défense commune, mais qui, après le départ de l'ennemi, étaient continuellement déchirées par des guerres intestines. Une connaissance superficielle du pays avait d'abord fait croire que les Kabiles vivaient en république, comme nous entendons cet état, et l'on avait vu, dans l'élection des Djemaâ, le caractère de la démocratie. C'était, en effet, une république, mais sans l'idée supérieure de la patrie, sans l'unité des lois et sans gouvernement, chaque village s'administrant à son gré, ayant ses coutumes spéciales et restant étranger, sinon hostile, à ses voisins. Nous avons caractérisé cet état sous le nom de communalisme et nous pensons que c'est bien l'épithète qui lui convient. Quant aux élections de la Djemâa et de l'Amin, elles n'étaient, la plupart du temps, que le triomphe à main armée d'un des clans, ou *sofs*, divisant le village.

MM. Hanoteau et Letourneux, dans leur bel ouvrage

sur la Kabilie (1), ont parfaitement analysé ces conditions. « Les instincts municipaux, disent-ils, si prononcés chez les Kabiles, paraissent communs à toute la race berbère. Partout où elle a échappé à la domination étrangère, nous la trouvons organisée en petites républiques groupées par fédérations de peu d'étendue. » Et plus loin : « Cette passion d'égalité et d'indépendance qui mine la société berbère est trop vivace pour être de date récente. Elle a dû constituer, à toutes les époques, le caractère distinctif et le mobile dirigeant de la masse. Juste en principe et bonne dans de certaines limites, elle a été, croyons-nous, fatale à la masse. En poussant à un morcellement sans frein et sans mesure, elle a énervé les résistances et empêché, de tout temps, la constitution d'une nationalité forte et homogène. Peut-être ne faut-il pas cherher d'autres causes à la chute successive des dynasties berbères et à l'extrême facilité qu'ont eue tous les peuples conquérants à s'établir dans le Nord de l'Afrique (2). »

C'est, croyons-nous, la première fois que ce pays a été jugé et apprécié exactement. D'autres écrivains s'étaient pris d'un bel enthousiasme pour le caractère des Kabiles et leurs institutions et nous les avaient présentés sous un faux jour (3). On avait célébré notamment sa loyauté parce que, après la conquête, quelques intrigants nous avaient déclaré, avec ce ton de sincérité auquel les Européens se laissent toujours prendre : « Vous nous avez

---

(1) *La Kabylie et les coutumes Kabyles*, 3 vol. Imp. nat.. 1872.
(2) T. II, pp. 4-5.
(3) *Les Kebaïles du Djerdjera*, par le capitaine Devaux. — *Les Kabyles et la colonisation de l'Algérie*, par Aucapitaine, — et même la *Kabylie* de Daumas, ouvrage de haute fantaisie, comme tout ce qui est sorti de la plume facile du général.

vaincus par les armes ; vous nous avez soumis : vous pouvez, maintenant, compter sur notre fidélité. » On a pu voir, en 1871, ce que valaient leurs serments et se convaincre que, sous le rapport de la perfidie, ils ne le cédaient en rien aux Arabes les plus purs, ou à leurs cousins les Touaregs.

Une autre erreur qui s'est glissée dans le public et a pris, peu à peu, force de loi, consiste à croire que les Kabiles tiennent peu à leur religion et sont de mauvais musulmans. On ne sait trop de quelle façon de semblables contre-vérités peuvent naître et faire fortune, ou plutôt, on ne le sait que trop : elles éclosent dans le cerveau de ces gens qui savent tout sans avoir rien vu. En effet, il est peu de contrées où les marabouts soient plus nombreux, où les zaouïa soient plus fréquentées et où les Khouan aient plus d'adhérents. Nous ne sachons pas, du reste, qu'aucune des prescriptions essentielles de la religion musulmane soit transgressée par les Kabiles. En quoi donc peut consister leur tiédeur ? Nous ne l'apercevons pas et nous connaissons des tribus arabes des hauts-plateaux qui sont beaucoup moins religieuses et pratiquantes qu'eux.

Nous ne saurions mieux faire que de citer encore, à l'appui de notre thèse, l'opinion de MM. Hanoteau et Letourneux : « On a souvent répété », disent-ils, « que les Kabiles sont mauvais musulmans, qu'ils tiennent peu à leur religion et l'on a conclu qu'ils étaient plus disposés que les autres musulmans à accepter notre domination. Quelques personnes ont été, même, jusqu'à dire qu'ils embrasseraient volontiers le christianisme ; d'autres, prenant leurs désirs pour des réalités, n'ont pas hésité à dire que cette conversion était prochaine et que des missionnaires catholiques n'avaient qu'à se présenter pour voir les populations accourir en foule, à leur voix, sous la bannière de la croix.

« Nous ne saurions partager ces illusions. Assurément, aux yeux d'un vrai croyant, les Kabiles peuvent ne pas être des musulmans irréprochables..... Mais, en tout ce qui concerne le dogme et les croyances religieuses, leur foi est aussi naïve, aussi entière, aussi aveugle que celle des musulmans les plus rigides.

« Loin de les regarder comme plus favorables que d'autres à notre domination, nous les croyons, au conraire, plus hostiles..... Le résultat le plus facile à constater de notre occupation a été, sous le rapport religieux, une recrudescence de fanatisme, manifestée par des affiliations de plus en plus nombreuses aux associations religieuses (1). »

Plus loin, parlant du pouvoir et de l'action des marabouts, les auteurs disent : « La foule crédule est toujours prête à leur accorder des pouvoirs surnaturels : cette croyance une fois établie, leur ascendant devient vraiment considérable et peut agir efficacement, à un moment donné, sur les populations. Comment en effet, un Kabile pourrait-il ne pas respecter et surtout ne pas craindre un homme qui, d'un mot, peut le changer en femme, faire tomber la grêle sur ses récoltes ou lui infliger toutes les maladies (2)? »

Mais, nous en avons assez dit pour permettre d'apprécier le côté moral du caractère kabile. Rendons-lui, maintenant, la justice qui lui est due : le Kabile est

---

(1) T. I, pp. 310-311.
(2) T. II, p. 89.

travailleur, actif et économe, et voilà en quoi il est beaucoup supérieur à l'Arabe et au Berbère arabisé ; voilà pourquoi il a, en Algérie, un certain avenir.

La Grande Kabilie comprend une superficie de 365,904 hectares, habitée, en 1872, par une population de 275,809 âmes. C'est une densité très forte, supérieure à celle de plusieurs de nos départements français. Et cependant, le pays est pauvre ; aussi le Kabile, qui a atteint l'âge adulte ou est à peine sorti de l'enfance, quitte-t-il ses montagnes et se dirige-t-il sur nos villes, pour y exercer les petits métiers de décrotteur, de portefaix, de commissionnaire. Quand il est devenu homme, il s'engage, moyennant prime, dans les Turcos, ou va louer ses services comme terrassier ou ouvrier des champs. Rien de curieux comme de voir, à l'époque de la récolte du foin et des céréales, les bandes de Kabiles demi-nus qui descendent de leurs montagnes dans la plaine ou viennent s'entasser sur le pont de nos bateaux à Dellis, à Bougie, à Djidjelli, pour travailler au loin. A ce moment, les villages kabiles ne renferment que les vieillards, les femmes et les enfants ; tous les hommes valides sont partis pour trois ou quatre mois.

Une industrie nationale en Kabilie, c'est le colportage. En tout temps les colporteurs partent par groupes de deux ou trois, portant sur leur dos un ballot contenant une petite pacotille : des drogues, de la verroterie pour colliers ; de petits miroirs ; de mauvais bijoux. Ils s'en vont, armés de deux bâtons, pour éloigner les chiens, s'arrêtant de douar en douar et échangeant leur marchandise contre quelques poignées de laine que leur donnent les femmes. Ils parcourent ainsi toute l'Algérie, couchant à la belle étoile, se nourrissant comme ils le peuvent, bravant le soleil de l'été et le froid de l'hiver ; et, néanmoins, ils tentent encore la cupidité des voleurs, qui les assassinent parfois dans des localités reculées. De ceux-là, on n'entend plus parler et leur place reste vide au foyer ; quant aux autres, ils gonflent peu à peu leur ballot, à mesure que la pacotille s'écoule, et rentrent, ployés sous la charge de laine qu'ils portent sur le dos. Cette laine servira à faire des burnous qu'on ira ensuite vendre dans les marchés, car on ne reste pas inactif, et, pendant que le mari est absent, la femme tisse, ce qui est peut-être aussi salutaire pour elle que d'ourler la toile.

On comprend qu'avec de semblables habitudes, cette population soit prospère. La somme d'argent que tous ces hommes rapportent chaque année dans leurs montagnes est considérable, et l'on s'explique comment il se fait qu'ils aient trouvé si facilement l'amende énorme que M. de Gueydou leur avait imposée à titre de contribution de guerre. Ceux-là aussi ont largement profité de la conquête française et n'auraient rien à gagner à notre départ du pays. Ils savent ce qu'il en coûte de se révolter et peuvent regretter, en outre de la perte de leurs douros, de nous avoir fourni l'occasion de nous établir dans les riches vallées de l'Ouad-Sahel, de l'Isser et du Sebaou qui, sans leur folie, nous auraient encore été fermées pour longtemps.

En Kabilie, les propriétés ont une grande valeur et, par suite, sont très morcelées. La propriété collective n'y existe pas, mais l'indivision y est poussée aux dernières limites, et il n'est pas rare de voir un olivier appartenant à une dizaine de personnes ayant des parts inégales ; les bestiaux y sont rares et laids. Les procédés de culture y sont incomparablement plus perfectionnés que chez les Arabes. Les arbres fruitiers garnissent les pentes des coteaux ; mais spécialement l'olivier, le figuier, la vigne y donnent, en abondance, de très beaux fruits qu'on apporte aux marchés de nos villes ; les talus les plus rapides sont retournés à la pioche et reçoivent les semences des légumes.

Dans presque toutes les maisons, — car les Kabiles vivent dans des maisons en pierre, couvertes en tuiles, — se trouve un pressoir à olives. On y fabrique cette huile que les palais européens repoussent à cause de son goût fort et que les indigènes trouvent si bonne en raison même de ce goût qui provient de ce que les Kabiles laissent fermenter les olives avant de les presser, afin d'en extraire plus facilement l'huile.

La fabrication des vêtements, des nattes en halfa et des belles poteries vernies, rappelant un peu le vase étrusque, achève d'occuper les Kabiles et leurs femmes.

On travaille les métaux partout en Kabilie, mais il est certaines tribus, celle des Beni Abbès, par exemple, qui sont renommées à juste titre, pour l'armurerie, la fabrication des coutelas (flissi), mors, fers, etc.

Tels sont, à grands traits, les caractères principaux de cette population intéressante à plus d'un titre mais surtout par son industrie et son amour du travail. Nous représente-t-elle le type de l'ancienne population de la Berbérie, ou bien ses qualités sont-elles le résultat de l'influence du milieu, autrement dit une conséquence de l'âpreté du pays qu'elle habite ? Peut-être, en effet, devons-nous y voir un nouvel exemple de cette loi qui veut que les qualités de travail et d'économie se développent davantage chez les montagnards, peu gâtés par la nature ; autrefois, sans doute, le Berbère des plaines, ayant une vie plus facile, se laissait aller à la mollesse et perdait les vertus que son compatriote a conservées dans les montagnes du Djerdjera.

Après être entré dans ces détails sur le Kabile, descendant de la plus ancienne race berbère, il convient de parler d'une autre famille de cette grande nation, mais dont la venue en Afrique semble être plus récente. Les Beni-Mezab, une des branches de la race zenète, nous représentent le berbère des hauts-plateaux et de la région des oasis, qui paraît s'être inséré comme un coin entre les anciens autochthones qu'il a repoussés au Nord (Kabiles des montagnes du littoral) et au Sud (Touaregs et autres Berbères du Sahara). Les zenètes ont fait au milieu des vieux Berbères ce que les Arabes hilaliens ont fait en Afrique beaucoup plus tard (1050).

Les Beni-Mezab (ou Mozabites), occupent à 110 kilomètres au sud de L'Aghouat, « les premières assises d'un plateau rocheux, découpé en tous sens par de petites vallées irrégulières, qui semblent s'enchevêtrer les unes dans les autres (1). » C'est ce qu'on appelle, dans le Sahara, une chebka, un filet. Ils se sont réfugiés là à la suite des invasions qui les ont chassés de leurs anciens domaines qui paraissent avoir été la vallée de l'Ouad Rip, et aussi à la suite des guerres religieuses du VIIIe, du IXe et du Xe siècle, auxquelles ils ont pris une part active. A force de travail et d'industrie, ils sont parvenus à fertiliser la contrée stérile où ils avaient trouvé un refuge et à y créer des villes et des oasis. Ils forment une confédération de sept villes : Ghardaïa, Beni-Izguen, Mellika, Bou-Noura,

---

(1) *Le Mezab* par le capitaine Coyne, Revue Africaine, n° 135, p. 175 et suiv.

El-Attef, Berriane et Guerrara, dont la population totale est d'environ 30.000 âmes, avec 180.000 palmiers.

Le Mezabi (Mozabite) est kharedjite, c'est-à-dire qu'il ne fait partie d'aucune des quatre sectes orthodoxes de l'Islamisme, car l'épithète de *Karedji* est synonyme d'hérétique. Cette secte a pris naissance peu après la mort de Mahomet, à la suite des guerres qui eurent lieu, pour sa succession, entre Ali, son gendre et Moaouïa. Les kharedjites, sorte de puritains, voulaient que l'Imam, successeur du Prophète, pût être pris dans tout le corps des fidèles. Ecrasés à Nehrouan, par les Alides, traqués comme des criminels, plusieurs d'entre eux trouvèrent un refuge dans la Berbérie, alors nouvellement conquise. Ils répandirent leur doctrine chez les indigènes de cette contrée, à peine convertis, et bientôt éclata, comme un coup de foudre, une formidable insurrection contre la domination arabe. Les agents et les soldats du Khalifat furent chassés de leurs postes, les communications entre l'Orient et l'Espagne furent coupées et la révolte s'étendit jusque dans la Péninsule. Cette insurrection éclata au moment même où Charles Martel écrasait à Poitiers les Sarrazins, et elle contribua pour une large part à assurer les effets de la belle victoire du chef des Franks, car il ne passa plus de musulmans en Espagne et l'invasion ne fut plus alimentée. Après de longues guerres exterminatrices qui épuisèrent le Khalifat, après la fondation de la dynastie fâtemide, en Afrique, les Kharedjites, épuisés par deux siècles de luttes inégales, furent définitivement écrasés. L'orthodoxie triompha et les débris des dissidents se groupèrent dans l'île de Djerba, dans les montagnes du Djebel Nefouça, au sud de Tripoli, et dans la chebka du Mezab. Les Mozabites ont conservé intactes leurs croyances et, retranchés dans leur pays reculé, ont maintenu avec un soin jaloux leur indépendance, sous les dynasties berbères et sous le gouvernement turc. Dirigés, au point de vue administratif, par une Djemâa, selon l'habitude berbère, ils sont sous la dépendance réelle de la caste des clercs ou lettrés.

Par suite d'un traité intervenu, à la date du 29 avril 1853, entre le général Randon, alors gouverneur, et les Djemâas des sept villes principales, la confédération des Beni-Mezab se trouve placée sous notre suzeraineté et nous paie un tribut qui a été fixé d'abord à 45.000 francs, et atteint maintenant, avec les centimes additionnels, près de cinquante mille francs. En réalité, elle est indépendante et s'administre comme elle veut : aussi, les rivalités et les compétitions qui semblent indispensables chez les Berbères, s'y donnent-elles un libre cours, sans que les officiers qui commandent à L'Aghouat soient admis à intervenir ou à imposer leur autorité.

Les Mozabites viennent en grand nombre dans les villes du Tel algérien, où ils exercent particulièrement le commerce; quelques-uns d'entre eux sont bouchers ou baigneurs. Petit de taille, très brun, ayant la peau bistrée ou olivâtre, d'un tempérament souvent lymphathique, le mozabite rappelle les traits du type juif et ne ressemble en rien au Berbère des montagnes du littoral. Remarquablement doué pour les affaires, il tend partout à accaparer le commerce avec les indigènes. Malheureusement, tout ce qu'il gagne va au Mezab, car il vient seul en Algérie et laisse sa famille dans son pays.

Pendant longtemps, les Mozabites ont su mériter une grande réputation de probité dans les affaires; de plus, une véritable solidarité les unissait, de sorte que celui qui n'était pas en mesure de faire face à ses engagements était aidé par ses compatriotes et l'honneur de la corporation restait sauf. Mais, depuis quelques années, il n'en est plus ainsi : les cessions irrégulières, les fidéicommis, les substitutions de personnes, les faillites frauduleuses sont très pratiquées par eux. Et quand leurs fourberies se découvrent, le coupable est au Mezab, avec son argent, où, comme nous l'avons vu, on ne peut penser à le poursuivre.

Cette situation est intolérable et absolument illogique, maintenant que nous occupons Ouargla, poste encore plus méridional. En outre, le Mezab est le grand entrepôt de la contrebande de la poudre et des armes à feu pour tout le Sahara septentrional. Il est temps que l'on mette ordre à cet état de choses (1).

(1) Nos vœux vont être comblés, puisqu'une colonne expéditionnaire est actuellement en route pour prendre possession du pays et y installer une administration régulière.

CHAPITRE VII

L'instruction publique, la vie intellectuelle.

Depuis quelques années, de grands efforts ont été déployés, en France, pour relever le niveau de l'instruction publique : les dotations des établissements ont été augmentées, les émoluments des professeurs améliorés, les méthodes perfectionnées, et il n'est pas douteux que notre pays ne recueille les fruits de ses sacrifices. L'Algérie républicaine a, depuis longtemps, marché dans cette voie, et l'on sait qu'elle tient un bon rang, proportionnellement au chiffre de sa population, pour le nombre des établissements d'enseignement et des élèves qui les fréquentent. Les communes consacrent environ 17 0/0 de leurs revenus aux dépenses de l'instruction publique. Certaines villes, comme Constantine, par exemple, dépassent de beaucoup cette proportion (1).

Jetons, à cet égard, un coup d'œil en arrière et suivons la marche des progrès réalisés.

En 1851, l'Algérie ne possédait qu'un lycée, créé par le décret du 21 septembre 1848, et comptant 230 élèves.

Les écoles primaires, au nombre de 230, étaient fréquentées par 12.766 élèves, dont 11.129 garçons et seulement 1.637 filles.

---

(1) Cette commune vient en outre de construire un lycée qui lui coûte plus de quinze cent mille francs.

L'enseignement supérieur était représenté par trois chaires d'arabe, l'une à Alger (créée en 1836), l'autre à Constantine (1848) et l'autre à Oran (1850), et par trois *medraça,* ou écoles supérieures musulmanes, à Médéa, Tlemcen et Constantine.

Le décret de 1848 institua à Alger une académie, avec un recteur, ayant sous sa direction l'instruction publique, à l'exception des écoles arabes-françaises, qui restèrent soumises à l'autorité du ministre de la guerre.

Ces écoles furent créées par le décret du 6 août 1850 ; elles avaient pour but de recevoir ensemble des élèves indigènes et européens, sous la direction de maîtres français et d'adjoints musulmans. On fonda de grandes espérances sur cette institution, pensant qu'elle hâterait la fusion des races ; mais le résultat, sauf de rares exceptions, ne les justifia pas. Le moment, sans doute, n'était pas opportun.

Le même décret établit, à Alger, Oran, Constantine et Bône, des écoles pour les filles musulmanes. Des maîtresses françaises furent chargées de leur enseigner non seulement notre langue, mais encore nos procédés de couture et d'industrie domestique. Là, encore, les espérances ne se réalisèrent pas, car les mœurs locales veulent que l'on marie et surtout que l'on fiance les filles très jeunes, et, dès lors, elles ne doivent plus sortir. On n'eut donc que des enfants à peu près abandonnées, qui, très souvent, tournèrent mal à leur sortie de l'école ; les autres en furent retirées trop jeunes pour avoir pu conserver des souvenirs utiles de leur éducation. Tant que les mœurs indigènes forceront les mères à vivre séquestrées, il n'y aura rien à faire sous ce rapport.

Au fur et à mesure de l'augmentation de la population

et de la création de nouveaux centres, des écoles primaires furent ouvertes dans toutes les localités où l'agglomération fut suffisante. Les maîtres laïques et les Frères de la Doctrine chrétienne fournirent le personnel enseignant pour les garçons. Dans les grandes villes, des institutions libres, laïques et congréganistes, contribuèrent à répandre l'instruction ; enfin, des collèges communaux furent successivement établis à Oran, Constantine, Bône, Philippeville, Blida, Médéa, Miliana, Tlemcen, Mostaganem, Sétif. Par décret du 30 décembre 1876, le collège de Constantine a été érigé en lycée et l'on n'attend que l'achèvement de l'installation matérielle pour que la transformation soit effective. Oran construit le sien.

Vers 1857, l'administration militaire s'occupa des moyens de fournir, à part, l'instruction secondaire aux indigènes, et, pour éviter tout contact entre eux et l'élément civil, on créa deux collèges impériaux arabes-français, l'un à Alger, l'autre à Constantine, et la direction exclusive en fut confiée à l'autorité militaire. Splendidement organisés, richement dotés, au moyen de centimes additionnels sur l'impôt arabe, ces établissements se trouvaient dans d'excellentes conditions pour réussir. Les directeurs, le personnel enseignant étaient parfaitement choisis. Les Caïds et fonctionnaires indigènes de tout grade reçurent, sous forme d'invitation, l'ordre d'y envoyer leurs enfants; en même temps, il est vrai, on leur adressa des discours pour leur faire saisir tous les avantages qu'ils retireraient de ce sacrifice. Les Caïds se résignèrent et firent partir, pour Alger et Constantine, leurs enfants, comme s'ils les envoyaient en otage. Ces élèves, habitués à être gâtés comme le sont les enfants mâles des indigènes riches, trouvèrent très dure l'obligation de se soumettre à une règle qu'on s'efforça de leur rendre la plus douce possible. Ils frayaient peu avec les petits européens et, au lieu de prendre part à ces jeux bruyants qui font pour l'enfance une si heureuse diversion à la contrainte de l'étude, ils se retiraient dans les coins, et, mélancoliquement assis par terre, devisaient, la tête sur les genoux, ou traitaient de sujets que leur immoralité précoce savait rendre inépuisables. Du reste, les pères ne cessaient de les réclamer et, quand ils en étaient séparés depuis deux ans, ils jugeaient que la preuve de leur dévouement à la France était suffisamment démontrée ; et puis, le moment n'était-il pas arrivé de donner une épouse à l'héritier de de la famille ? Et l'enfant partait emportant dans sa tête quelques rudiments confus qu'il s'empresait d'oublier en quelques mois.

Il y eut, cependant, des exceptions, et l'on vit plusieurs enfants indigènes montrer un intelligence et une facilité d'assimilation étonnantes. Mais cela ne suffisait pas et, sans l'élément européen, les maîtres, pris de dégoût, se seraient vus forcés de renoncer à une tâche trop ingrate. En somme, les collèges arabes ne réussirent pas ; en 1871, comme ils n'avaient, pour ainsi dire, plus d'élèves indigènes, on les supprima et on les incorpora dans le lycée d'Alger et dans le collège de Constantine. Actuellement, les quelques indigènes qui se trouvent dans nos établissements d'instruction scondaire y sont soumis aux règles générales, sauf en ce qui a trait à l'instruction religieuse, et ceux qui sont susceptibles d'assimilation en trouvent les éléments dans la vie commune avec nos enfants. C'est un simple retour à la logique et au bon sens.

En même temps que l'administration militaire fondait les établissements d'instruction secondaire pour les musulmans, elle multipliait les écoles primaires en pays arabe. Toutes les villes étaient déjà pourvues d'écoles de ce genre ; on en plaça dans les petits postes et l'on envoya, pour les diriger au milieu des indigènes, des maîtres français. La réussite ne fut pas plus complète, malgré les exhortations et les conseils adressés aux populations. Dans les villes où, cependant, la fréquentation de l'école n'offre aucune difficulté matérielle, on n'a jamais pu obtenir de résultats appréciables, sauf dans quelques cas particuliers tenant au caractère spécial des habitants et à la manière de procéder du maître. Ce fut bien autre chose dans les campagnes, où les impossibilités sont réelles, par suite de l'éloignement. En effet, sauf dans la région de la Grande Kabilie, où la population est assez dense, les tribus, fractionnées en douars de quelques tentes ou réunions de gourbis, occupent de très vastes espaces et l'on ne peut demander à des parents de conduire, chaque jour, leurs enfants, à dix ou quinze kilomètres de distance. Et puis, les enfants, sauf chez les riches, sont occupés à la garde des troupeaux.

Dans les villes, c'est la négligence native de l'indigène, sa haine de tout ce qui est règle et demande un effort continu qui est la principale cause de l'irrégularité de la présence de l'enfant à l'école. Dans les campagnes, il y a, en outre, impossibilité matérielle. A cela il faut ajouter la différence des mœurs, des usages, des pensées, avec lesquels les individus redoutent de se mettre en opposition, tout le monde n'ayant pas le courage de braver l'opinion publique. Enfin, pour les uns comme pour les autres, il y a un motif pour ainsi dire supérieur, c'est le sentiment religieux ; ils ont, contre nous, à cet égard, une prévention que rien ne peut vaincre, car elle prend sa source dans ce fanatisme étroit qui est le propre de la religion musulmane, et, s'ils se décident à faire apprendre quelque chose à leurs enfants, ils préféreront que ce soit les prières de l'Islamisme et la sainte écriture du Koran.

Nous ne croyons donc pas qu'en ce moment l'instruction donnée par nous aux indigènes soit, comme on le répète depuis quelque temps, un moyen pratique de les amener à nous ; il faut attendre une génération au moins. M. Duponchel, à qui il a suffi de quelques semaines de séjour en Afrique pour étudier à fond la question algérienne, en outre de celle du trans-saharien, l'expose et la tranche *ex professo* dans les cinquante premières pages de son livre. « La question ainsi comprise », dit-il (1), n'aurait pas été insoluble, et *par le peu* que j'ai pu voir des races indigènes dans mon voyage en Algérie, j'ai pu acquérir la conviction que rien ne serait plus facile que de transformer en Français les Arabes et les Kabiles, en leur imposant peu à peu nos mœurs, notre langue et nos lois civiles, tout en respectant leur foi religieuse... » Nous ne sommes pas du tout de son avis et nous ne croyons pas que « rien ne soit plus facile » que de transformer un peuple en un autre, en lui imposant des mœurs, une langue et des lois qui ne sont pas les siennes, surtout si ce peuple est musulman et que l'on veuille « respecter sa foi religieuse. »

Ce fut également comme moyen de civilisation et pour servir en particulier aux indigènes, que le gouverneur général obtint, le 4 août 1857, la création d'une école

---

(1) P. 51.

secondaire de médecine et de pharmacie à Alger. On prononça, dans ce sens, de bien beaux discours d'ouverture, mais les élèves indigènes ne se présentèrent pas et ce fut à grand'peine que l'on en réunit trois ou quatre auxquels on donna le logement et la pension au collège arabe, sans parler d'une foule d'autres avantages, en les dispensant, cela va sans dire, des examens d'admission. Depuis, le nombre des élèves indigènes n'a guère augmenté ; quelques-uns ont été reçus officiers de santé ou pharmaciens de deuxième classe, et l'on doit reconnaître que certains d'entre eux ont su, par leur travail et leur intelligence, se rendre dignes de ces titres. Mais, en résumé, c'est aux Européens, et, pour ainsi dire, uniquement à eux que l'école d'Alger a servi et sert encore.

Voici quelle est, actuellement, en Algérie, la situation de l'instruction publique, dont l'organisation a été réglée par le décret du 15 août 1875.

ENSEIGNEMENT SUPÉRIEUR

1° L'Institut d'Alger créé par la loi du 21 décembre 1879 et comprenant les quatre écoles préparatoires suivantes :

A. L'école préparatoire de médecine et de pharmacie d'Alger, créée le 4 août 1857. Le nombre des étudiants ayant suivi les cours en 1879 a été de 64, savoir :

Français	50
Israélites	3
Etrangers	5
Musulmans	6
TOTAL	64

Elle jouit des mêmes droits que celles du continent et peut, en outre, donner des autorisations d'exercer la médecine en territoire indigène ; dans les conditions déterminées par le décret du 3 août 1880.

B. Ecole préparatoire de Droit, décernant : 1° le diplôme de bachelier en droit ; 2° le certificat de capacité en droit ; 3° et un certificat spécial en droit administratif et coutumes indigènes, suivie par 83 élèves en 1880.

C. Ecole des Sciences (25 élèves en 1880).

D. Ecole des Lettres (193 élèves en 1880).

Ces deux dernières délivrent des brevets spéciaux selon des conditions déterminées par le Ministre de l'Instruction publique.

2° L'observatoire d'Alger, incorporé dans l'Institut algérien.

3° Trois chaires publiques d'arabe, dont les cours ont été suivis, en 1879, par 125 auditeurs, savoir :

Alger	56
Oran	42
Constantine	27
TOTAL	125

4° Et trois medraça, à Alger, Constantine et Tlemcen, dirigées par des maîtres musulmans, sous la surveillance de l'Académie et de l'administration. On y enseigne la religion, la grammaire et la jurisprudence musulmane. Depuis 1876, des cours de français, d'arithmétique, d'histoire et de géographie y sont faits par des interprètes militaires. En 1879, les trois medraça réunies ont reçu 137 élèves. Ces écoles préparent, presque exclusivement, le personnel de la justice musulmane.

ENSEIGNEMENT SECONDAIRE

1° Les lycées d'Alger (1) et de Constantine, le premier comptant à lui seul plus de 1.000 élèves ;

2° Les collèges de Blida, Miliana, Médéa, Bône, Philippeville, Sétif, Oran, Tlemcen et Mostaganem ;

3° Les établissements libres de Saint-François Xavier à Alger, Saint-Charles à Blida, Sahut et Notre-Dame à Oran.

4° Et un établissement secondaire pour les filles, inauguré à Constantine le 5 janvier 1880, et en pleine prospérité maintenant (2).

Le nombre des enfants reçus dans ces établissements, en 1879, et par conséquent sans y comprendre l'école des filles, a été de :

```
          3.441 pour les établissements publics
            376     —           —       libres
          ─────
TOTAL...  3.817
```

Ces chiffres se décomposent comme suit :

```
Français . . . . . . . . . . . . . . . . .  2.759
Etrangers. . . . . . . . . . . . . . . . .    373
Israélites. . . . . . . . . . . . . . . .     422
Musulmans. . . . . . . . . . . . . . . .      263
                            TOTAL. . . . .  3.817
```

(1) Par décret du 22 juillet 1880, le lycée d'Alger a été élevé à la première classe.

(2) Cet établissement va être transformé en lycée de filles dans les conditions fixées par la nouvelle loi.

ENSEIGNEMENT PRIMAIRE

1° Ecoles normales :

Ecole de Mustapha (garçons)	36 élèves
— de Constantine id.	25
TOTAL.	61
Ecole de Miliana (filles)	27
TOTAL.	88 élèves

2° Ecoles primaires : — En voici le nombre :

Ecoles publiques laïques	476
— — congréganistes	102
— libres laïques	50
— — congréganistes.	47
— arabes-françaises	25
TOTAL.	710

Elles emploient un personnel enseignant de 1.396 professeurs, adjoints et adjointes.

Elles sont fréquentées par 49.610 élèves des deux sexes se répartissant comme suit :

Ecoles publiques	garçons. . . .	22.440
	filles	18.268
Ecoles libres	garçons. . . .	2.091
	filles	4.668
Ecoles libres tenant lieu	garçons. . . .	264
d'écoles publiques	filles	299
Ecoles arabes-françaises	garçons. . . .	1.437
	filles	143
	TOTAL.	49.610

3° Une école des Arts et Métiers à Dellis.

En outre, 3.656 auditeurs ont suivi les cours d'adultes en 1879.

4° Enfin 179 salles d'asile ont reçu, en 1880, 20.252 enfants.

La population scolaire, sans compter les enfants des asiles, est de près de soixante mille enfants.

On le voit, l'instruction publique est dans une situation satisfaisante en Algérie, et les succès qu'obtiennent nos jeunes gens dans les concours avec leurs camarades de France, prouvent leur intelligence et le talent de leurs professeurs.

Sur le rapport de l'honorable M. Paul Bert, la Chambre des députés a discuté, en 1879, le projet d'un établissement complet d'instruction supérieure à Alger. On a décidé la création d'une sorte de demi-faculté qui pourra être d'une grande ressource pour le développement intellectuel de l'Algérie. C'est ce qui est désigné plus haut sous le nom d'Institut algérien. Malheureusement on s'est arrêté à un système mal défini et dont les désavantages ne tarderont pas à se faire sentir. En effet, les professeurs sont dans une position d'infériorité vis-à-vis de leurs collègues de France et, de plus, ils délivrent des diplômes de second ordre, sorte de basse-monnaie qui n'aura cours qu'en Afrique. Un député, membre de l'Enseignement, l'honorable M. Duvaux, actuellement ministre, a combattu avec force cette création hybride, en proposant d'établir une vraie faculté ; les Algériens devraient lui savoir gré de ses paroles marquées au coin de la logique et du bon sens, et l'on a lieu d'être surpris que nos représentants ne l'aient pas soutenu et aient voté le projet. L'un d'eux, au contraire, a pris la parole pour approuver la création d'une classe de praticiens qu'on a appelés avec raison des sous-officiers de santé, innovation dangereuse, inutile et portant une atteinte directe à nos lois sur l'exercice de la médecine. Espérons qu'on ouvrira les yeux sur ces inconvénients.

L'occupation de l'Algérie a eu, entre autres résultats, celui de nous apprendre que nous ne connaissions rien, ou à peu près, sur l'ethnographie, la géographie et l'histoire de ce pays. Nos données à ce sujet étaient aussi vagues que fausses et, en mettant le pied sur cette terre, nous marchâmes d'étonnements en étonnements. Des esprits studieux se mirent aussitôt en devoir de résoudre le problème en reprenant les choses *ab ovo*. Le gouvernement, entrant dans cette voie, et voulant centraliser les efforts, se décida à renouveler ce qui avait été fait pour l'expédition d'Egypte. En 1839, il institua une Commission scientifique, formée d'hommes spéciaux, dans différents genres, et, quelques années après, l'imprimerie royale éditait dix-sept beaux volumes in-8° dont voici les titres :

I. **Etude des routes suivies par les Arabes dans la partie méridionale de l'Algérie et de la régence de Tunis,** par M. Carette, officier du génie, secrétaire de la Commission.

II. **Recherches sur la géographie, etc., de l'Algérie méridionale,** par le même.

III. **Recherches sur l'origine et les migrations des principales tribus de l'Afrique septentrionale,** par le même.

IV et V. **Recherches sur la Kabylie proprement dite,** par le même.

VI. **Mémoires historiques et géographiques,** par E. Pellissier (l'auteur des *Annales algériennes*).

VII. **Histoire de l'Afrique** (ou plutôt de l'Ifrikïa), d'El Kaïrouani, traduction Pellissier et de Rémusat.

VIII. **Voyages dans le sud de l'Afrique** d'El Aïachi, traduction Berbrugger.

IX. **Recherches sur le Maroc**, par Renou.

X à XVI. **Précis de jurisprudence musulmane selon le rite de Malek**, par Sidi Khelil, traduction Perron.

XVII. **Description de la régence de Tunis**, par Pellissier.

A ces premiers travaux vinrent s'ajouter les ouvrages suivants :

De l'hygiène de l'Algérie, par Périer. 2 v. in-8.

Géologie de l'Algérie, par E. Renou. 1 v. in-8.

Histoire naturelle des mollusques, par Deshayes. 3 v. in-4 et 1 atlas.

Histoire naturelle des animaux articulés, par Lucas. 3 v. in-4, avec atlas de 122 planches.

Histoire naturelle des poissons et des reptiles, par Guichenot. 1 v. in-4 et atlas de 12 pl.

Botanique par Bory de Saint-Vincent, Cosson et Durien de Maisonneuve. 3 v. in-4 contenant 90 pl.

Histoire naturelle des mammifères et des oiseaux de l'Algérie, par le c^t Loche. 3 v. in-4 renfermant 22 planches.

Recherches de physique générale sur la Méditerranée, par G. Aimé. 1 v. in-4 avec planches.

Archéologie, par le c^t Delamarre. 3 v. gr° in-4, contenant 200 planches gravées.

Architecture, sculpture, inscriptions et vue de l'Algérie, par Ravoisié. 3 v. in-f°.

Inscriptions romaines de l'Algérie, par Léon Rénier. 1 v. in-4.

Malacologie de l'Algérie, par Bourguignat. 2 v. in-4°, avec un grand nombre de planches.

Ces travaux forment un ensemble auquel on a donné le nom d'*Exploration scientifique de l'Algérie*, véritable monument qui servira de base à toutes les recherches sur le pays.

Les principaux sujets, dans toutes les branches de connaissances, ont ainsi été étudiés et exposés. Ces ouvrages rendirent les plus grands services. C'était la réalité succédant à la fantaisie. Les savants de France, les membres de l'Institut s'occupèrent, à leur tour, de l'Afrique, et l'on vit paraître les beaux travaux de MM. d'Avezac, Dureau de la Malle, Walcknaër, Hase, etc., qui firent connaître tout ce que l'antiquité et le moyen âge chrétien nous avaient laissé sur le pays. Restaient les auteurs arabes dont nous ne possédions que des fragments incomplets, qu'il était impossible de relier et de comprendre. On sentait qu'il y avait là une source précieuse d'information, mais, au demeurant, cette source était comme tarie. Cependant on pouvait, par les travaux de M. de Quatremère, Noël des Vergers, Reynaud, etc., en présumer la richesse. Ce fut alors qu'un savant interprète de l'armée, M. le baron de Slane, mort dernièrement membre de l'Institut, fut chargé d'une mission littéraire en Orient, afin d'y rechercher ce qu'on y pourrait trouver des ouvrages des écrivains musulmans sur l'Afrique. Son voyage fut couronné de succès : il rapporta des manuscrits ou des fragments qui, corrigés et complétés les uns par les autres, lui permirent d'éditer le texte arabe entier de l'*Histoire des Berbères*, fragment important de l'*Histoire universelle* d'Ibn-Khaldoun, la *Géographie* d'El Bekri, celle d'Ibn-Haucal, des *Extraits* d'En-Nouëïri et d'Ibn-Abd-el Hakem, etc. Quelques années après paraissait une savante traduction de ces auteurs, par M. de Slane ; et maintenant, l'histoire complète de l'Afrique septentrionale, pendant le moyen âge, peut être reconstituée. L'ethnographie de ce pays a cessé d'être un problème insoluble.

Ces premiers travaux ont été suivis d'un grand nombre de publications sur l'histoire, la géographie, les mœurs, la linguistique des indigènes, ouvrages produits sur place par un groupe de travailleurs, que M. Renan, dans ses savants rapports annuels, a appelé : notre école algérienne. L'histoire naturelle et les sciences proprement dites on fait aussi l'objet de travaux justement appréciés.

Il y a environ trente ans, M. Léon Rénier, le savant épigraphiste, vint en Afrique, visita nos principales ruines et réunit les éléments de son important ouvrage : *Les inscriptions romaines de l'Algérie*. Mais il ne suffisait pas d'avoir relevé toutes les épigraphes alors connues ; il fallait établir dans ce pays, si riche en souvenirs de l'occupation romaine, une institution qui continuât son œuvre et recueillît, jour par jour, les trouvailles que la colonisation allait faire. Sous son impulsion, la Société archéologique de Constantine fut créée. Composée, dès les premiers jours, des notabilités civiles et militaires de la province, cette société n'a cessé de prospérer. Elle a publié, chaque année, un volume de Notices et Mémoires (le XXe a paru et a été suivi par la table générale des 20 premiers volumes) renfermant non seulement le compte rendu des découvertes archéologiques, mais encore des travaux sur l'histoire, la géographie et la linguistique des peuples de l'Afrique septentrionale. Ses publications lui ont mérité le prix d'archéologie au concours des sociétés savantes de France, en 1875 et en 1880, et une médaille d'or (grand prix) à l'exposition universelle de 1878. Ses volumes sont signalés et recherchés avec faveur dans toute l'Europe savante et jusqu'en Amérique.

En 1854, quelques hommes d'étude, ayant à leur tête M. Berbrugger, suivirent l'exemple donné par Constantine et fondèrent à Alger la Société historique algérienne qui, depuis lors, a publié tous les deux mois un fascicule d'environ quatre-vingts pages, intitulé : *Revue Africaine*. De très bons mémoires ont été édités par cette revue qui continue à fournir aux travailleurs isolés le moyen de faire connaître le fruit de leurs recherches.

Vers le même temps, une société de ce genre s'est établie à Bône, sous le nom d'Académie d'Hippône. Après différentes vicissitudes, cette compagnie a repris le cours de ses travaux et se trouve maintenant dans une situation prospère, grâce au zèle et à la compétence des personnes qui la dirigent.

Le nombre et l'importance des matériaux publiés par ces sociétés sont considérables; les historiens futurs du pays y trouveront des documents d'une valeur inappréciable et qui, sans cela, auraient été perdus pour toujours.

Alger possède une autre société, dite de climatologie, fondée depuis près de vingt ans. Elle publie un bulletin où sont traitées les questions plus parlicutièrement du domaine de la science et de l'anthropologie. Ses travaux sont estimés et lui ont conquis une place fort honorable dans sa spécialité.

Deux sociétés de géographie se sont établies dernièrement, l'une à Alger, l'autre à Oran. Ces créations sont encore trop récentes pour qu'on puisse faire autre chose que de les signaler.

A toutes ces associations formées dans le but de réunir les hommes qui aiment à s'élever au-dessus des préoccupations vulgaires de la vie, il faut ajouter la Société des Beaux-arts, Sciences et Lettres d'Alger qui offre, non seulement une grande ressource pour l'enseignement et la pratique des arts proprement dits, mais encore sait joindre l'utile à l'agréable en donnant des cours et conférences scientifiques et littéraires, faits par des professeurs. Là, tous les goûts élevés trouvent satisfaction. Cette société est une des plus agréables créations qu'on puisse désirer ; elle est digne de la population intelligente qui a su l'instituer et la conserver en la perfectionnant.

Toutes les villes un peu importantes sont pourvues de bibliothèques publiques plus ou moins riches. De plus, dans beaucoup de localités, la ligue de l'enseignement organise et patronne des cours élémentaires et possède une bibliothèque qu'elle ouvre au public.

Dès les premiers jours de l'occupation, l'étude de l'arabe s'est imposée à nous comme une nécessité impérieuse. La connaissance de cette langue était fort peu répandue et il en résultait que tout le monde, administrateurs militaires et civils, magistrats, commerçants, colons étaient forcés d'avoir recours à des intermédiaires dont le moindre défaut était souvent l'ignorance ; de là, des erreurs fâcheuses, des abus criants et des retards sans nombre. C'est pour répondre à ce besoin que des chaires d'arabe furent créées et que des primes furent données aux fonctionnaires qui purent justifier de la connaissance de cette langue.

Les livres spéciaux manquaient pour l'étude des idiomes ayant cours en Algérie. Un grand nombre de traités d'une valeur inégale furent publiés. Les professeurs placés à la tête des chaires se trouvèrent, par bonheur, être des hommes éminents et travailleurs. Ils pénétrèrent avec sagacité les dialectes locaux, les analysèrent, et firent paraître des travaux pratiques et judicieux. Actuellement l'étude de la langue arabe est rendue facile, tant par l'abondance et la qualité des méthodes que par la multiplicité des cours. Et cependant nos jeunes algériens ne s'y adonnent pas avec empressement, alors que la connaissance de cette langue leur donnerait tant de satisfaction et leur ouvrirait, pour ainsi dire toutes les carrières. Il est vrai qu'il faut pour obtenir ce résultat beaucoup de travail et de persévérance; aussi il arrive que la plupart de ceux qui ont tenté l'entreprise s'arrêtent en chemin.

Nous sommes donc forcé de constater ce fait que les candidats qui se présentaient il y a une vingtaine d'années aux examens pour l'interprétariat étaient au moins aussi forts que ceux d'aujourd'hui, et que, si le niveau n'a pas baissé, il est à peine resté stationnaire. De plus, ces candidats sont pour une partie des indigènes, israélites ou musulmans. Nos jeunes gens devraient en rougir. Ils sont bien doués et ont, pour cette étude, toutes les facilités théoriques et pratiques. Si donc ils ne réussissent pas, c'est peut-être qu'ils sont un peu paresseux. Les gens qui apprennent sans peine se reposent volontiers sur leur facilité et se découragent vite; cette qualité devient ainsi un désavantage. C'est là leur cas; et puis, on les flatte trop, de sorte qu'ils en arrivent à ne douter de rien et à croire qu'on peut savoir les choses sans les avoir apprises et que l'assurance peut remplacer la science. Nous leur signalons, en passant, ce travers qui suffit, à lui seul, pour ternir toutes leurs qualités.

La langue berbère a fait aussi l'objet de patientes recherches. En outre du dictionnaire kabile et chaouïa, publié par M. Brosselard, il y une trentaine d'années, les travaux de M. Hanoteau sur le dialecte de la grande Kabilie (1) et sur celui des Touaregs (2) ont fait connaître le mécanisme de cet idiome assez pauvre qui ne s'écrit plus, et dont les caractères, sont oubliés depuis longtemps, Ce n'est donc pas sans une grande surprise qu'on a pu entendre un honorable député demander, à la tribune, l'adjonction d'une chaire de littérature berbère à la faculté d'Alger. Malgré la publication des ouvrages dont nous avons parlé et de plusieurs autres manuels, la connaissance de la langue berbère est encore peu répandue chez les Européens qui ont déjà tant de peine à apprendre l'arabe ; et puis, les dialectes kabiles ne sont pas parlés partout, tandis qu'avec l'arabe, il est peu de localités où l'on ne puisse se faire comprendre. Il serait utile cependant d'encourager les administrateurs et les interprètes judiciaires à l'étude de cette langue, afin de supprimer les inconvénients d'une double traduction du kabile en arabe et de l'arabe en français, ce qui est actuellement le seul moyen de converser avec les gens parlant les dialectes berbères.

Il n'est pas hors de propos, puisque nous sommes sur ce sujet, de parler d'une théorie née on ne sait où, et qui commence à trouver de l'écho dans des sphères diverses. Pourquoi, disent les partisans de cette idée, faire apprendre l'arabe aux Français ? Pourquoi plutôt ne pas forcer les Arabes à apprendre le français ? « Supprimons l'arabe », dit-on en substance, « et que les indigènes s'arrangent comme ils le pourront. » Voilà ce qu'on peut appeler pousser la logique jusqu'à l'absurde.

---

(1) *Essai de grammaire Kabyle.*
(2) *Grammaire tamachek't.*

Ceux qui jugent ainsi doivent vivre dans un monde idéal pour oublier, à ce point, les conditions réelles du pays dans lequel ils se trouvent. Qu'on fasse son possible pour apprendre notre langue aux indigènes, rien de mieux ; mais, en attendant qu'ils la sachent, nous nous trouvons en présence d'un état qu'on ne peut s'empêcher de constater : c'est que nous avons 2.850.000 indigènes à administrer et que les dix-neuf vingtièmes de ces gens ne comprennent pas le français. On peut donc décréter à cet égard ce que l'on voudra, cela n'y changera rien. Amener une nation conquise à oublier sa langue pour prendre celle du vainqueur ne se fait pas du jour au lendemain. Il faut pour cela l'œuvre du temps. Bien que les Arabes aient conquis l'Afrique septentrionale depuis 1.300 ans, leur langue n'est pas parlée par tous les Berbères, malgré cet auxiliaire puissant qui s'appelle le Koran. Nous nous en tenons à cet exemple.

Au demeurant, parler français aux indigènes algériens, dans les rapports officiels, en leur disant : « Comprenez si vous pouvez ! » serait joindre le ridicule à l'iniquité, n'en déplaise aux logiciens autoritaires. Ces moyens peuvent plaire à des Russes ou à des Prussiens ; ils sont en contradiction avec le génie de notre nation. Du reste, l'application de cette théorie, comme de tant d'autres, serait d'une impossibilité absolue.

Les gens qui puisent leur érudition à des sources de rencontre ne manqueront pas d'objecter : « Et cependant, les Romains n'imposaient-ils pas leur langue aux peuples conquis ? » On pourrait discuter longuement sur ce lieu commun ; nous nous contenterons de répondre par deux exemples topiques, le premier, pris dans notre propre pays, la Gaule, et, le second, dans l'Afrique même. Les

Bretons, comme on le sait, parlent encore un idiôme celtique et l'on doit en conclure que, même après plusieurs siècles de domination romaine, le latin avait peu cours dans l'Armorique. Pour le second cas, nous renvoyons à cette lettre de saint Augustin à Crispinus, évêque donatiste, lettre dans laquelle il lui propose de faire traduire leurs sermons « en langue punique », pour que les indigènes puissent bien comprendre et se prononcer en connaissance de cause sur l'orthodoxie et sur le schisme (1). De quels indigènes est-il question ? De ceux des environs de Calama (Guelma), en plein pays ouvert, à quelques lieues de Bône. Bien mieux : ces gens sont chrétiens, mais ils ne comprennent que leur langue; et cependant, les Romains occupaient l'Afrique depuis plus de cinq siècles.

Cela prouve, une fois de plus, qu'il faut être très prudent dans ces assertions comparatives qui plaisent tant, en général, et sont si rarement justes. Qu'on nous pardonne d'avoir fait à cette opinion l'honneur de la discuter ; mais il faut étouffer l'erreur dès sa naissance et nous avons vu tant d'absurdités réussir en ce pays que nous avons cru utile de rompre cette lance.

Revenant à notre sujet, nous redirons que l'étude de la langue arabe est de première nécessité pour les Français d'Algérie et que sa connaissance devrait être exigée de tous les fonctionnaires, car, pendant de longues années encore, l'européen qui saura l'idiôme du pays aura un avantage énorme sur celui qui l'ignorera. Et non seulement les rapports d'administration lui seront rendus possibles, mais, avec la langue, il aura l'outil pour

---

(1) Lettre de 402, n° 66.

pénétrer l'esprit, les idées de ses administrés, seul moyen de pouvoir les dominer et les bien conduire. Quant aux indigènes, ce n'est que par la suite des temps et lorsque la population coloniale se sera insinuée partout au milieu d'eux, qu'ils commenceront à comprendre, d'une façon un peu générale, le français.

Il nous reste, pour terminer cette revue, à parler de la presse. Peu de temps après la conquête, des journaux se sont fondés dans les principales villes. Nous avons vu (1) que la presse algérienne a joué un rôle important dans la campagne entreprise, vers 1857, par les colons, pour la revendication de mesures propres à développer la prospérité de l'Algérie. Divers journalistes ont déployé un véritable talent et rendu de réels services en étudiant, avec passion, le problème algérien. Leur programme contenait de fort bonnes choses; il a été, en partie, appliqué depuis et l'on a pu voir à l'essai quels étaient les points faibles. Par malheur, les déductions que la logique indiquait n'ont pas été tirées; on n'a pas su profiter de ces enseignements; les choses sont restées, pour ainsi dire, en l'état et aucun programme nouveau n'a été fait.

Le nombre des journaux politiques a constamment augmenté; il est actuellement de plus de trente, ce qui est raisonnable pour une population européenne d'environ 450.000 âmes. Comme valeur, le journalisme algérien a-t-il gagné et l'héritage des publicistes d'il y a vingt ans n'a-t-il pas dépéri? Cette question nous amène sur un terrain brûlant, car, de nos jours, la presse constitue une terrible puissance qu'il est rarement profitable de braver. Eh bien, nous n'hésitons pas à le dire, la presse algé-

---

(1) Chap. II, p, 37.

rienne — sauf d'honorables exceptions pour lesquelles réserve expresse est faite — n'est pas ce qu'elle devrait être.

Son premier défaut est de faire trop de politique européenne et, conséquemment, de négliger, dans les mêmes proportions, l'étude des questions si intéressantes et si diverses propres au pays. Certes, nous sommes, avant tout, Français, et nous devons suivre, avec la plus grande attention, les affaires de notre pays; mais les journaux de France, que l'on trouve partout, nous donnent ces nouvelles beaucoup plus complètes et plus détaillées que ceux d'Algérie. Au lieu de remplir leurs colonnes de choses qu'ils n'ont que la peine de découper dans les grandes feuilles, nos journalistes feraient mieux d'étudier ce qui touche à l'administration, à l'économie politique, à l'agriculture, à l'histoire de l'Algérie. La plupart, il est vrai, n'ont pas d'opinion bien assise sur ces questions et se contentent de répéter des formules et de rééditer des clichés usés depuis vingt ans. C'est plus commode; on ne risque pas de heurter l'opinion et l'on flatte les dadas de ce bon public à qui on peut tout faire accepter en y mettant des formes.

Le second reproche à lui adresser est de manquer trop souvent de dignité, d'employer des procédés de polémique d'une violence que rien n'égale et de s'occuper beaucoup trop de questions personnelles. Que l'individualité ou le groupe qui patronne un journal soit en opposition sur un point ou en rivalité électorale avec une autre personne ou un autre groupe, et, aussitôt, les injures, les calomnies, de pleuvoir de part et d'autre. On ne démontre pas à l'adversaire qu'il est dans l'erreur, on le dénonce comme un fourbe, un infâme couvert de tous les crimes. Et le public suit cela d'un œil indifférent; il se dit que l'ambition de tel ou de tel lui importe peu, et cependant, il a tort, car cette boue, que les adversaires se jettent à la face, rejaillit trop souvent sur la galerie, et il est difficile d'assister à ces pugilats sans recevoir quelque horion.

Sous l'empire, la population, unie par la même aspiration, vivait en très bonne intelligence en pratiquant la tolérance que des concitoyens se doivent les uns vis-à-vis des autres et la solidarité qui, dans un pays neuf, est une nécessité. Il a fallu l'avènement de ce régime démocratique si ardemment désiré pour amener ces déchirements.

On dira que ces excès sont inévitables dans les républiques; que c'est la conséquence forcée de la participation de tous les citoyens à la vie politique; on citera l'exemple de la Grèce, de l'Amérique, de l'Angleterre. Cette justification négative nous laisse froids. Non, ce n'est pas de cette façon que nous comprenons la presse et nous persistons à penser que les Français d'Algérie, qui sont une poignée en face d'un nombre presque égal d'étrangers et de plusieurs millions d'indigènes, devraient se dispenser de donner ce triste spectacle; qu'au lieu d'user leurs forces dans des luttes stériles qui n'ont d'autre point de départ que les ambitions personnelles ou des intérêts privés, ils feraient beaucoup mieux de se réunir pour travailler à la prospérité du pays.

Quel magnifique rôle aurait la presse si, au lieu de servir les haines et les convoitises, elle employait son immense force à instruire, à encourager les colons, à détruire les germes de discorde naissant parmi eux, à éclairer l'Administration!... Nous sommes loin de cet idéal. Il est vrai qu'il est beaucoup plus profitable de flatter les préjugés que de les combattre; qu'il est beaucoup plus facile de prendre une idée toute faite que de s'en former une par le travail et la réflexion ; et qu'enfin, pour beaucoup de folliculaires, le journalisme n'est qu'un métier, quand il n'est pas un moyen.

Tout cela est fort bien ; mais, ce que l'on ne comprend pas, c'est que le public se laisse ainsi mener sans s'apercevoir qu'il tend lui-même le cou au joug et devient la victime d'une véritable tyrannie. Pauvre peuple qui croit avoir échappé au despotisme et qui se soumet volontairement à la servitude ! En effet, le premier résultat de ces violences est d'écarter des affaires publiques les hommes paisibles qui ont souci de leur dignité et de laisser le champ libre aux politiciens. C'est un grand danger en république que l'abstention des citoyens éclairés et l'abandon de la direction aux intrigants ; c'est l'écueil des démocraties : l'histoire en fait foi.

Nous parlions tout à l'heure des Etats-Unis. Que ceux qui, sur la foi des traités, regardent la république américaine du Nord comme le pays de l'âge d'or méditent sur les excès qui sont l'accompagnement obligé de toute élection. Les passions, surexcitées par des feuilles vendues, s'élevant à un paroxysme qui tient de la rage ; les intérêts les plus sacrés du pays foulés aux pieds ou servant de machine de guerre pour capter les suffrages ; corruption, mensonge, pression sous toutes les formes, luttes par les armes... tous les moyens sont bons pour fausser l'élection et enlever la victoire. Après le succès, il faut récompenser les agents qui ont fait réussir, et, bientôt, tous les postes, toutes les faveurs se distribuent aux amis, sans que l'aptitude ou la moralité de la personne y soit pour quelque chose. Voilà ce qu'est devenue l'élection là-bas. Or, ce n'est pas en vain que les nations, comme les individus, se font un jeu des principes immuables de la morale et de la justice, et il est impossible que de tels excès rapportent de bons fruits.

Nous n'en sommes pas là heureusement, car, chez nous, un grand fonds de bon sens et de modération ne permettrait pas à de tels usages de s'acclimater. Mais de mauvaises habitudes tendent à se prendre et c'est à l'opinion publique à rappeler aux politiciens qui s'écartent des règles de la justice qu'ils n'ont qu'un droit, celui d'être honnêtes et modérés.

CHAPITRE VIII

La justice, la sécurité.

Le 9 septembre 1830, un arrêté du général commandant en chef créa, à Alger, un tribunal composé de plusieurs juges et d'un greffier (1). Dans les nouvelles villes, on installa des juges uniques et, par ordonnance du 10 août 1834, une Cour d'appel, sous le nom de tribunal supérieur, fut instituée à Alger. Dans les localités et les postes avancés, les commandants de place, puis les commissaires civils, furent investis des fonctions de juges de paix. Nous ne défendrons pas ce cumul, sachant à quels ridicules abus il a donné lieu; mais il fallait pourvoir aux besoins immédiats, et la nécessité excuse bien des choses.

L'ordonnance du 26 septembre 1842 constitua régulièrement la justice française. Des tribunaux de première instance, relevant de la Cour d'appel d'Alger, furent institués à Alger, Oran, Philippeville et Bône, et des juges de paix furent nommés dans les localités importantes. Cette organisation se compléta peu à peu, mais ce ne fut qu'en 1848 que l'administration judiciaire passa sous l'autorité du ministre de la justice.

Actuellement, ce service est réglé par le décret du 10 août 1875. Une Cour d'appel réside à Alger, ayant,

---

(1) *Législature de l'Algérie*, par M. Sautayra, p. 334.

dans son ressort, treize tribunaux de première instance, et environ quatre-vingts justices de paix. Presque tous les juges de paix sont à compétence étendue et jugent, en premier ressort, les contestations, jusqu'au chiffre de mille francs, et, en dernier ressort, jusqu'à cinq cents francs. Ils connaissent des délits dont le maximum de la peine ne dépasse pas six mois de prison. Plusieurs sont assistés d'un juge suppléant appointé, avec qui ils partagent le service.

En Kabilie, les juges de paix sont chargés de tenir compte, autant que possible, des coutumes indigènes, et, dans ce but, siègent assistés d'un magistrat musulman, ayant voix consultative (1). Enfin, nos tribunaux connaissent des appels relevés, par les indigènes, sur les jugements des Cadis. Ils sont assistés, pour ces appels, de légistes musulmans ayant le titre d'assesseurs.

Le décret du 24 octobre 1870 a institué le jury dans des conditions analogues à celles de France. Les Cours d'assises siègent à Alger, Oran, Constantine et Bône; dans ces dernières villes, sous la présidence d'un conseiller délégué de la Cour.

Les magistrats algériens ne jouissent pas du privilège de l'inamovibilité.

Tels sont les traits principaux de l'organisation de la justice française en Algérie. Son rôle est des plus importants, et l'on peut affirmer que les fonctions judiciaires n'y sont pas des sinécures. En réalité, le ressort de la Cour d'Alger a pour mission de rendre la justice à plus de trois millions d'individus, dans un pays où les contestations civiles sont nombreuses, en raison de l'instabilité

---

(1) Décret du 29 août 1874.

de la propriété et des affaires de toute sorte qui s'y font. La connaissance des appels musulmans demande des hommes éclairés, droits, ayant une grande pratique des indigènes et des notions précises de leur droit qui n'a rien d'arbitraire, mais qui s'éloigne sensiblement du nôtre pour tout ce qui se rapporte au statut personnel.

L'instruction et la répression des crimes et délits sont dévolus, en territoire civil, à la justice civile, qui défère l'inculpé soit au tribunal correctionnel, soit à la Cour d'assises. En territoire militaire, l'instruction est faite par les officiers des bureaux arabes, et l'affaire traduite en conseil de guerre. Dans ce même territoire, la punition des délits est confiée à des commissions disciplinaires qui siègent au chef-lieu de la subdivision ou du cercle. Les commissions de subdivision peuvent condamner jusqu'à un an de prison et 1.000 francs d'amende ; celles de cercle jusqu'à 2 mois de prison et 200 francs d'amende. Enfin les commandants supérieurs et les officiers des bureaux arabes peuvent infliger directement des peines, savoir : les généraux de division, jusqu'à 2 mois de prison et 300 francs d'amende ; les chefs de subdivision, 1 mois de prison et 100 francs ; les chefs d'annexe, 15 jours de prison et 50 francs ; enfin, les officiers de bureau arabe, dans les postes avancés, 8 jours de prison et 30 francs. Les chefs indigènes peuvent infliger jusqu'à 20 francs d'amende.

Par suite du rattachement de la plus grande partie des territoires de commandement à l'autorité civile, cette action de la justice militaire a cessé ou, du moins, ne s'exercera plus que sur les contrées frontières et l'extrême sud. Il en résulte que le travail de la justice civile est doublé et que les cours d'assises siègent, pour ainsi dire, en permanence. Le service du jury, déjà si lourd pour les Français, en raison de leur petit nombre, puisque les étrangers en sont exempts, est devenu une charge presque insupportable. Dans un pays où les hommes de loisir sont très peu nombreux, on comprend combien il est préjudiciable au colon d'abandonner sa ferme ou son commerce, pour venir à une distance souvent considérable, passer une vingtaine de jours, pour juger des crimes commis, dans la proportion de dix-neuf sur vingt, par des indigènes, sur des indigènes. Si encore il était indemnisé de ses dépenses ; mais, hélas ! c'est toujours le tarif de 1811 qui fixe le chiffre de l'indemnité et l'on sait combien ce tarif est insuffisant puisque les salaires et les prix des choses ont triplé depuis l'époque où il a été fait.

Les corps élus, l'administration locale, les chefs de la cour, la presse se sont occupés de cette grave question et diverses solutions ont été proposées pour remédier à cet inconvénient. Une loi, votée sur la proposition du gouverneur, a cherché à atténuer cette charge en diminuant le nombre des jurés appelés ; mais, en dehors de l'atteinte portée à l'institution même du jury, c'est un faible palliatif. Pour nous, nous ne voyons qu'un remède, et il faudra bien y arriver, c'est de déférer à une cour siégeant sans l'assistance du jury, la connaissance des crimes indigènes.

Et l'on propose encore de faire des assises correctionnelles ! Veut-on absolument que le citoyen ne fasse plus que voter et juger ?

Dans toutes les localités où il n'existe pas de tribunal le juge de paix agit d'office lorsqu'un crime lui est signalé, et fait l'instruction complète de l'affaire. Il reçoit aussi des délégations ou des commissions rogatoires du juge d'instruction de son tribunal d'arrondissement. Dans ces localités, le juge de paix passe une partie de sa vie en course et, quand il rentre, il a souvent à statuer sur des affaires civiles sérieuses, ou à rendre des ordonnances de référé. Ce cumul est nécessité par l'éloignement des tribunaux et la difficulté des communications. On le voit, cette position ne ressemble guère à celle des juges de paix de France. Aussi l'autorité judiciaire a-t-elle cherché, dans ces dernières années, à l'améliorer sous le rapport matériel, de façon qu'elle ne soit plus le premier échelon, le début du magistrat, mais une station intermédiaire, sinon le couronnement de la carrière pour un grand nombre d'entre eux.

En 1880, la cour d'appel d'Alger a terminé 826 affaires commerciales et rendu 1.371 arrêts sur appels civils et 53 en matière commerciale.

Les tribunaux civils de l'Algérie ont terminé 8.859 affaires civiles et les tribunaux de commerce en jugeant commercialement 8.605 affaires.

Enfin les juges de paix ont statué sur 2.103 affaires.

Ceux de Kabilie, agissant en vertu du décret du 19 août 1874. ont jugé 13. 612 contestations (1).

Le nombre des crimes et délits commis en Algérie est considérable, surtout chez les indigènes ; beaucoup ne sont pas suivis de plainte et n'arrivent pas à la connaissance de la justice ; d'autres, étant connus, ne donnent pas lieu à des informations ou l'instruction n'aboutit pas ; en un mot, un grand nombre de crimes échappent à l'action de la justice, et c'est ce qui a permis à un gouverneur de présenter des statistiques prouvant que,

(1) *Etat de l'Algérie* en 1880 pp. 282 et suivantes.

toute proportion gardée, les attentats à la vie et à la propriété des gens ne sont pas plus fréquents qu'en France. En réalité, la justice répressive est débordée ; les cabinets d'instruction, surtout dans certaines villes, sont surchargés ; les juges de paix, qui ont dans leurs cantons des territoires d'une étendue très considérable, ne peuvent suffire à tout. Malgré le dévouement des magistrats, il faut reconnaître que le personnel est absolument insuffisant comme nombre et que la bonne administration de la justice en souffre.

Voici quelques chiffres fournis par l'*Etat de l'Algérie* en 1880 (1) :

Nombre de crimes ou délits déférés à la justice
- 1877 . . . . . 16.797
- 1878 . . . . . 17.773
- 1879 . . . . . 17.269
- 1880 . . . . . 18.392

Sur ces chiffres le nombre des affaires classées sans suite est, en moyenne, de huit mille, de quoi il faut retrancher environ deux mille, qui sont écartées parce que le fait ne constituait ni crime ni délit. Il ne reste donc pas moins de six mille crimes ou délits dont les auteurs demeurent inconnus ou impunis. Ce chiffre est énorme d'autant plus qu'un grand nombre de faits délictueux ne sont pas suivis d'instruction. Les trois quarts des poursuites sont faites contre des arabes ; que sera-ce maintenant que le nombre des justiciables indigènes est doublé?

Le nombre des crimes contre les personnes a été de 233 en 1880, et celui des crimes contre les propriétés de 123 ; ce dernier chiffre est excessivement faible parce que cette nature de crimes est presque toujours correctionna-

---

(1) P. 290 et suiv.

lisée. Il reste assez de crimes contre les personnes pour occuper les cours d'assises (1). 442 condamnations dont 40 à la peine capitale ont été prononcées par ces cours d'assises en 1880.

Les juges de paix jugeant correctionnellement ont statué, en 1880, sur 1.874 affaires et jugé 37.385 contraventions de simple police.

On voit par ces chiffres quelle est l'importance du service judiciaire en Algérie.

Quant au recrutement, il s'opère comme pour la France et l'on peut se faire une idée de l'étonnement des jeunes licenciés nouvellement débarqués, lorsqu'ils viennent prendre possession d'un poste de juge de paix et se trouvent, d'emblée, en présence des difficultés d'un service si chargé, dans un pays inconnu, au milieu d'indigènes dont ils ignorent la langue et les mœurs. Il y a là un grave inconvénient que l'administration judiciaire a essayé d'atténuer en faisant passer les juges de paix par la suppléance rétribuée, de façon à les soumettre à une sorte d'initiation. Mais il n'y a pas partout des suppléances et, trop souvent, la métropole envoie des juges qui obtiennent directement de la chancellerie leur nomination, et esquivent un stage qui leur aurait été fort utile.

Les conseils de guerre jugeant les crimes commis en territoire de commandement ont rendu, en 1880, 1.729 jugements, comprenant 119 condamnations à mort.

Les commissions disciplinaires ont statué sur 587 affaires et imposé 13.385 amendes.

La justice civile, pour les affaires entre musulmans,

---

(1) Voir les curieux détails donnés à ce sujet par un ancien magistrat, M. Sabatier, dans une brochure sur la sécurité.

est rendue par les Cadis, qui tranchent, en dernier ressort, les litiges ne dépassant pas 200 fr. de capital. Ils sont assistés par des *adel* et *bach–adel*, témoins légaux de la sentence rendue par le juge et remplissant les fonctions de greffiers et de suppléants (1). Dans certaines localités, la connaissance des affaires immobilières, de même que le droit de recevoir des actes emportant location ou transmission de propriété, a été retirée aux Cadis. C'est du reste la conséquence de la loi de 1873 sur la constitution de la propriété.

Toutes les contestations entre musulmans et européens ou israélites sont, de droit, portées devant les tribunaux français.

Les indigènes, en outre du droit de soumettre directement, d'un commun accord, leurs procès à nos tribunaux, ont la faculté d'interjeter appel des jugements des Cadis, soit devant les *Medjelès* consultatifs, soit devant les chambres musulmanes de nos tribunaux de première instance. Le Medjelès, sorte de conseil, composé de plusieurs Cadis, donne son avis motivé sur la cause à lui soumise et cela contradictoirement avec le Cadi qui a rendu le jugement frappé d'appel et qui peut, soit se ranger à l'avis du Medjelès, soit persister dans sa première décision (2). Après avoir subi cette épreuve, la cause peut être portée devant le tribunal par un nouvel appel; elle peut aussi y venir directement. Le tribunal statue en dernier ressort.

Tel est le mécanisme actuel de la justice musulmane en Algérie. Les indigènes ont la plus grande confiance

---

(1) Décret d'organisation de la justice musulmane du 31 décembre 1859.

(2) Arrêté du gouverneur général, du 20 août 1867, réglementant les Medjelès.

dans nos magistrats et c'est un spectacle assez curieux que de les voir leur soumettre des contestations fort délicates et qui ne peuvent être jugées par des juges chrétiens qu'en s'inspirant des dispositions de la loi et de la religion musulmane.

On a beaucoup discouru sur cette question de la justice musulmane, et ceux qui aiment les solutions radicales ont réclamé depuis longtemps la suppression des Cadis, en prétendant que les indigènes eux-mêmes en seraient enchantés. Et puis, c'est si facile de supprimer! Malheureusement, supprimer n'est pas résoudre, et, de même que la tête de l'hydre, la question reparaît après avoir été ainsi tranchée. En supprimant, il faudrait remplacer; c'est là le difficile. Or le Cadi est, pour l'indigène, non seulement un juge, mais un officier de l'état civil et un notaire. Séance tenante et pour quelques francs, les parties font dresser par lui leurs actes et emportent leur expédition. C'est imparfait nous l'avouons; mais, depuis longtemps les choses se passent ainsi dans cette société, et, en somme, cela est suffisant dans les pays reculés.

Voudrait-on forcer les indigènes de la campagne à venir devant nos notaires faire recevoir de petits actes qui, selon nos formes, seraient souvent très compliqués, sinon impossibles à dresser, par suite de l'absence de justifications, du manque de pouvoirs réguliers, etc., et payer des frais supérieurs à la somme engagée?

Faudra-t-il contraindre nos maires à recevoir non seulement leurs mariages, qui se concluent presque toujours par procuration, au moins du côté de la femme, mais leurs divorces et leurs retours sur divorce, comme la loi sur l'état civil l'édicte?

Forcera-t-on nos juges de paix à connaître de litiges

ayant trait au statut personnel des indigènes et à rendre des jugements sur des questions de filiation, d'héritage, de *habous* (ou wakof), de divorce d'office, de répudiation, d'adoption, de malédiction paternelle, de promesse de mariage, de retrait de viduité, de droit de garde des enfants, d'impuissance, etc., etc., le tout selon la loi islamique?

Sous le régime de quelle loi opérera-t-on le partage des successions?

Tout cela n'est pas discutable. Nous sommes, encore une fois, en présence d'une situation que nous ne pouvons modifier du jour au lendemain; il faut donc conserver, en l'améliorant, une organisation qui suffit à son but et s'appliquer à la transformer insensiblement. Mais pour remédier à des inconvénients plus ou moins graves, il ne faut pas nous mettre follement dans une situation inextricable et dont le moindre inconvénient serait de nous forcer, à courte échéance, à revenir sur nos pas?

N'y a-t-il pas du reste impossibilité matérielle, puisque nos magistrats sont déjà débordés? Ils ne peuvent suffire à leur besogne actuelle et l'on veut donner à nos juges de paix deux millions et demi de justiciables civils de plus !

Quant à toucher au statut personnel des musulmans, il n'y faut pas songer. Les indigènes supporteront une foule de charges et de contraintes imposées par l'autorité ; mais qu'on ne s'avise pas de porter la main sur leur religion, car, ce jour-là, ils se lèveraient comme un seul homme et se feraient tuer jusqu'au dernier. Or, leur loi civile, et surtout ce qui touche à l'état des personnes, c'est la loi religieuse. Et puis, il y a en outre les mœurs et les usages, auxquels ils tiennent et qu'il faut, bon gré, mal gré, respecter. On ne voit pas, du reste, pourquoi on ne les laisserait pas vider ces questions à leur guise et dans quel intérêt on soulèverait de tels orages.

Les Cadis jouissent d'une réputation de vénalité bien établie et ce n'est pas nous qui chercherons à les réhabiliter. Nous dirons seulement qu'il ne faut pas prendre au pied de la lettre tout ce que racontent les justiciables, car, chez les indigènes, comme chez nous, le plaideur qui perd a le droit de maudire son juge. Du reste, ceux qui ne sont pas contents de la sentence ont la faculté d'interjeter appel et de porter leur litige devant nos tribunaux. Ils ne s'en font pas faute, et il est à remarquer qu'un grand nombre de ces jugements sont confirmés, ce qui indique qu'ils ne sont pas tous détestables. Enfin, les Arabes victimes d'une injustice flagrante peuvent réclamer par la voie de la plainte à nos magistrats et fonctionnaires, et c'est encore un moyen dont ils usent largement. Il faut reconnaître aussi que, quand une indélicatesse est relevée à la charge d'un Cadi, sa révocation ne se fait pas attendre.

Mais quand on va au fond des réclamations indigènes, on reconnaît, bien souvent, qu'elles ne sont pas fondées. « Notre Caïd ou notre Cadi nous mange », tel est le refrain. Quant à des faits particuliers, on ne peut obtenir qu'ils en citent, et c'est à grand'peine qu'on arrive à cette variante : « Il ne m'a rien pris, mais il mange la tribu. »

La procédure devant les tribunaux musulmans a un avantage immense, c'est d'être expéditive et peu coûteuse, et, pour une masse de ces petits procès qui naissent entre les indigènes au sujet de sommes fort minimes, le recours au Cadi est efficace et décisif, surtout grâce à la contrainte par corps. Suivons, comme démonstration, la marche d'un procès entre indigènes, pour une faible somme, quarante francs, par exemple, et qui est peu de chose pour nous, mais important pour eux.

Le demandeur introduit son action à la *Mahakma* (tribunal du Cadi), en déclarant que son adversaire refuse de le suivre. L'*Aoun*, sorte d'huissier, est dépêché, séance tenante, vers le défendeur, moyennant une rétribution de 50 centimes, et l'amène *torto collo*. La légitimité de la demande est établie, mais le débiteur refuse de payer ou dit qu'il ne possède rien. Aussitôt, jugement est rendu le condamnant à payer sans délai sa dette, ou, à défaut, ordonnant qu'il y sera contraint par corps. Le jugement est rédigé (coût, 6 fr. 60 c.) et, le lendemain, copie en est adressée au Procureur de la République, avec demande d'autoriser l'incarcération. Bientôt le débiteur est en prison où il est entretenu moyennant cinquante centimes par jour avancés par le demandeur. Presque aussitôt le détenu s'exécute et se fait apporter le montant de sa dette en bons douros qu'il avait déposés chez un tiers complaisant ou cachés pour les soustraire à son créancier.

Voilà de la justice prompte et peu coûteuse. Voyons ce qui aurait eu lieu si le même procès avait été porté devant une justice de paix. D'abord, préliminaire de conciliation (0 fr. 90 c.), demandant, entre le moment de l'envoi et celui de la comparution, une moyenne de six jours. Admettons que le juge délivre tout de suite permis de citer, — car il est de ces magistrats qui n'y mettent pas d'empressement, voulant avoir le plus possible de conciliations à porter sur leurs statistiques. Le demandeur lance son assignation (7 fr.) ; l'affaire est appelée huit jours après. Le débiteur qui s'est fait conseiller par quelque agent d'affaire ne se présente pas. Jugement de défaut. (12 fr.)

La grosse est délivrée ; on la fait signifier par huissier (10 fr.), le tout demandant au moins quinze jours. Le débiteur fait opposition ; l'affaire revient devant le juge ; grâce à la chicane de l'agent d'affaires elle peut être renvoyée à plusieurs audiences successives. Enfin, au bout d'un mois, le demandeur a son jugement définitif. Il le lève (12 fr.) ; le signifie (12 fr.), fait saisir (18 fr.) ; ce qui lui prend bien encore un mois ; mais, pendant ce temps, le débiteur a fait disparaître ce qu'il possédait ; on ne trouve chez lui que des murs nus et une mauvaise natte par terre. L'huissier dresse un procès-verbal de carence, à moins qu'il ne saisisse quelques objets malgré les protestations de femmes ou de co-locataires de la maison, et, alors, commence un interminable procès en revendication des choses saisies.

Résumons : devant le Cadi, le créancier est payé en quelques jours et avance à peine une dizaine de francs. Devant le juge de paix, il a dépensé au moins soixante-quinze francs, perdu trois mois et n'est pas payé. L'huissier lui rend une liasse de papiers timbrés : c'est toute sa satisfaction et son débiteur le nargue à son aise. Mais ce qui est le plus curieux, c'est que l'argent du débiteur a disparu aussi et est passé dans la poche de l'agent d'affaires. En toute chose, il faut considérer le résultat ; or, si c'est là l'avantage que nous voulons procurer aux indigènes, il faut avouer qu'il est peu enviable. Et qu'on ne croie pas que nous forçons les couleurs du tableau. Les Arabes, en général, sont de très mauvais payeurs ; nos moyens, pour les contraindre, sont absolument insuffisants, comme ils le sont, du reste, à l'égard de nos concitoyens de mauvaise foi ; et cela est si vrai que beaucoup d'Européens ayant de petites sommes à recouvrer sur les indigènes, cèdent leur créances à d'autres indigènes, avec qui ils s'entendent pour que la poursuite ait lieu devant le Cadi.

Un autre avantage que possède le Cadi c'est de pouvoir très facilement arrêter les dépenses désordonnées de certains jeunes gens qui ne prennent de nous que les vices, en les plaçant sous le régime de l'interdiction. Le Cadi apprend-il par la rumeur publique ou par les plaintes de la famille qu'un de ses administrés se livre à la prodigalité, il le mande à sa barre, entend la déposition de quelques témoins et, séance tenante, rend un jugement par lequel il interdit le prodigue et lui donne un tuteur. Plus tard, s'il est de notoriété publique que le prodigue s'est amendé, il le relève aussi facilement de l'interdiction. Qu'on essaie de procéder ainsi avec nos lois !

Nous n'avons pas besoin d'ajouter que nous ne regrettons pas qu'on ne puisse nous traiter de la sorte et nous reconnaissons tout ce que ces procédés ont d'arbitraire, au point de vue des principes. Mais il ne faut pas confondre les Arabes de l'Algérie, dans leur état actuel, avec nous. Pour eux, ces procédés sommaires sont excellents et, entre les mains de Cadis intelligents et honnêtes, ils peuvent rendre de très grands services, ainsi que nous en avons eu souvent la preuve.

Voilà ce qu'il faut connaître, et si ceux qui tranchent, avec tant de facilité, cette question, avaient vu les choses de près, ils changeraient peut-être d'avis. Nous ne prétendons pas que les Cadis représentent l'idéal du magistrat et qu'il faille s'en rapporter à eux sans contrôle ou les livrer à eux-mêmes. A côté des exemples que nous avons cités on pourrait rappeler ceux de Cadis qui ont été prévaricateurs ; ils sont nombreux, mais ces faits ne prouvent pas d'une manière absolue que l'institution est à supprimer pour le moment, car il y a eu partout des magistrats qui ont vendu la justice, partout il y a eu de mauvais pères de famille. On a commencé, avons-nous dit, à leur retirer le droit de s'occuper des questions immobilières ; on a bien fait pour les grandes villes, où la valeur des immeubles est importante, quoique les frais chez les notaires soient fort lourds, et, pour des petits baux ou ventes, dépassent quelquefois le principal : mais on ne saurait aller plus loin dans cette voie sans causer un trouble très grand. Les notaires, eux-mêmes, ne peuvent se passer des Cadis et sont obligés, à chaque instant, de faire dresser par ceux-ci, pour être annexés à leurs minutes, des actes de notoriété, des autorisations de vendre pour des mineurs, des partages de succession et des déterminations de droits.

On oublie toujours que l'indigène est pauvre et que l'argent a pour lui bien plus de valeur que pour nous. Les frais de justice et les frais d'actes les écrasent. Nous savons qu'on nous dira : « Mais les Arabes eux-mêmes réclament la suppression des Cadis », et c'est ici le cas de répondre en demandant à ceux qui allèguent ce fait, comment ils le savent. C'est sans doute pour l'avoir entendu déclarer par quelque hâbleur ; il est du reste facile de faire dire à un indigène ce qu'on veut : cela dépend comme pour les enfants, de la façon dont la question est posée. Il est certain qu'en interpellant un Arabe en ces termes : « N'est-ce pas que vous n'aimez pas vos Cadis et que vous préféreriez des juges français ? » il répondra, ne serait-ce que pour faire plaisir à l'interrogateur : « Mais certainement ! nous les abhorrons ! » Et c'est ainsi que, pour beaucoup de gens, les opinions se forment.

Que l'on se contente, pour le momeut, de compléter les mesures de surveillance et de contrôle imposées aux Cadis ; qu'on exige d'eux une bonne instruction ; qu'on ait soin de ne donner de l'avancement qu'à ceux qui ont fait leurs preuves comme capacité et moralité ; que les autres soient impitoyablement brisés, et alors les Cadis pourront, encore, pendant des années, rendre de grands services et être les auxiliaires de nos magistrats dans leur importante mission.

Nous disons plus haut que le nombre des crimes est considérable en Algérie. De partout s'élève cette clameur : « Donnez-nous la sécurité ! » C'est qu'en effet cet avantage que le gouvernement a le devoir de procurer à tous les citoyens est trop insuffisamment assuré. Cela est devenu une question de première importance, et notre gouverneur, comme tous les voyageurs venus en Algérie dans ces temps derniers ont pu se rendre compte de l'urgence des mesures à prendre, par l'unanimité avec laquelle on les réclame.

Dans les grandes villes, une population flottante considérable, sans feux ni lieux, des Italiens, des Espagnols, des Marocains, des Tunisiens, des repris de justice de toutes les races font que les attentats contre les personnes et les propriétés sont beaucoup trop fréquents. Mais, c'est surtout dans les campagnes que la situation est intolérable et que le brigand indigène, volant à main armée, exerce son industrie tant à l'encontre de nos colons que de ses coreligionnaires. Ainsi, le malheureux cultivateur, quand il a fini sa journée, ne peut se livrer au repos ; il faut qu'il veille ; si le sommeil le gagne, malheur à lui : ses bestiaux seront enlevés dans son parc, dans ses écuries dont les portes auront été défoncées ou les murs percés ; s'il s'éveille et qu'il veuille défendre son bien, il arrive trop souvent qu'aussitôt qu'il paraît, il tombe sous les balles ou le couteau des voleurs.

Quant à retrouver ce qui a été pris, il n'y faut pas songer, à moins d'être servi par le hasard. La justice et la police ne peuvent passer leur temps à rechercher des choses volées, pendant que les enquêtes au sujet des attaques contre les personnes réclament tous leurs soins. Il est incontestable que la police urbaine et rurale est d'une insuffisance absolue et que la justice est débordée.

Dans les villes, la police est trop peu nombreuse, et, comme elle est mal payée et peu considérée, les agents sont généralement mauvais. De plus, elle manque d'intermédiaires avec les indigènes, bien qu'elle ait comme auxiliaires des Arabes; mais ce sont, le plus souvent, de pauvres hères, quelquefois des étrangers sans influence. La population indigène des villes est composée d'une foule d'éléments divers. C'est ce que les Européens ignorent, ne voyant devant eux que « des Arabes. » Il y a, en outre, une population nomade nombreuse : Khouans en tournées, pèlerins, mendiants, émissaires de toute sorte, improvisateurs ambulants, sorciers marocains, fabricants d'amulettes, etc., et ces gens échappent en partie à la surveillance de notre police. Autrefois, on avait soumis tous ces étrangers et nomades à diverses obligations qu'on a supprimées ou laissé tomber en désuétude. Des *Amin*, ou syndics, étaient chargés de la surveillance de ces catégories d'individus qui ne pouvaient circuler sans faire viser leurs permissions et se présenter à l'Amin. Enfin, la police trouvait en ces fonctionnaires d'excellents intermédiaires avec la population indigène, presque des répondants, et, ainsi aidée, elle était plus libre pour s'occuper des nomades européens.

Dans les campagnes, la police était faite, autrefois, par les Caïds et les cheïkhs, sous l'autorité directe du bureau arabe. Mais, successivement un grand nombre d'indigènes sont passés en territoire civil et se sont trouvés placés sous la triple autorité des administrateurs civils, chefs des communes mixtes, des maires, assistés des gardes champêtres et des juges de paix, assistés de la gendarmerie. En même temps, les tribus se sont désagrégées et ont formé des douars, ayant à leur tête une *Djemâa* (conseil des notables.) Des cheïkhs civils ont été chargés de servir d'intermédiaires entre les diverses autorités ci-dessus énumérées. Les anciens chefs destitués de toute autorité se sont trouvés en butte aux vengeances de leurs anciens administrés et aux attaques inconsidérées de la presse qui n'a pas vu qu'elle se faisait, en maintes circonstances, l'écho de haines particulières. C'est ainsi qu'on a vu la nouvelle administration accepter sans contrôle des dénonciations absurdes et ne pas craindre d'arrêter comme les derniers des malfaiteurs des hommes nous ayant rendu de réels services, et encore revêtus du prestige de l'autorité qu'ils avaient exercée longtemps en notre nom.

On voit qu'un véritable chaos succéda à l'unité d'action qui existait sous le bureau arabe, car, toutes ces autorités, non seulement manquèrent des moyens dont il disposait, mais se trouvèrent en lutte les unes contre les autres et paralysèrent leurs forces dans des conflits stériles. Il fallut créer une loi spéciale à l'indigénat (1), pour réprimer une série de contraventions que l'autorité militaire

---

(1) Décret du 29 août 1874.

punissait directement, telles que : refus d'exécuter les services de garde pour les incendies, réunion sans autorisation, refus de fournir des renseignements aux agents de l'administration, détention d'animaux égarés, omission de déclaration de naissance, etc., les cas sont au nombre de 32. Les juges de paix sont chargés d'appliquer les pénalités sur la poursuite du ministère public ; enfin, les amendes sont recouvrées par les soins des agents des contributions. Tout cela a l'immense inconvénient d'entraîner une foule de longueurs, de sorte que la répression vient beaucoup trop tard, alors qu'elle devrait être immédiate (1).

La conséquence de cette transformation a été une diminution considérable d'autorité. Les indigènes, ne se sentant plus tenus, ont commencé à se livrer à des incartades ; ils ont bravé leurs cheïkhs civils et ceux-ci, non-seulement n'ont pu leur infliger la moindre punition directe, mais, trop souvent, n'ont pas été soutenus par leurs chefs ; leurs ennemis les ont attaqués et desservis soit auprès du maire, soit auprès du juge, soit auprès de l'administrateur et ont fini par être écoutés de l'un ou de l'autre. Les cheïkhs, généralement pris au hasard par la nouvelle administration, n'ont donné, du reste, que trop de sujets aux réclamations. L'anarchie la plus complète n'a pas tardé à régner dans les douars et les indigènes s'y sont trouvés exposés sans défense aux violences de leurs ennemis et aux attaques des voleurs. En même temps, les colons ont été en butte aux entreprises des malfaiteurs, et, comme la répression n'a pas été stricte,

---

(1) Une loi présentée aux Chambres par M. Albertrévy confère aux administrateurs des pouvoirs dits disciplinaires, leur permettant d'infliger directement l'amende et la prison dans des conditions déterminées.

comme les voleurs ont pu enlever sans difficulté le produit de leurs rapines et circuler partout à leur aise; comme l'autorité civile, malgré ses efforts, n'a été nullement secondée par des cheïkhs sans influence ni autorité, les brigands, quelquefois protégés par les agents de l'administration, ont fait la terreur dans la campagne et l'on a pu voir un Bou-Zïan, dans la province d'Oran, un Bou-Guerra, dans celle de Constantine, chefs de bandes organisées, arrêter à main armée sur les grandes routes, tuer et dépouiller les gens et braver, pendant de longs mois, les recherches de la justice secondée par la gendarmerie et même par l'armée. Jamais de tels faits n'auraient pu se produire si la population indigène ne se trouvait dans une profonde anarchie et n'avait pas cessé d'être « dans la main » de ceux qui l'administrent. Ajoutons que la division en territoires civils et militaires n'a que trop servi aux malfaiteurs qui passaient de l'un dans l'autre quand on commençait à les inquiéter.

Cette situation est intolérable. Pour y remédier, les Algériens, qui sont loin d'être d'accord sur ce point, proposent les principales mesures suivantes :

1º L'augmentation de l'effectif de la gendarmerie;

2º La déportation des indigènes condamnés une première fois, pour un attentat contre les personnes ou les propriétés et qui tomberaient dans la récidive ;

3º Et, enfin, l'établissement de la responsabilité collective des tribus.

A notre avis, ces mesures sont insuffisantes ou inapplicables, comme nous allons essayer de le prouver. Aucune d'elles, employée isolement, ne remplit le but proposé, et au point de vue moral, un de ces moyens surtout laisse une large prise à la critique.

Les gendarmes sont de très braves militaires, toujours prêts à se sacrifier quand il y a un péril à affronter ; mais en pays arabe ils sont d'une très mince utilité, par suite de leur ignorance de la langue, des mœurs et des ruses des indigènes. En dehors des routes, ils sont comme perdus et il arrive que l'homme qu'il cherche ne se donne pas la peine de se cacher, s'il ne s'amuse à leur servir de guide. De plus, ils sont bridés par des réglements qui leur enlèvent toute initiative et en font de simples agents d'exécution, ce qui est logique, étant donné le rôle de la gendarmerie en France. Il n'est pas jusqu'à leur costume qui ne les rende impropres à la poursuite des malfaiteurs indigènes. On peut donc quadrupler le nombre des gendarmes, — cela n'aura d'autre inconvénient que de coûter cher, — mais, pour ce qui est du résultat pratique, il sera à peu près nul.

La seconde mesure, la déportation des récidivistes ne peut pas nuire au rétablissement de la sécurité puisqu'elle aura pour effet d'éloigner un certain nombre de malfaiteurs ; cependant nous pensons que cela n'est pas suffisant, d'abord, parce que les brigands les plus dangereux ne se laissent pas facilement prendre, et ensuite parce qu'ils se flattent toujours d'échapper à une répression, quelque sévère qu'elle soit. Il ne faut pas seulement punir les criminels, mais prévenir les crimes en rendant leur perpétration difficile. Sous ces réserves nous n'applaudissons pas moins à la loi que le parlement vient de voter.

Quant à la responsabilité collective que presque tous les colons réclament comme la panacée universelle et que la Chambre vient aussi de voter, nous la déclarons non seulement inique, mais encore inapplicable.

Mais, d'abord, qu'est-ce que la responsabilité collective ? Une circulaire du maréchal Bugeaud, en date du 29 janvier 1844, établit le principe de la responsabilité des tribus, Caïds et Aghas. « Les difficultés que présentait l'établissement d'une police exacte dans l'intérieur des tribus, — dit M. Pellissier de Reynaud (1), — durent faire adopter ou plutôt consacrer le principe de la responsabilité collective suivie par l'ancien gouvernement, pour les crimes dont les auteurs restaient inconnus. Il fut donc proclamé que les tribus seraient pécuniairement responsables des crimes de toute nature commis sur leur territoire ; mais l'amende infligée en pareil cas n'était exigible qu'après un délai suffisant pour que les Arabes pussent avoir le temps de chercher les coupables et de les livrer à la justice. » On oublie que la circulaire du maréchal prescrivait de rendre aussi les chefs indigènes responsables : « ... car c'est aux fonctionnaires qui jouissent des avantages et des prérogatives du pouvoir de veiller plus que tous les autres au maintien de l'ordre et à la répression des brigandages (2). » Ces mesures, renouvelées des Turcs et employées dans un temps où l'on manquait de moyens, eurent un résultat réel que nous attribuons surtout à la responsabilité des chefs. Les tribus étaient encore groupées et compactes et l'on n'avait guère le choix des moyens.

Sous le court ministère du prince Napoléon, la responsabilité des tribus a été abolie. Peu après, lors de la restauration militaire de 1860, elle a été rétablie, et depuis lors, on l'applique spécialement pour les incendies de forêts

---

(1) *Annales algériennes*, t. III, p. 244.
(2) Voir cette circulaire dans Ménerville, t. I, p. 18.

et les délits ayant un caractère collectif. Une chose qui surprendra, c'est que l'application de cette mesure a eu rarement pour conséquence de faire livrer des coupables. Les indigènes ont payé leur part contributive dans l'amende, se soumettant à cela comme à un fait de force majeure, et tout a été dit. Ainsi, le but principal n'a même pas été atteint.

Au point de vue moral, la responsabilité collective n'est pas soutenable, c'est un des principes les plus injustes qu'on puisse défendre : beaucoup d'innocents punis, à coup sûr, avec le coupable, peut-être même sans qu'un seul coupable soit atteint. Ses partisans sont forcés de reconnaître ce fait, mais ils donnent comme excuse la nécessité, oubliant, eux républicains et libéraux, que ce prétexte a servi à couvrir toutes les tyrannies. Ils oublient aussi, ou ignorent qu'on ne peut échapper à la logique des lois morales ; qu'il n'y a pas de droit contre le droit et qu'on ne se sert pas impunément de procédés dont on reconnaît soi-même l'injustice flagrante. La justice répressive, hélas ! n'est pas infaillible, mais elle ne peut se tromper sciemment. Se faire le défenseur d'une pareille immoralité, c'est s'abandonner aux plus mauvais instincts de l'homme et faire reculer la civilisation.

Mais, ainsi que nous l'avons dit plus haut, ce moyen odieux a un autre défaut, c'est d'être impraticable. En effet, les tribus, surtout dans les territoires civils et aux environs des colonisations qu'il s'agit de protéger, sont entièrement désagrégées, elles ne forment plus corps, comme autrefois ; en les pénétrant, nous les avons disjointes, et maintenant on ne trouve aux environs de nos centres que de petits groupes de quatre ou cinq gourbis ou tentes, composés quelquefois de gens d'origine différente ; d'autres sont, isolément, établis comme khammès chez les colons. Ainsi, la responsabilité des tribus se transformerait, tout d'abord, en responsabilité des douars, et, le champ dans lequel pourrait se trouver le coupable se restreignant, les chances de tomber juste diminueraient d'autant.

Examinons les conditions de l'application. Un crime est commis dans un endroit donné : sur quel douar frappera-t-on ? en avant, en arrière, à droite ou à gauche ? Prendra-t-on pour principe de rendre responsable le douar le plus voisin ? Mais alors, les malfaiteurs n'auront qu'à dresser leur embûche auprès de l'habitation de leur ennemi, ou à y transporter leur victime et trouveront ainsi le moyen de consommer une vengeance en assurant leur sécurité.

On pourrait, il est vrai, de crainte de se tromper et en chargeant Dieu de reconnaître les siens, comme dans une application célèbre d'une mesure collective, frapper tous les indigènes entourant le lieu du crime dans un rayon de 10, 15 ou 20 kilomètres. Et comme nous avons vu qu'ils paient leurs amendes, il faudrait les taxer de telle sorte qu'on les ruinât; il ne leur resterait, alors, d'autre ressource que de se faire brigands, et vraiment, on ne pourrait les en blâmer, puisqu'ils auraient au moins les bénéfices de la profession. Ils auraient, il est vrai, un moyen d'éviter ces extrémités, ce serait de dénoncer n'importe qui, un innocent, contre lequel ils viendraient témoigner avec unanimité pour éviter la ruine. Cela suffirait peut-être aux partisans de la responsabilité qui se diraient, pour calmer leur conscience : « S'il n'a pas commis ce crime, il doit en avoir commis d'autres. »

Admettre que les auteurs d'un crime sont *toujours*

les voisins est absurde. Quiconque connaît les mœurs des indigènes sait que leurs malfaiteurs vont souvent très loin pour faire leurs coups. Nous pourrions citer, à l'appui de cette assertion, des faits bien curieux, mais ce serait allonger outre mesure le sujet. L'acharnement des colons à réclamer la responsabilité part de cette erreur, accréditée chez eux, que les indigènes savent tout ce qui se passe en pays arabe. La connivence avérée de certains indigènes avec les voleurs et le peu d'empressement qu'ils mettent à aider aux investigations ont fait naître cette idée, car on a conclu du particulier au général. Et cependant l'éparpillement de cette population sur de vastes espaces rend ce fait matériellement impossible. Les colons oublient une chose, c'est que les Arabes sont encore plus volés qu'eux et que, s'ils étaient si bien au courant de ce qui se passe, chaque nuit, dans la région qu'ils occupent, ils connaîtraient, tout d'abord, leurs voleurs et retrouveraient leurs bestiaux. Si donc les partisans de la responsabilité collective n'étaient pas aveuglés par la passion et trompés par l'espoir naturel de trouver un remède à leurs maux, ils reconnaîtraient que cette formule est un leurre. Du reste, l'humanité a un goût particulier pour les formules creuses et les solutions métaphysiques, comme si les choses de la vie étaient si simples et qu'on pût modifier une situation résultant de causes multiples par un procédé empirique s'appliquant à tout.

Mais il est inutile de nous appesantir sur ce point. Il nous reste à indiquer sommairement les mesures que nous croyons propres à rétablir la sécurité.

Nous avons vu plus haut de quelle façon les indigènes rattachés aux territoires civils ont échappé à l'action unique et forte des bureaux arabes pour entrer dans une sorte de droit commun représenté par trois têtes principales : le juge de paix, le maire et l'administrateur. Loin de sentir les bienfaits de cette demi-émancipation, les Arabes ont profité de l'affaiblissement du principe d'autorité qui en est résulté pour se livrer à leurs mauvaises passions ; et, en réalité, il n'y a rien là d'étonnant. Pour que l'homme comprenne les bienfaits de la séparation des pouvoirs et autres principes qui sont la garantie des citoyens, il faut qu'il ait atteint un certain degré de civilisation ; il faut, surtout, que la population que l'on veut faire jouir de ces avantages n'ait pas été soumise, depuis de longs siècles, à un régime absolument opposé au nôtre, de sorte que les habitudes et les idées des individus sont faites et enracinées. Ce n'est que par la suite des temps que nous sommes arrivés à cette perfection et à cet ordre d'idées qui nous semble tout naturel. Nous savons, du reste, ce que nous ont coûté ces conquêtes. Mais les indigènes ne connaissent rien de nos philosophes et leur organisation rapproche de ce qu'était la nôtre dans les premiers jours du moyen âge. C'est-à-dire que, pour eux, l'individu ne peut tenir aucune parcelle du gouvernement et qu'il n'obéit qu'à une autorité supérieure que représente le prince. Dans ces conditions, la liberté n'est, pour lui, que l'affranchissement de toute règle, et, quand il ne se sent plus tenu, il ne sait plus se conduire.

Nous prenons, on le voit, la question de haut ; mais, à notre avis, il est impossible de bien juger les faits autrement. Il s'agit donc, tout d'abord, de replacer les indigènes sous le joug d'une autorité forte et ayant une unité absolue de direction.

L'indigène de la campagne, nous ne saurions trop le

répéter, surtout celui des territoires où la colonisation n'a pas encore pénétré, n'est pas capable de vivre de la vie municipale. Il faut qu'il se sente surveillé et dirigé dans ses actes et qu'il ne soit pas retenu seulement par la crainte d'une répression ultérieure, à laquelle il espère toujours échapper.

Quand il a commis quelque méfait, la justice vient avec les moyens dont elle dispose faire une instruction ; parfois elle découvre le coupable qui est déféré à la Cour d'assises; d'autres fois les charges ne permettent pas d'espérer une condamnation du jury, et alors, une ordonnance de non-lieu intervient. Dans la première hypothèse la société est vengée, mais qu'il y ait répression ou non, l'acte est accompli, la victime est morte et voilà le malheur.

Ce qu'il faut, c'est un ensemble de mesures préventives qui, si elles n'empêchent pas toujours le crime, le rendent moins facilement réalisable. Les causes du mal étant connues, il s'agit de trouver le moyen d'y remédier.

Nous avons dit qu'on devait tout d'abord rétablir le principe d'autorité et l'unité de commandement (1). Ce point obtenu, il faut créer une police spéciale rayonnant sur tout le pays, le tenant dans un vaste réseau et n'ayant d'autre mission que le maintien de la sécurité. Cette police doit être dirigée par des hommes énergiques, connaissant les indigènes, leur langue et leurs usages et ayant sous leurs ordres des cavaliers arabes choisis. On peut trouver dans les spahis les éléments nécessaires pour faire fonctionner cette organisation dès demain ; en

---

(1) Ce premier désiratum est déjà à peu près réalisé par le passage de tout le Tel sous le régime de la même administration et, par cela seul, l'insécurité a diminué.

même temps, on occupera ces gens, qui coûtent cher et s'énervent dans l'oisiveté des Smalas. Ces cavaliers, répandus par petits groupes dans les villages, tenant des postes, gardant les routes et les défilés, seront toujours disponibles pour la poursuite des malfaiteurs. Quant à des chefs, nous pensons qu'on en trouvera facilement dans le personnel des bureaux arabes, parmi les officiers de troupe et, au besoin, chez les civils. Déjà, des essais de ce genre ont été faits dans différentes localités, et les services rendus par les officiers qui ont accepté cette mission ont été remarquables, bien qu'ils eussent agi isolément. Que serait-ce, si le réseau dont nous parlons existait, si ces officiers de police judiciaire correspondaient ensemble et si le personnel était assez nombreux pour tenir tout le pays ?

Nous ne craignons pas d'avancer qu'au moyen de cette organisation, complétée par le secours du télégraphe, bien peu de criminels échapperaient et que la sécurité serait bientôt rétablie d'une manière absolue.

Il faudrait, cela va sans dire, quelques mesures complémentaires : telles que le rétablissement du permis de voyage obligatoire pour les indigènes hors de chez eux; la surveillance effective des marchés et lieux de réunion; le rétablissement des Amin de corporations, etc.

Il faudrait, aussi, le concours de fonctionnaires arabes, qu'on les appelle Caïds, Cheïkhs ou de tout autre nom, à la condition qu'on leur donnât une autorité efficace ; qu'on les payât bien ; qu'on ne leur marchandât pas les récompenses quand ils en auraient mérité, et qu'on les destituât aussitôt qu'ils manifesteraient la moindre mollesse dans l'exercice de leurs fonctions.

Enfin, il faudrait qu'on laissât, au moins dans les

premiers temps, une certaine latitude au personnel chargé de ce service et qu'on ne l'arrêtât pas par des tracasseries provoquées par les réclamations et les calomnies, directes ou indirectes, des gredins que cette nouvelle manière de procéder gênerait.

Ce n'est que par la contre-guerilla que l'on combat la guerilla ; ce n'est qu'en prenant les malfaiteurs indigènes corps à corps, en tous lieux et en même temps, que l'on s'en rendra maître.

Voilà la solution honnête et efficace de cette grande question de la sécurité. En dehors de cela, il n'y a qu'injustice, dépenses inutiles, efforts superflus, aggravation d'une situation qui deviendra un danger public quand les populations indigènes qui viennent de passer en territoire civil auront reconnu la faiblesse de leur nouvelle administration.

Par l'emploi des moyens que nous indiquons, les crimes ne tarderaient pas à devenir moins nombreux et les auteurs de ceux qui seraient commis échapperaient bien rarement. Enfin, dans certains cas déterminés, quand il serait établi qu'un groupe d'indigènes a favorisé un crime ou caché les coupables, nous ne voyons pas pourquoi on ne le punirait pas ; il n'est pas nécessaire pour cela d'édicter des lois spéciales ; c'est tout simplement de la *complicité* et notre code pénal l'a prévu.

Un autre avantage résultant de l'application de ces mesures serait de décharger le service de la justice de l'immense travail que lui donne la recherche des crimes et de permettre ainsi à nos magistrats de se consacrer entièrement à leurs travaux judiciaires proprement dits.

CHAPITRE IX

Historique des événements depuis le 19 mars 1879.

Nommé gouverneur par décret en date du 19 mars 1879, M. Albert Grévy vint prendre possession de son poste et fut accueilli par les Algériens avec un enthousiasme justifié par le double prestige qui s'attachait au frère du président de la République et au premier gouverneur réellement civil. Le décret de nomination subordonnait, en effet, le commandement militaire au gouverneur civil. Choisi par les représentants de l'Algérie qui avaient dû faire de réelles instances pour le décider à accepter ce poste, M. Grévy arrivait dans les meilleures conditions. Il se mit immédiatement à l'étude des questions complexes qui constituent le problème algérien.

Presqu'aussitôt un mouvement insurrectionnel éclata dans les montagnes de l'Aurès (1), à la voix d'un fanatique se parant, selon l'usage, du titre de *Cherif* (descendant du prophète). Cette révolte promptement écrasée par nos braves soldats n'eut pas le temps de se propager (mai 1879). L'opinion publique se préoccupa vivement de ce fait grave mais qui n'avait rien de bien extraordinaire étant données les habitudes et les idées des indigènes. Nous verrons plus d'une fois encore de ces orages qui

---

(1) Pâté montagneux dont les plus hauts sommets atteignent 2,300 mètres, au sud de la province de Constantine.

éclatent inopinément et qui ne sont pas dangereux, tant que nos soldats sont disponibles.

Une commission administrative, chargée par le gouverneur de faire une enquête à ce sujet, se rendit sur les lieux, entendit témoins et inculpés, recueillit un certain nombre de faits et dressa un rapport d'où il ne résulte rien de bien concluant pour une personne ne connaissant pas le pays. Comme toujours, il y a eu des réunions ayant un caractère religieux, où le Cherif s'est manifesté, et, quand le soleil du printemps a échauffé les têtes, on a résisté aux représentants de l'autorité ; puis on s'est levé en groupe, tumultueusement, et l'on est allé attaquer et piller la maison du Caïd. Un officier du bureau arabe, avec un Caïd et des goums (1), ayant marché contre les rebelles a été reçu à coups de fusil et n'a dû son salut qu'à la vitesse de son cheval. Le Caïd s'est fait bravement tuer. Après ces belles équipées, ces montagnards se sont trouvés, *ipso facto,* en état de révolte, et ont adressé à leurs voisins des appels qui n'ont pas été entendus. Alors, presque sans armes et sans munitions, ils ont dû attendre l'arrivée de nos soldats et n'ont défendu que pour la forme leurs défilés. Les plus compromis ayant cherché à gagner la Tunisie, ont été rejetés dans le désert où ils ont péri misérablement (2).

Voilà, en deux mots, l'histoire de cette rebellion. L'opinion publique, ou plutôt la presse, ne s'expliquant pas cette tentative insensée, jugea que les exactions des Caïds avaient dû provoquer ce mouvement, et, pour elle, d'une présomption à une certitude, il n'y a pas loin. Deux

---

(1) Cavaliers indigènes.
(2) Voir, pour les détails sur la rebellion de l'Aurès, le livre qui vient d'être publié par M. le Colonel Noëllat, sous le titre : « L'Algérie en 1882 »

Caïds, en effet, avaient été tués et l'on ne voulut pas voir qu'ils étaient morts parce qu'ils représentaient notre autorité et voulaient la faire respecter. Les indigènes sur lesquels retombait la responsabilité du fait saisirent avec empressement la perche qu'on leur tendait et abondèrent avec énergie dans ce sens; de sorte qu'il est actuellement établi, pour le public, que les insurgés de l'Aurès se sont levés uniquement contre leurs chefs. Quant au *Cherif*, la presse a nié pendant longtemps son existence et n'a commencé à y croire qu'en le voyant devant le conseil de guerre.

Nous ne rechercherons pas si ces Caïds faisaient supporter à leurs administrés les prévarications qu'on leur a reprochées; pour s'éclairer à ce sujet, on n'a qu'à examiner les résultats de l'enquête. Nous constaterons seulement qu'ils sont morts en faisant leur devoir, en combattant pour nous, et qu'on a eu pour eux que des injures. Quant aux révoltés, s'ils avaient eu le loisir de s'orgarniser et qu'ils eussent été soutenus par leurs coreligionnaires, on aurait vu à qui ils en voulaient en réalité. Disons aussi que le bureau arabe de Batna a eu le tort de ne pas prendre au sérieux le Cherif dès le début. Si, au lieu de le laisser en paix continuer ses prédications, on l'avait enlevé, aucun mouvement ne se serait produit.

Un des premiers actes du nouveau gouverneur fut de détacher le service central des affaires indigènes de l'état-major général pour le placer sous sa direction immédiate (1). Il prit ensuite diverses mesures, telles que la suppression de la direction générale des affaires civiles et financières, près le gouvernement général, estimant que ce

---

(1) Arrêté du 12 mai 1879.

rouage pouvait avoir sa raison d'être avec un gouverneur militaire, mais était devenu inutile par suite du nouvel ordre de choses. Elle fut remplacée par un simple secrétariat général. Il retira ensuite aux sous-préfets l'administration des communes mixtes, attendu qu'ils ne pouvaient réunir dans leurs mains l'administration et le contrôle. Puis, il acheva l'étude des voies et moyens pour faire passer le territoire militaire sous l'autorité civile et formula son programme de réformes dans un discours prononcé au banquet offert à Bône, aux membres du parlement venus pour visiter l'Algérie (septembre 1879.) Le 7 octobre suivant, il adressa aux préfets placés sous ses ordres, une circulaire dans laquelle il développa ses plans, en les invitant à soumettre ses projets aux conseils généraux pour avoir leur avis. Enfin, le 3 décembre 1879, à l'ouverture du conseil supérieur, il exposa ses travaux et ses vues et présenta à ses collaborateurs plusieurs projets de loi, accompagnés de commentaires détaillés.

Voici le résumé de son programme :

Substitution de l'autorité civile à l'autorité militaire, dans toutes les parties du Tel où le régime du droit commun n'était pas encore appliqué. Une région à déterminer sur les frontières et la zone intermédiaire entre le Tel et le Sahara seraient, seules, réservées à une organisation spéciale, par laquelle l'autorité militaire continuerait à en avoir la direction. En face de cette entreprise qui aurait peut-être effrayé un homme plus au courant des choses du pays, M. Grévy montra, à coup sûr, une confiance fort grande. « On a considéré longtemps, — a-t-il dit à Bône, — une transformation simultanée de tout le Tel, comme une mesure présentant de véritables impossibilités; je crois qu'il n'en existe réellement aucune. »

Attribution aux administrateurs civils de pouvoirs disciplinaires, c'est-à-dire du droit d'infliger directement aux indigènes certaines peines de simple police, pour les contraventions visées dans la loi sur l'indigénat. Pour écarter tout arbitraire, les administrateurs ne pourraient appliquer ces peines de simple police qu'en présence du délinquant et seraient tenus d'indiquer sur un registre coté et paraphé, la décision prise et l'exposé des motifs.

L'extension donnée à la colonisation et particulièrement à la colonisation française. « Il faut, a-t-il dit, peupler le pays de nos nationaux pour que l'Algérie soit bien française. » Quant au système d'attribution des terres, il s'est prononcé pour « l'application sagement combinée de la vente et de la concession. » Il a présenté un projet de loi dans ce but ; mais, comme les terres disponibles manquent déjà, il a cherché le moyen de s'en procurer, en arrêtant, comme corollaire, un programme général de colonisation. Selon ses vues, le périmètre des anciens villages devait être augmenté et des crédits spéciaux seraient accordés aux communes pour l'aménagement des eaux.

Fondation du « crédit des colons », en attribuant au prêteur un privilège spécial, primant les autres dettes et même les droits de l'Etat.

Modification du régime fiscal « afin d'asseoir sur des bases plus larges, plus fermes, plus équitables, le budget des communes », et, en attendant, augmentation de l'octroi de mer, « ce qui est d'autant plus nécessaire, a-t-il dit, que la création de nouvelles communes mixtes va multiplier le nombre des parties prenantes. »

Hâter la constitution de la propriété individuelle des indigènes.

Arrêter, « avec le concours d'une commission spéciale »,
les bases du projet de loi relatif à la constitution immédiate
de l'état civil chez les indigènes. Il considérait cette
mesure comme un préliminaire indispensable avant de
passer à la constitution de la propriété individuelle.

Fondation d'un certain nombre d'écoles arabes-françaises en pays musulman.

Achèvement du réseau des chemins de fer et étude du transsaharien.

Suppression du régime arbitraire des décrets (1) et fixation « de ce qui, désormais, sera du domaine de la loi, du domaine des décrets et du domaine de l'arrêté gouvernemental. »

Application pure et simple de la loi de France aux conseils généraux.

Ajournement de la question des assesseurs musulmans (2).

Loi sur la constitution du conseil supérieur (3).

Enfin, rattachement à la France des services qui y ont leur similaire, en tant que ces services ne sont pas chargés de fonctions spéciales intéressant la colonisation.

Tel est, à grands traits, le programme que présenta M. Grévy. Il contenait d'excellentes choses. Le point capital était la promesse de la transformation immédiate de toute la partie du Tel restée sous l'autorité militaire et qui allait rentrer dans le droit commun. Plusieurs mesures n'étaient, du reste, que la continuation de ce qui avait été commencé par ses prédécesseurs ; d'autres

---

(1) *V.* « L'Algérie en 1880 », p. 249.
(2)   id   id   p. 250.
(3)   id   id   p. 247.

donnaient prise à des critiques diverses, étant plutôt œuvre de théorie que de pratique.

Mais il est surtout une question dont le gouverneur n'avait pas mesuré la portée et qu'on est étonné de lui avoir vu soulever sans en apercevoir les conséquences ; c'est celle des rattachements à la métropole d'une partie des services algériens « en tant que ces services ne seraient pas chargés de fonctions spéciales intéressant la colonisation. » Il est évident, en effet, que tous les services ont des fonctions spéciales, propres au pays, et se rattachant de près ou de loin, à la colonisation qui est ici l'œuvre capitale. Comment faire la part de ce qui est similaire et de ce qui ne l'est pas ? Comment et par qui le faire décider ? Soulever cette question était se lancer, de gaieté de cœur, dans des difficultés dont on ne pourrait sortir qu'en faisant appel à l'autorité de la métropole, et il était facile de prévoir que la situation du gouverneur sortirait amoindrie de cette épreuve et que les solutions risqueraient fort de n'être pas conformes à la logique des choses et aux intérêts réels du pays. Là surtout était le point faible et la suite devait le démontrer.

Quoi qu'il en fût, ce programme fut accepté avec faveur par l'opinion publique et l'on en attendit avec confiance la réalisation.

Le Mobacher (1) du 25 avril 1880 publia une circulaire aux préfets, indiquant les conditions dans lesquelles l'agrandissement du territoire civil allait s'opérer. Ses limites étaient reportées jusqu'à l'extrémité du Tel. Sebdou, Saïda, Tiaret, Frenda, l'Ouarensenis, Bou Guezoul, le Dira, le Bou Tâleb, l'Aurès et l'Ahmar Kheddou en

---

(1) Journal officiel en français et en arabe.

marquaient la frontière méridionale. Quarante-deux communes mixtes (1) devaient être créées, et onze agrandies, dans cet immense territoire qui faisait passer sous l'autorité civile 5.834.609 hectares et 926.329 personnes, presque toutes indigènes, précédemment administrées par les militaires, aidés des chefs arabes.

Le 29 août suivant parut un arrêté instituant vingt et une communes mixtes, en agrandissant onze anciennes, et nommant les fonctionnaires chargés de les administrer. Ce personnel alla immédiatement s'établir, autant que possible, au centre de chaque circonscription. A cette occasion, nous dirons que nous ne voyons pas pourquoi on a tant tenu à installer, dans des conditions souvent déplorables, les administrateurs au milieu des indigènes; leur prestige n'y a pas toujours gagné et les Arabes n'ont pas cessé d'aller dans les centres où ils sont appelés constamment par leurs affaires, la vente de leurs denrées et le soin de leurs approvisionnements. Certes, il est bien que l'administrateur soit près de l'administré, mais encore faut-il que sa sécurité soit assurée et qu'il ne se trouve pas isolé, loin des choses nécessaires à la vie matérielle et des moyens de communication, tels que le télégraphe, la poste, etc. Du reste, pour l'indigène, il n'est pas mal que le chef se présente à lui comme sur un théâtre, soit qu'il arrive à cheval, entouré d'une brillante escorte, soit qu'il le trouve présidant la hakouma, dans une salle, avec un peu de mise en scène; mais il faut se garder de le laisser pénétrer dans la coulisse.

La remise de l'administration de ces territoires par le bureau arabe s'est opérée, en général, sans incident. Les

---

(1) *V.* pour les communes mixtes « l'Algérie en 1880 », p. 242.

indigènes ont accueilli leurs nouveaux administrateurs avec sympathie. Les anciens Caïds que leurs services recommandaient, et qui ont voulu entrer dans la nouvelle administration, ont reçu le titre d'adjoint indigène ou l'ont fait donner à leurs enfants. On a fort bien agi en ménageant ces agents de la première heure dont plusieurs ont rendu de réels services, qui peuvent en rendre encore et qu'il vaut mieux avoir pour amis que pour ennemis.

Au commencement de l'année mil-huit-cent quatre-vingt-un, de nouvelles communes mixtes ont été instituées dans les trois départements, de sorte que le programme du 29 avril 1880 se trouve à peu près réalisé. Partout les administrateurs civils ont remplacé les officiers du bureau arabe et, malgré quelques exceptions, ce qui était inévitable avec un personnel créé de toutes pièces, on doit reconnaître que, jusqu'à présent, l'administration a été à la hauteur de sa tâche.

Ainsi a été accomplie, en moins d'une année, une réforme réclamée depuis longtemps par les Algériens. Il a fallu à M. Albert Grévy un certain courage pour réaliser son programme en si peu de temps. Bien des gens pensaient que cette transformation ne devait s'opérer que sucessivement, au fur et à mesure que le personnel nécessaire serait formé, car c'est là surtout que gisait la difficulté, et il est certain que plus d'un, sans être pusillanime, aurait reculé devant la responsabilité à assumer. La chose est faite, maintenant, et c'est un bien ; peu à peu le personnel se complètera, se formera, s'améliorera et une grande réforme se trouvera accomplie sans secousses. On doit tenir compte à M. Grévy de cet acte ; n'aurait-il fait que cela dans son court passage au gouvernement de l'Algérie, cette mesure suffirait à attacher à son nom un souvenir durable.

Revenons maintenant, de quelques mois en arrière, pour reprendre notre rapide revue des événements. Dans le courant de l'automne 1880, des symptômes non équivoques laissèrent deviner que les rapports entre le gouverneur et la représentation algérienne, d'abord empreints de la plus grande cordialité, étaient devenus très froids et avaient fini par se tendre. Les journaux, connus pour recevoir l'inspiration de nos représentants, reprochèrent à M. A. Grévy son inaction. Selon eux, le gouverneur n'accordait sa confiance à personne, voulait tout faire par lui-même, exigeait tous les dossiers et les laissait dormir éternellement dans ses cartons. De plus, ils lui reprochaient de ne tenir aucun compte des recommandations remises par les protégés des représentants.

La scission se produisit, non sans éclat, à propos de la création d'une société financière placée sous la dépendance du Crédit foncier de France et qui prit le nom de *Crédit foncier et agricole de l'Algérie.* On sait à quel agiotage donna lieu le lancement de cette affaire. L'honorable député de Constantine, M. Thomson, qui avait présenté cette société comme placée sous le patronage direct de l'Etat, et qui affirme avoir vu le décret préparé, ou même signé, profita d'une circonstance, un banquet, qui le réunissait, à Oran, avec le gouverneur, pour lui demander, à cet égard, des explications. La réponse de M. Grévy fut catégorique : le gouvernement nétait pour rien dans cette affaire!

Cette déclaration eut un effet considérable. L'honorable député annonça à ses commettants qu'il porterait la question à la tribune et, en effet, il interpella le ministre sur ce point. Celui-ci répondit d'une manière encore plus précise : « Nous n'avons pas connu cette affaire dans le passé ; nous ne la connaissons pas dans le présent ; nous ne voulons pas la connaître dans l'avenir », dit-il en substance.

Dès lors, la rupture entre le gouverneur et la représentation algérienne fut complète et prit un caractère d'acuité extrême, car, dans ce pays, on ne fait rien avec modération. Une partie des journaux se livrèrent à des attaques véhémentes contre l'ennemi de leurs représentants.

Dans cette conjoncture, M. Albert Grévy voyant que, non seulement il ne devait plus compter sur la représentation algérienne, mais qu'il avait à se défendre contre son hostilité, songea à bien faire déterminer ses droits, afin de marcher sur un terrain solide. Il s'apercevait, un peu tard, qu'il avait accepté des pouvoirs mal définis, et cherchait à obtenir ce qu'il aurait dû exiger tout d'abord. Les représentants, en effet, s'attaquaient à ses demandes budgétaires qu'il ne pouvait défendre devant le Parlement et obtenaient des réductions qui gênaient grandement l'administration locale. C'etait, comme nous l'avons dit, courir de soi-même au précipice et, en voulant éviter les attaques des représentants, préparer sa propre chute.

Dans un long rapport en date du 3 novembre 1880, adressé au ministre de l'intérieur, M. A. Grévy demanda qu'une commission extra-parlementaire fût formée, avec mission d'élaborer une sorte de constitution spéciale pour l'Algérie. « L'organisation administrative et politique de l'Algérie repose — disait le gouverneur — sur une série d'actes émanés, pour la plupart, du pouvoir exécutif, successivement édictés depuis la conquête, au fur et à mesure que notre domination se développait et se consolidait, et dont l'ensemble, aujourd'hui, constitue une législation trop souvent confuse et arbitraire. » C'est à cette confusion qu'il y avait lieu de mettre fin. M. Grévy, cependant, ne demandait pas que l'on fit une constitution immuable. « Il n'est pas question, — ajoutait-il, — d'enfermer l'Algérie dans une constitution proprement dite... Il est indispensable de laisser au pouvoir local les moyens de suivre, de favoriser et de régler, *sans recourir toujours au Parlement,* le double travail de formation et de civilisation qui se poursuit en ce pays.

« Quant à l'assimilation et au droit commun, ce sont des mots qu'il faut se garder de prendre à la lettre. Sans doute l'assimilation est le but à poursuivre sans relâche, mais il faudrait du temps pour la réaliser. Il n'est personne connaissant l'Algérie qui puisse vouloir appliquer immédiatement le droit commun de la métropole à un pays où les personnes et les choses se trouvent placées dans des conditions si différentes de ce qu'elles sont en France. La France est un pays homogène et constitué. L'Algérie est un pays à constituer par le peuplement européen, par l'œuvre capitale et si complexe de la colonisation. »

Les opinions du gouverneur, on le voit, s'étaient modifiées par la pratique. Venu comme tout le monde, en Algérie, avec des idées d'assimilation rapide et complète avec la mère-patrie, l'expérience lui avait démontré que si c'est là l'objectif auquel on doit tendre, les temps sont encore fort éloignés où la réalisation pourra se faire. Aussi ne demandait-il qu'un ensemble de mesures ayant pour but de bien déterminer ses attributions et dont la principale était son entrée au Parlement, avec rang de ministre, afin d'y défendre son budget et ses projets de loi. Il savait que les députés algériens préparaient leurs attaques et il aurait voulu y répondre lui-même, au lieu de laisser son supérieur hiérarchique, le ministre de l'intérieur, aux prises avec des questions de détail, portant sur des faits absolument ignorés de lui. Il y avait là une situation anormale qu'il était logique de faire cesser. Le but de M. Grévy, en proposant ces mesures, apparaît clairement : il voulait se décharger des affaires ne ressortissant pas directement à son administration et revendiquer la direction et la responsabilité des autres. Mais, en vérité, il y avait une certaine naïveté à croire que le ministre et la commission qu'il nommerait le suivraient dans cette voie et que l'on ferait ainsi de la décentralisation à son profit.

En même temps, il déposait divers projets de loi :

Attribution de pouvoirs disciplinaires aux administrateurs ;

Loi conférant un privilège spécial aux bailleurs de fonds des colons et modifiant le mode d'attribution des terres.

Constitution de l'état civil des indigènes.

Et plus tard, projet d'affectation d'une somme de cinquante millions à l'exécution d'un programme de colonisation comprenant l'extension des centres anciens et la création de nouveaux villages.

Mais, nous l'avons dit, le gouverneur s'aventurait sur un terrain fort dangereux. Par arrêté, en date du 24 novembre 1880, le ministre de l'intérieur nomma une commission « près son ministère, à l'effet d'étudier les modifications à apporter au gouvernement de l'Algérie. » Cette commission fut composée, en outre du gouverneur, des trois sénateurs et des trois députés de l'Algérie, du secrétaire d'Etat des finances, de deux autres députés et de huit fonctionnaires du conseil d'Etat, de la cour des comptes et de divers ministères. Le ministre s'en réserva la présidence.

La composition de cette commission fut vivement critiquée ; on trouva que l'Algérie, la principale intéressée, n'y était pas suffisamment représentée et la presse algérienne demanda que des conseillers généraux des trois départements y fussent adjoints comme délégués. Mais aucune réponse ne fut faite à cette juste réclamation, ou, du moins, on laissa entrevoir que le résultat des délibérations de la commission serait soumis au Parlement, où la discussion serait publique et complète. L'honorable député de Constantine protesta et se retira par démission, et comme, sur les trois sénateurs algériens, l'un était absent et un autre malade, il ne resta, pour prendre part aux travaux de la commission, que trois représentants algériens.

Dès les premières séances, le sénateur et le député d'Alger, agissant, sans doute, sous l'impulsion de leur conscience et dans un but plus élevé que de montrer leur hostilité envers M. A. Grévy, demandèrent la suppression du gouvernement général. Ils se firent ainsi l'écho d'une opinion qui eut quelque faveur en Algérie vers 1870, mais qui est à peu près abandonnée ; aussi leur proposition souleva-t-elle d'énergiques protestations, de ce côté de la Méditerranée.

La commission continua ses travaux et ce qui en transpira ne tarda pas à causer en Algérie une vive émotion. On apprit, en effet, que la majorité de la commission inclinait au rattachement de presque tous les services à leurs ministères respectifs, ce qui ne tendait à rien moins qu'à l'annihilation du gouvernement général et à l'assimilation pure et simple. Bien qu'il existe en Algérie un parti assimilateur, l'émotion fut générale. Le conseil municipal de Constantine la traduisit le premier, en protestant contre tout changement dans l'organisation de l'Algérie « sans que les Algériens eussent été consultés dans des formes à déterminer (1). »

Les conseils généraux d'Alger et d'Oran et les conseils municipaux d'un grand nombre d'autres villes protestèrent aussi ; mais la commission ne continua pas moins ses travaux.

(1) Voici le texte de cette protestation présentée par l'auteur de ce livre, le 21 Février 1881, et votée par tous les membres français présents :

« Les membres du conseil municipal de la commune de Constantine, réunis hors session.

« Considérant que, sous un gouvernement libéral, il est de principe qu'aucune mesure d'administration générale ne soit prise sans que l'on tienne compte du vœu des populations intéressées ;

« Que le gouvernement paraît décidé à modifier par voie de décret l'administration et la constitution de l'Algérie, sans que les Français algériens aient été consultés, ni qu'aucun moyen leur ait été donné de faire entendre leur voix ;

« Qu'en effet, la commission constituée à Paris pour l'étude des réformes algériennes, n'est composée, en grande majorité, que de membres étrangers à l'Algérie ;

« Que, sur les députés et sénateurs algériens faisant partie de la commission, un député s'est retiré par voie de démission et plusieurs autres ne suivent pas régulièrement les travaux de la commission ;

Que les décisions prises sans que l'on soit complètement éclairé sur les questions algériennes si complexes, peuvent être funestes à l'Algérie et retarder, sinon compromettre le développement de cette grande colonie ;

« Et qu'il ne peut être que profitable et conforme à la justice et aux traditions républicaines de prendre l'avis des Algériens, dont les intérêts sont en jeu et qui ont l'expérience des choses du pays,

« Emettent le vœu qu'aucune modification ne soit apportée à l'administration et à la constitution de l'Algérie, sans que les Algériens aient été consultés dans des formes à déterminer. »

Sur ces entrefaites on apprit le désastre de la mission Flatters et l'émotion causée par ce douloureux événement fut d'autant plus grande que la réussite de la première reconnaissance avait fait naître chez tous une véritable confiance. (Février 1881.) Nous ne reviendrons pas sur ce sujet, nous étant longuement étendus à cet égard dans un des chapitre précédents (1).

Mais, dans ce printemps de 1881, les événements allaient se presser en Afrique et occuper sans relâche l'opinion publique. Ce fut d'abord la campagne contre les khoumirs (mai 1881), qui nous amena jusqu'aux portes de Tunis et se termina par un traité consacrant le protectorat de la France sur le pays. Ainsi a cessé la situation intolérable faite à notre frontière de l'est par les incursions continuelles des tribus tunisiennes, qui servaient en outre de refuge à tous les malfaiteurs et d'entrepôt au produit de leurs vols. De la Khoumirie nous avons été entraînés à effectuer la conquête de toute la Tunisie dont nous occupons maintenant les postes principaux.

Un véritable coup de foudre vint, sur ces entrefaites, troubler la quiétude du gouvernement et tempérer la juste satisfaction causée par les succès de Tunisie. Depuis quelque temps, le Sahara de la province d'Oran, qui n'a jamais été tranquille depuis la révolte des fils de Si Hamza, donnait des signes non équivoques d'agitation. On eut l'immense tort de retirer une partie des troupes de cette province pour les envoyer en Tunisie, alors qu'il eût fallu les diriger sur toute la ligne des hauts plateaux pour protéger la région tellienne. Lequel, du ministre de la guerre, du général commandant le 19ᵉ corps ou du

---

(1) Voir ci-devant, pp. 110 et suiv.

gouverneur général, doit être rendu responsable de cette légèreté? C'est ce que l'on saura plus tard; mais il est certain que le gouverneur, tenu probablement au courant de la situation, aurait dû s'opposer, de toutes ses forces, à ce qu'on dégarnît le département d'Oran. Un homme plus habitué aux choses de ce pays, se rappelant la pointe audacieuse poussée en 1864, par Si L'Ala, jusqu'aux portes de Bel-Abbès, n'aurait pas laissé commettre cette imprudence.

Le châtiment fut cruel. Un agitateur jusqua-là inconnu, sorte de *marabout* désigné par le surnom de *Bou-Amama*, (l'homme au turban), s'avança du désert à la tête d'une bande de ces brigands du Sud qui se parent du titre de dissidents, et qui, en réalité, ne cherchent que les occasions de piller amis ou ennemis. Il parvint à éviter les quelques troupes que l'on avait envoyées à la hâte contre lui, et vint, avec une grande audace, se jeter sur les chantiers de l'exploitation de l'Halfa, à une quarantaine de kilomètres au midi de Saïda. On a dit que les agents de l'exploitation avaient été prévenus, mais qu'ils n'avaient pas fait exécuter l'ordre de rentrer, à eux expédié, refusant de croire à la gravité et à l'imminence du danger. Quoi qu'il en soit, une véritable colonie d'*alfatiers*, presque tous Espagnols, établis dans les hauts plateaux, avec leurs femmes et leurs enfants, fut surprise, sans défense, par la horde de Bou-Amama qui se livra aux excès de la sauvagerie la plus féroce. Le massacre, le vol, l'incendie, conséquences habituelles des *victoires* arabes, transformèrent ces paisibles chantiers en un théâtre de désolation. Les quelques personnes qui échappèrent à la rage de ces brigands furent entraînées par eux en esclavage, car la horde, après cet exploit, reprit le chemin du désert. Des troupes envoyées en toute hâte contre les rebelles ne purent les atteindre, ou ne se mesurèrent avec eux que pour obtenir des succès contestables, trop chèrement achetés.

L'effet de l'incursion de Bou-Amama fut considérable. Une panique insensée s'empara de la population de journaliers espagnols qui séjourne d'une manière semi-nomade dans la province d'Oran, et, chose curieuse, que l'on ne saurait trop flétrir, on vit des agents espagnols exciter encore la peur chez leurs compatriotes et les pousser à retourner dans leur pays, en leur en facilitant même les moyens. En quelques jours, dix mille personnes étaient rentrées en Espagne, non sans créer à leur gouvernement et au nôtre de graves embarras.

En réalité cette panique n'était pas justifiée, car le Tel de la province d'Oran n'a nullement été menacé, et la population française ne s'est en rien effrayée et n'a pris aucune de ces mesures qui sont l'indice d'un péril imminent. L'armée territoriale n'a pas été mobilisée, même partiellement. Certes, le pillage des chantiers de Saïda est un fait déplorable qui aurait, sans doute, pu être évité, mais c'est un fait isolé. C'est une *razzia*, comme celles que les musulmans faisaient au huitième siècle dans notre pays, remontant la vallée du Rhône puis celle de la Saône et allant rapidement piller quelque monastère ou quelque village, et rentrant, chargés de butin, dans leurs campements, avant que les populations terrifiées eussent eu le temps de se remettre de leur étonnement. Ce peuple n'a pas changé.

En 1864, la situation a été autrement critique et c'est dans les mêmes conditions que Si L'Ala est venu saccager le village de Sidi Ali ben-Youb, en plein Tel. Dans les seize ans qui nous séparent de ce fait, la colonisation a progressé vers le Sud ; le colon a pénétré dans les hauts plateaux pour y exploiter l'halfa et ses chantiers se sont trouvés exposés comme le sont toutes les avant-gardes, dans les pays où la colonisation s'étend, qu'il s'agisse du Far-West, de la Nouvelle-Zélande ou du Zoulouland.

Quel fut, au juste, le nombre des victimes de Bou-Amama ? On a retrouvé une centaine de cadavres ; de plus, une vingtaine d'hommes, de femmes et d'enfants ont été emmenés en esclavage et ont été en partie rachetés et repatriés depuis. Cet événement, nous le répétons, est déplorable, mais ses proportions ont été odieusement grossies, d'un côté, par les ennemis du gouverneur, et de l'autre, par des spéculateurs éhontés, oiseaux de proie qui ne cherchent qu'à tirer profit des calamités publiques.

Ce qui le prouve, c'est que la plupart des Espagnols qui étaient rentrés dans leur pays sont déjà revenus en Algérie. Le nombre de ces étrangers est actuellement supérieur à ce qu'il était avant l'événement. Il reste enfin à savoir si les alfatiers ont été prévenus à temps et, comme on le dit, n'ont pas voulu se replier.

Nous avons vu dans quelles conditions la rupture se produisit entre le gouverneur et la représentation algérienne. Une lutte ouverte allait en être la conséquence et l'occasion donnant lieu au commencement des hostilités ne tarda pas à se présenter. Un journal de Constantine annonça qu'une vingtaine d'indigènes, arrêtés par l'autorité militaire, dans l'oasis de Sidi Okba (1), sous l'inculpation de menées insurrectionnelles, attendaient, depuis plus d'un an, qu'il fût statué sur leur

---

(1) Près de Biskra.

sort. Il y avait là une négligence grave, mais en vérité, cette affaire n'avait pas l'importance qu'on a essayé de lui donner. Cependant, nos députés, qui ne peuvent être soupçonnés d'une tendresse exagérée à l'endroit des indigènes fauteurs de révolte, y trouvant un motif pour attaquer le gouverneur, portèrent l'affaire à la tribune. Les développements dans lesquels ils entrèrent à cette occasion, la violence de leur langage, laissèrent facilement voir la haine qui les animait et leur interpellation échoua devant la Chambre. Le ministre et M. Albert Grévy qui s'était fait nommer commissaire par décret spécial, obtinrent, sans peine, les voix de la majorité, tandis que les interpellateurs ne réunissaient que celles de leurs amis personnels et des oppositions de droite.

Quelques mois après avait lieu l'incursion de Bou-Amama. Les députés algériens saisirent avec empressement cette occasion de prendre leur revanche. Une nouvelle interpellation visant directement la mauvaise administration de M. Grévy fut déposée à la Chambre et l'on vit l'honorable député d'Oran ne pas craindre de se faire l'écho des amplifications dont nous avons parlé, en aggravant le récit des malheurs de Saïda et en annonçant le chiffre de 400 morts. Nos députés firent, ce jour-là, de bien triste besogne et le président du conseil démasqua sans peine leur tactique. « Il ne m'a pas échappé, dit-il, qu'une campagne qui avait déjà commencé à cette tribune allait y être reprise et que l'interpellation visait, dans la pensée de ses auteurs, la personne et la responsabilité du gouverneur général. » Enfin, il les rappela aux devoirs du patriotisme et les invita à reprendre leur sang-froid, en ces termes : « Aidez le gouvernement et la France à calmer cette espèce de panique en vérité peu digne d'un peuple comme le peuple français..... Il ne s'agit pas ici d'un intérêt de parti, il s'agit du grand intérêt de la patrie. » C'était bien là le mot de la situation ; aussi l'interpellation n'eut-elle pas plus de succès que la précédente.

Néanmoins le gouverneur sortit diminué de ces luttes ; irrité, sans doute, par la violence avec laquelle il était attaqué, il affecta de ne plus faire acte de gouvernement, ce qui, à notre avis, était un grand tort. La commission paraissait avoir achevé ses travaux et l'on annonçait, tous les jours l'apparition prochaine des décrets consacrant ses décisions. Ainsi, il n'était plus question de discussion publique au Parlement.

Dans le cours des événements que nous venons de rapporter, les projets de loi présentés par le gouverneur avaient été rapportés par les députés algériens et votés, sans que la Chambre daignât discuter des mesures dont plusieurs consacrent de réelles dérogations à notre droit.

La loi attribuant aux administrateurs civils des pouvoirs disciplinaires dans les mêmes conditions qu'aux officiers du bureau arabe, fut votée sur le rapport de M. Gastu, député d'Alger, avec cette restriction que ce droit ne leur serait concédé que pour sept ans (1). On se demande pourquoi la commission s'est arrêtée à ce chiffre et l'on cherche en vain à s'en rendre compte, car la mesure était utile ou ne l'était pas. On pouvait la voter à titre transitoire, mais fixer une limite aussi arbitraire que ce nouveau septennat, ainsi qu'on l'a appelé, est une véritable anomalie, comme il s'en produit parfois dans les assemblées délibérantes.

---

(1) Loi du 28 Juin 1881.

La Chambre vota également la loi conférant un privilège spécial sur les concessions, de façon à fonder ce qu'on appelle le « crédit des colons. » Cette loi est en contradiction complète avec notre législation hypothécaire et il est bien à craindre que dans la pratique elle n'amène de grandes difficultés sur lesquelles les tribunaux auront à se prononcer. Nous espérions que les légistes du Sénat ne la laisseraient pas passer, et, en effet, elle a donné lieu à des discussions nombreuses, dans le sein de la commission. Les scrupules des contradicteurs ont fini par être vaincus et la loi a été votée sans grandes modifications. Elle consacre une aggravation en exigeant que le prêteur pour conserver son privilège fasse la preuve que les fonds ont été réellement employés en améliorations dans la concession. Et c'est pour arriver à ce résultat qu'on passe par-dessus les règles légales consacrées ! On se figure que sous cette menace, le bailleur de fonds va se hâter de donner son argent. En vérité, il faut, pour se faire une telle illusion, bien peu connaître les affaires.

La loi abaissant le taux légal de l'intérêt à 6 % passa à la simple lecture. C'est la consécration de l'abaissement du taux conventionnel qui, il y a à peine quelques années, était encore à 8 et à 10 % et qui, maintenant, varie entre 5 et 6 $^1/^2$. Cette baisse est déterminée par l'afflux des capitaux français qui viennent ici chercher un intérêt plus élevé, dans les placements hypothécaires, mais hésitent encore à se lancer activement dans les entreprises locales. D'autre part, la banque de l'Algérie, établissement privilégié, escompte les valeurs, commerciales *et autres* à 4 ou 5 %, ce qui influe d'une manière considérable sur le marché de l'argent. En somme nous ne verrions pas avec plaisir le taux de l'intérêt baisser encore et il ne faudrait pas prendre son avilissement comme résultant d'une réelle prospérité. Nous croyons, en effet, avec un éminent économiste (1) que, dans une colonie prospère, l'argent étant l'objet de demandes nombreuses et trouvant partout un emploi fructueux, doit rapporter au capitaliste un intérêt supérieur à celui de la mère-patrie.

Enfin, la loi destinée à constituer l'état civil des indigènes passa à la Chambre sans débat et au Sénat avec une certaine difficulté. La complication des mesures qu'elle édicte, leur étrangeté et même leur illégalité, enfin les difficultés matérielles d'application, auraient dû arrêter nos législateurs. Si encore tout cela était d'absolue nécessité, il ne resterait qu'à s'incliner ; mais, depuis plus de cinquante ans que nous occupons l'Algérie, n'a-t-on pas fait de nombreuses transactions avec les indigènes? les notaires ne reçoivent-ils pas tous les jours des actes impliquant transmission de propriété entre eux et les européens? Depuis trente ans les formalités de transcription et d'inscription ne sont elles pas faites avec une régularité suffisante?

Ainsi la mesure édictée, dont l'exécution sera d'une très grande difficulté, car ce n'est pas d'un trait de plume que l'on arrive à changer les noms des individus composant une nation, cette mesure est d'une utilité contestable, et nous avons la conviction qu'elle aura pour conséquence de produire des anomalies bien plus grandes que celles qui existent actuellement. Pendant longtemps les Arabes auront deux noms et prendront alter-

---

(1) M. P. Leroy. Beaulieu,

nativement celui qu'ils voudront. On voit les difficultés qui en résulteront et il faut ne pas connaître les indigènes pour en douter. Les constatations d'identité deviendront impossibles et ce sera avant peu un chaos inextricable. On dira que la loi a prévu des pénalités pour les infractions à ses dispositions; mais, outre qu'elles seront insuffisantes pour retenir ceux qui agiront de mauvaise foi, ou éclairer ceux qui seront victimes de leur ignorance, il était inutile d'inventer de nouveaux délits pour une population si souvent en contravention, volontairement ou involontairement.

De ce qui précède, nous ne concluons pas qu'il n'y a rien à faire sous ce rapport. Il faut, au contraire, tendre à donner aux noms indigènes plus de précision et à constituer leur état civil; cela arrive tout naturellement par les transactions et les déclarations faites devant nos officiers publics. Mais il faut se contenter de ce qui est possible pour le moment, et ne pas espérer un changement à vue, car on n'est pas en présence d'individus innommés. On doit surtout éviter de créer pour l'avenir des inconvénients plus grands que ceux qui existent maintenant et soumettre une population à des tracasseries dont la sanction sera toujours une pénalité.

Cependant les calamités que l'Algérie devait subir sous le gouvernement de M. Albert Grévy n'étaient pas finies. L'année 1881 fut d'une sécheresse désespérante; l'hiver se passa sans amener aucune pluie et la récolte fut nulle dans un grand nombre de localités et plus que médiocre dans les autres. Enfin, dans la dernière quinzaine d'août, l'incendie éclata simultanément dans toutes les forêts de la province de Constantine, et dévora, en quelques jours, plus de soixante mille hectares de bois. Des forêts aménagées par les européens pour l'exploitation du chêne-liège furent ainsi détruites. Le fléau fit des victimes parmi les indigènes qui perdirent en outre des bestiaux et des habitations en grand nombre. De plus, trois de nos braves soldats périrent dans les flammes en travaillant à éteindre le fléau.

D'après les évaluations faites par l'autorité supérieure, le montant total des dommages causés par le feu, en 1881, s'élèverait à trois millions et demi de francs se décomposant comme suit :

Au compte de l'Etat.	804.224 fr.
— des communes.	38.591
— des particuliers	2.649.275
TOTAL.	3.492.275 fr. (1)

Les incendies de forêts sont malheureusement très fréquents en Algérie; mais ceux de 1881 feront époque par leur intensité et leur généralité. Il est incontestable que les indigènes ont été, comme presque toujours, les auteurs de ce crime; il y a là chez eux une déplorable habitude, une sorte d'instinct de destruction et une manifestation de haine.

Le résultat des enquêtes auxquelles ont s'est livré établit qu'un grand nombre de foyers ont été allumés en même temps et il semble que l'action des Khouan n'a pas été étrangère à cet acte de destruction. L'extrême sécheresse de l'année 1881, livrant au feu des arbres sans sève, a contribué à donner au fléau une intensité inouïe.

Le gouverneur a pris un arrêté frappant de séquestre collectif les tribus ou fractions de tribus qui, après

---

(1) Exposé de la situation de l'Algérie au Conseil supérieur en 1881, p. 21.

enquête, seraient reconnues coupables du crime d'incendie, ou même qui auraient refusé de participer aux mesures de secours. La commission nommée à cet effet après avoir passé trois mois dans les contrées qui ont été le théatre du fléau, a constaté la criminalité d'un grand nombre de tribus et de douars et conclu à des punitions sévères. Ses conclusions ont été adoptées par le conseil du gouvernement et appliquées par le gouverneur.

Le conseil général de Constantine, justement ému de ce désastre, a étudié les voies et moyens à mettre en pratique pour en empêcher le retour. Un de ses membres, actuellement député, l'honorable M. Treille, a fait sur ce sujet un rapport circonstancié, concluant à l'application de mesures de prévention et de répression fort rigoureuses, qui ont reçu l'approbation du conseil.

Le 26 août 1881 parut un décret rattachant à peu près tous les services algériens à leurs ministères respectifs, conformément aux conclusions de la commission, qui n'ont été soumises à aucune discussion dans le Parlement. Le droit de s'asseoir sur le banc des ministres est refusé au gouverneur général, maintenu, on ne sait pourquoi, et qui ne sera à l'avenir que le simple délégué des ministres. Le budget algérien sera préparé en Algérie; mais chaque chapitre formera une annexe de celui de chaque ministère. Quant au conseil supérieur, nous pensons qu'on ne s'en est pas occupé; aussi a-t-il continué à fonctionner.

Le résultat immédiat de cette importante mesure a été la diminution des attributions et de l'autorité du gouverneur devenu l'agent des ministres, responsable vis-à-vis d'eux seulement. C'est l'annihilation de ce qui s'était fondé, par la force des choses, après de longues années d'études et de tâtonnements : une administration propre au pays. C'est le triomphe de la centralisation, c'est-à-dire l'absorption par les bureaux des ministères des moindres actes de la vie administrative d'un pays situé à 400 lieues de Paris et où tous les rouages et un grand nombre de dispositions ayant force de loi sont différents de ceux de France.

M. Albert Grévy, on le comprend, ne pouvait conserver une situation ainsi diminuée. Sa démission était la conséquence du décret des rattachements, cette mesure que lui-même avait si imprudemment provoquée. Son départ ne donna lieu à aucun regret, car il était devenu impopulaire et chacun comprenait que l'état de lutte avec la représentation algérienne, qui le réduisait à l'impuissance, ne pouvait durer. Tout le monde a néanmoins rendu justice à sa haute probité et nous pensons que, plus tard, l'histoire lui tiendra compte des réformes opérées par lui, dans des conditions assez difficiles.

M. Tirman, conseiller d'Etat, a été appelé à remplacer M. A. Grévy, sinon dans toutes ses attributions, au moins dans son titre. Le décret du 26 novembre 1881, qui l'a nommé, restituait au général commandant le 19ᵉ corps, l'autorité sur les forces militaires et la direction exclusive des opérations de guerre, ce qui était logique ; mais il lui remettait aussi l'administration des territoires de commandement, ce qui n'était rien moins que le rétablissement du régime militaire sur une partie de l'Algérie qui se trouvait ainsi obéir à deux gouverneurs, l'un civil, l'autre militaire.

Ces dispositions ont provoqué chez les Algériens d'unanimes protestations et le nouveau gouverneur, dès son arrivée, n'a pas tardé à se rendre compte des anomalies et des difficultés qui allaient en résulter. Son premier soin a donc été d'agir auprès du gouvernement central pour obtenir la modification de ce décret et il a été assez habile et assez heureux pour réussir. Une nouvelle disposition vient de lui restituer l'administration des indigènes habitant les territoires de commandement. Ainsi la direction administrative de toute l'Algérie, jusqu'aux frontières extrêmes du Sud, se trouve réunie dans les mêmes mains, ce qui est le simple retour à la logique.

A son arrivée, M. Tirman a déclaré qu'il allait étudier, sans parti-pris, la question algérienne et proposer les modifications qui lui paraîtront nécessaires. Aux observations qui lui ont été présentées au sujet des décrets du 26 août, il a répondu qu'il fallait faire l'essai loyal des rattachements; que leur application ne serait pas stricte et qu'en réalité il y aurait peu de chose de changé en Algérie. En dépit de cette assurance, le gouverneur a pu déjà se rendre compte des difficultés que lui crée la nouvelle organisation et nous pensons qu'avant peu il ne sera pas un des adversaires les moins convaincus des rattachements.

Dans le cours de l'hiver 1881-82, de grandes opérations militaires ont été entreprises dans le sud de la province d'Oran. Une forte colonne, sous les ordres du général Delebecque, est allée visiter ces bourgades reculées qui se nomment les deux Moghar, Tïout, Sfisifa, Iche, où le drapeau français n'avait pas paru depuis de longues années. Ces régions étaient le quartier général de Bou-Amama et de ses adhérents. Il est inutile de dire que ces rebelles n'ont pas attendu nos troupes et que les faits de guerre se sont bornés à des escarmouches sans importance.

Après avoir, autant que possible, recherché et puni, sinon dans leurs personnes, au moins dans leurs biens, nos adversaires les plus compromis, le général a essayé une réorganisation administrative de la contrée, puis les troupes ont repris la route du Nord, suivies à distance par les rebelles qui rentraient au fur et à mesure en possession de leurs domaines. Il est donc fort à craindre que cette coûteuse et pénible campagne n'ait pas donné de résultats pratiques bien appréciables.

D'autres expéditions ont eu lieu simultanément dans le Sahara oranais, si remuant depuis quelques années, et où la résistance à notre domination semble s'être concentrée. Le chef de l'une d'elles, M. le colonel Négrier, s'est attaché à châtier les habitants des Keçour (1) qui avaient favorisé l'incursion de Bou-Amama. Il a profité de son séjour à El Abiod Sidi Cheïkh, pour détruire de fond en comble le tombeau de Sidi Cheïkh, le grand saint du Sahara oranais, autour duquel les conspirations contre nous venaient s'ourdir et qui était un véritable centre d'agitation. Les cendres du marabout, enlevées avec respect de son tombeau, ont été apportées à Geryville et déposées dans le cimetière de cette localité. Les indigènes pourront y venir faire leurs dévotions sous la protection de nos baïonnettes.

D'autres colonnes ont obtenu quelques succès partiels et exécuté des *rids* qui leur ont permis d'opérer d'importantes razzias.

Enfin un chemin de fer stratégique, rapidement construit avec l'aide de l'armée, permet de conduire les

---

(1) On appelle Keçar (régulièrement Kasr), au pluriel Keçour, les villages sahariens de la province d'Oran.

troupes jusqu'à Mecheria, dans les hauts plateaux.

Cette attitude énergique, ces mesures habiles ne tarderont pas, il faut l'espérer, à calmer l'ardeur guerrière des dissidents du sud oranais. Malheureusement, ils s'appuient sur le Maroc et trouvent un refuge assuré dans les oasis de cette contrée et un secours chez leurs belliqueuses populations.

Un nouvel échec vient de nous atteindre dans ces régions : une petite colonne de trois cents hommes sous le commandement du capitaine de Castries, en reconnaissance près du chot de Tigri, sur la frontière marocaine, a été surprise par des forces indigènes considérables. Après avoir soutenu un combat acharné, contre des adversaires quarante fois plus nombreux, nos braves soldats ont été forcés de battre en retraite en abandonnant leur convoi aux mains de leurs agresseurs. Nos pertes ont été sensibles et, bien que celles des indigènes aient été beaucoup plus considérables et qu'en raison de leur nombre ils eussent obtenu un bien mince succès, cet événement, transformé en grande victoire dans la bouche des Arabes, ne peut avoir que des conséquences défavorables pour notre prestige. Espérons que nos officiers sauront prendre, avant peu, une éclatante revanche. Dans la discussion à laquelle cette affaire a donné lieu à la tribune, le gouvernement s'est engagé à agir avec énergie, et nous ne pouvons qu'attendre avec confiance la suite des événements.

CHAPITRE X

L'organisation actuelle. — Les questions du moment.

Pour compléter le tableau de l'Algérie, nous allons examiner, dans ce chapitre, l'organisation de la machine administrative actuelle et les desiderata des colons.

Le territoire algérien est divisé en trois provinces : Alger, Constantine et Oran.

Le gouverneur général civil centralise entre ses mains la haute administration du pays; il est, depuis le décret du 26 novembre 1881, le délégué des ministres vis-à-vis desquels il est responsable. Il prépare, avec l'aide du conseil supérieur, le budget algérien qui est voté par le Parlement. Il sera, à l'avenir, réparti entre chaque ministère, et formera une annexe du budget de chacun d'eux. Les fonds seront délégués mensuellement par des ministres au gouverneur qui, ensuite, ordonnancera ou sous-déléguera.

L'armée d'Algérie, ayant habituellement un effectif de 52.000 hommes, forme le 19e corps.

Le gouverneur est assisté d'un conseil, dit de gouvernement, dont les attributions, tout administratives, sont fixées par le décret de 1860 et la constitution par celui du 11 août 1875.

Un autre conseil, le conseil supérieur de gouvernement, formé de trente-huit membres, dont dix-huit sont délégués par les conseils généraux, et les autres membres de droit, sont : les trois préfets. les trois généraux de division et les chefs des services administratifs, judiciaires et militaires, se réunit, chaque année, à Alger, après la session des conseils généraux, sous la présidence du gouverneur général. Sa session ne peut durer plus de vingt jours. L'article 7 du décret du 11 août 1875, qui le constitue, définit ainsi son but : « Le conseil supérieur de gouvernement est chargé d'examiner le projet de budget, l'assiette et la répartition des impôts préparés par les soins du gouverneur général. » La discussion du budget permet d'y traiter toutes les questions : seulement, ses travaux n'ont qu'un caractère purement consultatif, puisque le budget qu'il prépare doit être voté par les Chambres.

Chacune des trois provinces de l'Algérie est composée de deux parties, dont l'une forme le département, sous les ordres du préfet : c'est le territoire civil; l'autre constitue le territoire de commandement, ou militaire, administré par le général commandant la division, sous l'autorité du général commandant le 19º corps. Tout le Tel algérien, à l'exception de la ligne des frontières de l'est, de l'ouest, est territoire civil. Le territoire de commandement se compose donc des frontières, du massif de l'Aurès, des hauts plateaux et du Désert. On a vu qu'un récent décret restitue au gouverneur l'administration de ces territoires.

Le préfet, assisté d'un conseil de préfecture, a sous ses ordres tous les services civils et est représenté, dans les diverses localités, par les sous-préfets, les administrateurs civils, les maires et les cheïkhs.

Le général a comme auxiliaires les commandants de subdivision, de cercle et d'annexe, les bureaux arabes et les chefs indigènes, Caïds et Aghas.

Chaque province possède un conseil général élu, composé d'environ vingt-cinq membres français et de six assesseurs indigènes ayant voix délibérative, choisis par l'administration. Chaque conseil nomme sa commission départamentale. Quant aux attributions, elles sont à peu près les mêmes qu'en France, telles que la loi du 10 août 1871 les a déterminées, cette loi ayant été reproduite, presque textuellement, par le décret du 23 septembre 1875, qui a réglé l'administration des conseils généraux algériens. Mais ici, les questions relatives à la colonisation, les travaux publics toujours importants donnent aux sessions un grand intérêt.

Le budget du gouvernement général se compose des produits de l'Enregistrement, du Domaine et du Timbre, des Douanes, des Contributions diverses, des Postes et Télégraphes, etc. Voici le budget de 1879 :

Recettes (ordinaires, extraordinaires et spéciales, 37.181.872
Dépenses   —   —   —   35.630.590 (1)

Le budget des départements est constitué presque uniquement par les cinq dixièmes de l'impôt arabe, car l'impôt foncier n'a pas encore été établi en Algérie. Voici les chiffres des budgets des recettes des trois départements pour 1878.

	Recettes effectuées	Dépenses payées
Alger	4.107.936 fr.	2.574.586 fr.
Constantine	5.069.117	4.716.096
Oran	2.463.592	2.121.754
Totaux	11.640.645 fr.	9.412.436 fr. (2)

(1) *Etat de l'Algérie*, 1881, p. 99.
(2) *Idem*, 1880, p. 52.

Comme dans ces deux dernières années les récoltes ont été fort mauvaises, le produit de l'impôt arabe a notablement diminué, et il en résulte que les départements algériens se trouvent momentanément dans une fâcheuse situation matérielle. Divers moyens sont proposés pour remédier à l'instabilité de leurs budgets, nous les examinerons plus loin.

Les quatre contributions n'étant pas perçues en Algérie, il n'y a pas de conseils d'arrondissement.

Voici quel est, actuellement, le régime général des impôts et contributions :

1° Octroi de mer frappant les marchandises à l'entrée. Cet impôt porte, pour les neuf dixièmes, sur les Européens qui consomment la majeure partie des marchandises importées. Il sert en partie à former le budget des communes, entre lesquelles il est réparti au prorata du chiffre de la population, les Européens comptant pour unité et les Israélites et les Musulmans pour un huitième de leur population effective, dans les communes de plein exercice, et pour un quarantième dans les communes mixtes (1).

2° Redevance domaniale de un franc par hectare et par an sur les concessions ;

3° Patentes, établies sur la valeur locative, à la moitié du tarif déterminé par l'article de la loi du 25 avril 1844 :

4° Contributions diverses et taxes municipales (2) ;

5° Droits d'enregistrement et de timbre. Il n'est perçu comme droits d'enregistrement que la moitié du tarif de France ;

---

(1) Décret des 18 août 1868 et 19 juin 1875.
(2) Nous en donnons le détail plus loin.

6° Impôts arabes se composant de :

A. L'*âchour* ou dîme. Dans la province de Constantine, cet impôt est fixe; dans les deux autres, il est déterminé chaque année par les agents de l'administration militaire et civile, avec l'assistance des chefs indigènes, selon l'étendue des surfaces cultivées et la qualité de la récolte.

B. La *zekkat*, impôt sur chaque tête de bétail, suivant le tarif arrêté par le gouverneur général.

C. Et la *lezma*, capitation prélevée en Kabilie; le même nom est donné à l'impôt frappant les palmiers dans les oasis du Sud.

On ajoute, quelquefois, à ces trois catégories le *hokor* qui n'est, en réalite, qu'un fermage de terres domaniales.

Des répartiteurs, agents des contributions directes, sont chargés du recensement des matières imposables, chez les indigènes, en territoire civil. Les rôles sont dressés par le service des contributions et rendus exécutoires par l'autorité administrative. L'impôt est recouvré par les agents des contributions, avec l'aide des cheïkhs.

En territoire militaire, les rôles sont dressés par le bureau arabe, assisté des chefs indigènes. Ceux-ci se chargent du recouvrement et versent entre les mains des receveurs qui délivrent des quittances individuelles.

Nous avons vu plus haut que le préfet a pour auxiliaires les sous-préfets, administrateurs et maires, correspondant aux divisions du département en arrondissements, communes mixtes et communes de plein exercice.

Les arrondissements se rapprochent sensiblement de ceux de France, avec certaines attributions en plus pour les sous-préfets.

Les communes mixtes sont composées d'un certain nombre de douars indigènes du territoire civil, ayant chacun une Djemâa (conseil). Elles sont dirigées par un employé de l'administration ayant le titre d'administrateur, lequel est assisté par une commission municipale formée des présidents de Djemâa et de notables européens résidant dans la circonscription (1). L'administrateur a sous ses ordres un ou deux adjoints et autant de stagiaires français, plus un certain nombre de cavaliers arabes. C'est au moyen de cette organisation que l'on a pu remplacer, sans transition, le bureau arabe.

Au 1er octobre 1881, le nombre des communes mixtes se répartit comme suit :

```
Territoire civil. . . . . . . .  77
    —    de commandement.   6
                     TOTAL. . .  83
```

Plus 15 communes indigènes en territoire de commandement (2).

Quant au personnel, il se compose de :

```
80 administrateurs
80 adjoints
20  —   stagiaires (3).
```

Les communes de plein exercice sont administrées par des maires français assistés d'un conseil municipal élu, comprenant plusieurs membres indigènes élus par leurs concitoyens. Ces communes ont quelquefois, dans leur territoire, une population indigène considérable. On saisit

---

(1) Arrêtés des 24 novembre 1871 et 24 décembre 1875.
(2) *Etat de l'Algérie* au 1er octobre 1881, p. 61.
(3) *Ibid.*, p. 64.

facilement les inconvénients qui peuvent en résulter au point de vue de la bonne administration du pays, quand on réfléchit que les maires des petites localités sont souvent de très honnêtes gens, mais manquant des connaissances et des moyens nécessaires pour diriger de telles communes. Et, cependant, on ne cesse de réclamer l'agrandissement des communes afin d'augmenter le chiffre de leur budget par l'adjonction d'une population dans l'intérêt de laquelle aucune somme n'est employée. Mais le gouverneur général a, par une circulaire très sagement inspirée, ramené les choses à une limite raisonnable, en fixant le maximum du chiffre des indigènes pouvant se trouver dans la même commune.

Au 1er octobre 1881 le nombre des communes de plein exercice est de 196.

Les ressources des communes de plein exercice sont constituées par les recettes suivantes :

1° Taxes sur les loyers, calculées à raison de 5 à % de la valeur locative annuelle.

2° Attributions sur les patentes, amendes et permis de chasse.

3° Part dans le produit de l'octroi de mer.

4° Droits de place aux halles et marchés, de passage et de mesurage.

5° Droits d'abattage.

6° Taxes communales diverses : Concessions d'eau, de terrains dans les cimetières, autorisations de voirie, etc.

7° Impositions pour les chemins communaux.

8° Fermage de biens communaux, de coupes de bois, etc.

9° Rentes sur l'Etat et intérêts de capitaux placés.

10° Recettes diverses.

Comme on le voit, l'octroi municipal n'existe pas;

néanmoins les communes ont, en général, de fort beaux budgets, grâce à l'attribution d'une partie de l'octroi de mer. On comprend, en effet, que les marchandises frappées d'un droit à leur débarquement ne peuvent l'être aux portes des villes, mais il en résulte cette anomalie que les productions locales ne paient rien, ce qui après tout n'est pas un mal, car, dans un pays neuf, on ne saurait trop encourager la production.

En territoire militaire, les subdivisions, équivalant aux arrondissements civils, sont administrées par des généraux de brigade; les cercles, par des officiers supérieurs et les annexes par des capitaines ou des lieutenants.

Le nombre des bureaux arabes actuellement conservés est de 30. L'arrêté du 13 novembre 1874 crée des communes indigènes, en territoire militaire, et dispose que le nombre en sera augmenté au fur et à mesure que les annexes auront des ressources suffisantes pour être érigées en communes.

Le budget des communes mixtes des deux territoires est constitué par des ressources sensiblement analogues à celles des communes de plein exercice.

Voici la récapitulation du budget des communes des trois départements.

	Recettes	Dépenses
Alger	7.662.830	6.865.297
Oran	6.141.360	5.039.150
Constantine	9.948.759	6.989.765
Totaux	23.752.949	18.894.212

Les principales dépenses des communes algériennes sont les suivantes :

Dépenses d'administration, de personnel et frais de perception.

Personnel de la police locale.

Entretien des bâtiments communaux et travaux neufs.

Entretien des chemins vicinaux.

Instruction publique et cultes.

Les frais de l'assistance publique pèsent lourdement sur leurs budgets. En outre des bureaux de bienfaisance et des sociétés privées, le service de l'assistance est assuré par 14 hôpitaux (civils) et deux ambulances, trois asiles de vieillards, neufs orphelinats et deux maisons de refuge. De plus le service des enfants assistés est établi sur les mêmes règles qu'en France.

Telle est, en résumé, l'organisation administrative de l'Algérie. Tout esprit non prévenu reconnaîtra que l'on a beaucoup fait, beaucoup amélioré, et que nous ne vivons pas dans un état demi-barbare. Nous ne prétendons pas davantage que ce soit l'idéal des gouvernements et qu'il ne reste rien à faire. Les opinions, à cet égard, sont très diverses, et, si tout le monde réclame des réformes, on est peu d'accord sur leur nature.

La grande revendication, depuis longtemps poursuivie par les colons, a été la substitution du régime civil au régime militaire. Sur ce seul point, les avis des Algériens sont presque unanimes. Or, ce vœu est, en grande partie, réalisé, puisque tout le Tel, avec une population de plus de deux millions d'individus, obéit actuellement au gouverneur général civil, tandis que l'autorité militaire ne s'exerce plus que sur la ligne des frontières et dans les régions du Sud, où la colonisation n'a pour ainsi dire pas encore pénétré.

Ce premier point admis, les opinions se fractionnent en deux groupes principaux dont l'un inscrit sur sa bannière *assimilation* et l'autre *autonomie*. Les journaux qui représentent ces deux camps se combattent avec acharnement, car ils ne savent rien faire sans violences et quiconque s'en rapporterait à leur ton croirait que Capulets et Montaigus sont prêts à en venir aux mains. Et cependant, on se tromperait grandement, car cette agitation n'est que factice et, au fond, il ne serait pas difficile de s'entendre, si l'on savait se débarrasser de la tyrannie des mots.

Les premiers, les *assimilateurs*, sont les successeurs de ceux qui, en 1870, voulaient *liquider* le gouvernement général et faire de l'Algérie trois départements français, administrés comme ceux de France, chaque préfet relevant directement du ministre. Cette manière simple de trancher la question peut séduire au premier abord, mais le moindre examen fait comprendre qu'elle a le défaut d'être impraticable. Déjà, les assimilateurs actuels, moins radicaux que leurs devanciers, admettent presque tous le maintien du gouvernement général, ce qui n'est ni plus ni moins que le renversement de leur système. Ils admettent « temporairement » bien d'autres choses et seraient forcés d'en accepter encore davantage s'ils voulaient se donner la peine d'esquisser leur programme d'application pratique. Mais ils se renferment prudemment dans cette formule : assimilation pure et simple. Du reste, ils sont loin d'être d'accord ensemble.

Le parti assimilateur vient de remporter une sorte de victoire par suite des décrets de rattachement. Mais nous doutons qu'il recueille beaucoup de fruits de cette œuvre hybride qui ne sera pas exécutée ou qui suscitera des difficultés sans nombre.

Les seconds, les *autonomistes*, qui ne s'entendent guère mieux, partent cependant d'un principe beauconp plus juste, que nous allons exposer. Selon eux, le Parlement est trop absorbé par les affaires de la France pour pouvoir penser à celles de l'Algérie; de plus, il est incompétent parce qu'il ne connaît pas le pays. L'inconvénient est donc double, puisque la solution des affaires est retardée et n'est pas toujours conforme à la logique. Les représentants algériens ne sont que trois au Sénat et six à la Chambre des députés, et, jusqu'à présent, ils ont rarement réussi à être écoutés et à faire accepter leurs opinions; eux-mêmes ne sont pas toujours au courant de questions qui, parfois, changent d'aspect et qu'ils ne peuvent suivre de loin. Enfin, ils sont portés, cela est tout naturel, à centraliser le plus possible les affaires à Paris, de façon à ce que tout ce qui intéresse l'Algérie leur passe par les mains et qu'ils jouent le rôle de grands dispensateurs.

Les autonomistes pensent donc qu'on pourrait largement décentraliser et permettre au gouverneur, assisté d'un conseil où l'élément élu entrerait pour une grande part, de trancher un certain nombre de questions administratives. Nous ne croyons pas qu'ils aient l'intention de pousser l'autonomie plus loin, ce qui serait, du reste, matériellement impossible.

Tels sont les termes du débat, et si l'on savait, de chaque côté, se faire des concessions, on serait bien près de se rencontrer, car, en réalité, on ne peut pas plus vouloir l'assimilation absolue que l'autonomie absolue. Comme pour une foule de choses, la vérité est dans le point intermédiaire. Nous avions donc raison de dire que c'était encore une querelle de mots : mais on sait que ce sont souvent les plus tenaces.

Les assimilateurs, trop facilement pris en faute contre la logique par leurs adversaires, se vengent en reprochant à ceux-ci de marcher au séparatisme, et l'on a vu un gouverneur ne pas craindre de se faire l'écho de cette calomnie à la tribune, Nous disons calomnie, parce que tout le monde sait ici qu'il n'existe pas, parmi les Algériens, un seul séparatiste, et qu'il ne peut y avoir de pays plus français et plus foncièrement dévoué à sa patrie.

Un grand combat s'est livré, dans ces derniers temps, autour du conseil supérieur qu'on avait maladroitement appelé parlement colonial. Les assimilateurs veulent bien un gouverneur général, mais ils repoussent un conseil supérieur; et cependant, il semble logique que le budget de l'Algérie soit « examiné » par un conseil central recevant les délégations des conseils généraux qui viennent de voter le budget des départements. Mais, à cela, on fait une très grave objection. A quoi sert cette préparation, puisque votre budget est ensuite discuté par le parlement de la métropole? Faudra-t-il que les Chambres se bornent à entériner vos propositions? S'il les modifie, voilà tout un travail inutile, et si le conseil supérieur se met en contradiction avec le Parlement, voilà la puissance parlementaire de la France mise en échec par une assemblée locale. Nous le répétons, cette objection est grave, mais on ne doit pas en exagérer la portée et il faut la réduire à sa juste valeur, car tous nos conseils, communaux, d'arrondissement et de département, pourraient aussi, en sortant de leurs attributions, se trouver en lutte avec le pouvoir, et cependant ils ne mettent rien en péril. Il s'agirait donc, pour éviter cet inconvénient, de bien définir les attributions de ce conseil et de lui enlever tout moyen de faire de la politique.

Il faut ne pas avoir lu les procès-verbaux du conseil

supérieur pour prétendre que ce rouage est inutile. Les questions les plus diverses, les plus spéciales ont été agitées et discutées en général avec autorité dans cette assemblée qui a la fortune de posséder des spécialités dont la compétence est précieuse.

Les adversaires de cette institution ont dit : « Le conseil municipal répond à un intérêt communal ; le conseil général répond à un intérêt départemental. Mais le conseil supérieur ne répond à rien. » Voilà un raisonnement curieux ; n'existe-t-il donc pas un intérêt algérien ? Il est vrai que ceux qui soutiennent cette théorie prétendent qu'il n'y a pas d'intérêt spécial algérien. Eh bien, nous les renvoyons aux procès-verbaux du conseil supérieur et nous les prions de dire en toute sincérité si le parlement de la métropole aurait eu le temps et la compétence nécessaires pour étudier aussi complètement les questions qui y ont été traitées.

Les adversaires du conseil supérieur ne s'aperçoivent pas qu'ils retirent au gouverneur un appui et un guide, en même temps qu'un pondérateur, et ne lui laissent que l'arbitraire. Pour des démocrates c'est encore bien peu logique.

A côté de cette question principale se discutent une foule de sujets fort importants. La presse algérienne est très agressive : un journal entame une campagne qui se caractérise par une formule ; les confrères du même clan, ou *sof*, font chorus et voilà la formule qui passe à l'état de machine de guerre pour battre en brèche tel homme ou telle institution. Le bon public reste d'abord ébahi devant la découverte à laquelle on l'initie, et bientôt il se figure, pour employer une expression vulgaire, que c'est arrivé, et emboîte le pas.

Nous avons eu ainsi, dans ces dernières années, la campagne contre le régime des décrets auxquels l'Algérie est soumise, ce qui, par parenthèse, remédie à l'absence de décentralisation, en permettant de prendre des mesures qui risqueraient d'arriver trop tard, si elles devaient faire l'objet de lois et passer par les chambres en supportant trois discussions dans chacune d'elles. C'est, nous ne craignons pas de le dire, une chose indispensable pour l'Algérie, mais c'est une arme à deux tranchants qui, dans des mains imprudentes, peut faire autant de mal que de bien. Il est donc étonnant que des assimilateurs aient attaqué le régime des décrets, car il n'y a pas de milieu : ou décentraliser, ou se servir des décrets et ordonnances. N'est-ce pas au moyen de décrets que les rattachements ont été décidés sans l'avis du Parlement? Certes, il est fâcheux de voir l'organisation d'un grand pays dépendre d'un simple décret, mais les assimilateurs devraient être les derniers à déprécier ce procédé.

Ces fameux décrets ne sont eux-mêmes que l'épilogue d'une autre campagne entreprise dans le seul but de diminuer l'autorité du gouverneur (1), en augmentant celle de la représentation. C'est encore pour attaquer le gouverneur que, pendant un certain temps, la presse est tombée sur l'institution des communes mixtes, œuvre de M. Chanzy, qui a été reprise et complétée par M. Albert Grévy. Mais nous aurions trop à faire si nous devions passer en revue toutes les campagnes entreprises dans des circonstances données; la plupart sont déjà tombées dans la nuit de l'oubli, et il n'est resté trop souvent que

---

(1) L'aveu en a été fait explicitement au conseil supérieur, par un des promoteurs, dans la session de 1880.

mal résultant d'attaques inconsidérées ou injustes. Nous n'ouvrirons pas le chapitre des petites ambitions personnelles et locales, cela nous entraînerait trop loin. Il est arrivé, du reste, que des revendications qui, dans le principe, n'avaient pas d'autre mobile, sont devenues raisonnables. La création de nouveaux départements est de ce nombre, car il est incontestable que depuis l'extension de l'autorité civile les préfets ne peuvent administrer comme il le faudrait les immenses territoires soumis à leur autorité. Il faut fractionner, mais voici justement où le principe de l'assimilation pure et simple va donner la mesure de son illogisme. Si l'on crée de nouveaux départements avec tout ce que comporte l'installation d'une préfecture en France, on va grever le budget algérien de nouvelles et considérables dépenses et trop souvent on se trouvera matériellement dans l'impossibilité d'organiser tous les services dans de petites localités n'offrant pas, à divers point de vue, les ressources nécessaires. Il faudrait donc trouver un moyen terme, comme on l'a fait pour les communes mixtes, au lieu de copier servilement la France. Il y aura en outre une grande difficulté, c'est de partager dans des conditions logiques l'administration du pays et nous ne voyons de solution qu'en faisant des départements du littoral et un ou plusieurs départements du Sud. Mais qu'importent ces difficultés, on veut une préfecture pour donner plus d'importance à telle localité et ne plus être tributaire de telle ville rivale. Et puis, cela fait des places de toute sorte, y compris celles de député, de sénateur et de président du conseil général.

Parlons aussi de la présence des assesseurs musulmans dans les conseils généraux, qui est vivement attaquée. S'ils n'avaient eu que voix consultative, comme le nom d'assesseurs semble l'indiquer, on ne réclamerait pas, car il faut bien que l'élément indigène soit représenté; mais ils votent et votent presque toujours selon les vues de l'administration et nomment aux diverses fonctions les candidats qu'elle a pour agréables. Il en résulte que l'opinion des conseils généraux est trop souvent faussée : *inde iræ*. Diverses solutions ont été proposées. On a parlé de fonder une assemblée uniquement composée d'indigènes, élus ou désignés; mais on ne s'est pas rendu compte que ces braves gens ne connaissaient rien à nos règles administratives et que, livrés à eux-mêmes, ils ne sauraient rien faire de bon. D'autres, ceux qui voient dans l'élection le remède à tous les maux, proposent de faire élire les assesseurs actuels, soit par le suffrage universel de leurs coreligionnaires, soit au second degré, par les conseillers municipaux indigènes. On peut essayer, mais, à coup sûr, le résultat sera le même, par cette raison que, dans la population arabe, il existe actuellement trop peu d'individus assez instruits, assez au courant de notre civilisation et assez indépendants pour fournir un personnel convenable aux conseils généraux. C'est encore un progrès à remettre à plus tard. En attendant, il vaut peut-être mieux garder ce que l'on a : les Français ont la grande majorité dans les conseils généraux et les intérêts spéciaux des indigènes sont représentés. Il serait certainement préférable de ne leur donner que voix consultative, ou tout au moins de ne pas les faire voter dans des questions qui ne les intéressent en rien et qu'ils ne peuvent comprendre et de réserver l'élection des membres du bureau aux Français seuls.

On s'est occupé également, et depuis longtemps, à chercher le moyen de fournir du crédit aux colons, et il n'est pas d'hérésies économiques qu'on n'ait imprimées à ce sujet. Chose curieuse : plus le projet est extravagant et plus il y a de chances de réussir dans le public. Et pourtant la question est bien simple : aussitôt que le colon a une propriété offrant des garanties réelles, il trouve de l'argent, car les fonds abondent, et ce n'est pas parce qu'il paiera un ou deux francs de plus ou de moins pour cent, comme intérêt, que sa situation sera bien modifiée. En un mot, pour avoir de l'argent, il faut un gage; c'est une chose élémentaire, et, en dehors de cela, on ne fera rien, car on ne peut pas édicter qu'on prêtera dans d'autres conditions que celles du cours du marché, résultant de l'offre et de la demande et des règles consacrées pour la garantie du prêteur. En matières de finances, l'arbitraire n'existe pas; tout procède de lois dont on ne peut s'écarter.

A ce point de vue la loi présentée par M. Albert Grévy sous la rubrique de « Crédit des colons » prête le flanc à de nombreuses critiques et nous sommes étonnés que les légistes du Parlement l'aient sanctionnée. Un code civil forme un édifice dont il est difficile d'enlever une seule pierre; aussi, malgré tout notre désir de voir les colons trouver du crédit, nous ne pouvons approuver une loi qui consacre le bouleversement de notre législation en matière d'hypothèque et qui ne tardera pas à avoir des conséquences déplorables. Il en résulte, en effet, la disparition de tous les droits antérieurs des créanciers, tombant devant la dernière hypothèque, même s'ils ont pris naissance depuis la concession. On comprend combien il sera facile au colon de mauvaise foi de frustrer tout le monde. La loi, il est vrai, impose à l'emprunteur l'obligation de fournir la preuve que les fonds ont servi à la mise en valeur de la concession, mais il y a là pétition de principes, puisque le notaire ne peut délivrer les fonds qui doivent servir aux travaux que si on lui fournit la preuve qu'ils ont déjà reçu cette affectation ! Ajoutez à cela l'incertitude résultant de l'arrêté d'éviction suspendu sur la tête du concessionnaire et dépendant du bon plaisir de l'administration et l'on reconnaîtra qu'il faudrait que les prêteurs eussent bien envie de se dessaisir de leur argent pour le donner dans de telles conditions. On est donc allé à l'opposé du but et c'est avec raison que l'on a appelé cette loi *le discrédit des colons*.

Le rétablissement de la sécurité fournit aussi un thème inépuisable aux discussions. Nous n'en dirons rien, ayant traité en détail cette question dans un chapitre précédent. Rappelons cependant que certaines personnes trouvent qu'il y aurait encore quelque chose à faire pour l'organisation des forces des colons, en dehors de l'armée territoriale. En effet, dans les villages dépourvus de garnison, il n'existe aucun noyau de résistance, depuis la suppression des milices. Les Français de vingt-deux à trente ans font partie de la réserve, et, de trente à quarante, de la territoriale et ont des armes chez eux ; mais leurs compagnies ont leur point de réunion souvent très loin et, en cas de mobilisation, ils sont obligés d'abandonner leur village ou leur ferme, laissant chez eux les hommes au-dessus de quarante ans et les étrangers, non armés et sans chefs. Il y a là une lacune ; il est vrai qu'en cas de danger public, l'administration a le droit d'armer tout le monde à la hâte et d'incorporer même les étrangers ; mais on connaît les inconvénients de ces armements et de ces organisations précipitées et il serait bien préférable que tout fût prêt depuis longtemps, que les plans de défense fussent préalablement tracés et que chacun sût à quel chef il doit obéir et de quelle façon il faut se grouper.

On a appliqué à l'Algérie la loi sur l'organisation de l'armée en France, en lui faisant subir quelques modifications dont la plus importante est la réduction de la durée du service à un an; pour l'armée territoriale l'organisation est absolument identique. Or l'économie de notre loi militaire, votée après les désastres de 1870, consiste à permettre d'armer tous les citoyens par la mobilisation générale, en cas d'invasion; toute la force de notre organisation actuelle est dans la réserve de l'armée active et dans l'armée territoriale. En temps ordinaire, non seulement les effectifs des unités tactiques sont insuffisants mais encore ils sont composés des plus mauvais éléments, c'est-à-dire des soldats les plus jeunes, les plus faibles et les plus inexpérimentés. C'est à cet inconvénient que sont dus les quelques déboires survenus dans la campagne de Tunisie, et si cela n'enlève rien à la force de la constitution actuelle de l'armée en cas de mobilisation générale, il y a là un enseignement dont on devra profiter en complétant notre loi.

Mais revenons à l'Algérie. Tout le monde comprendra qu'il faudrait qu'ici toutes les forces fussent employées et organisées de façon à pouvoir se grouper rapidement et rendre des services immédiats. Or nous avons vu que les jeunes gens font tous une année de service actif et huit années de réserve dans l'armée active; en cas de guerre, il faut donc qu'ils abandonnent leurs villages pour rejoindre leurs corps. Reste l'armée territoriale; mais elle ne comprend que les Français de 29 à 40 ans, et de plus, pour l'appeler, en dehors des périodes d'exercice, il faut une loi ou tout au moins un arrêté du gouverneur qui hésite toujours à mobiliser, même partiellement. Enfin, le territorial étant mobilisé doit souvent quitter sa ferme ou son hameau pour se rendre à son centre de mobilisation. Il résulte de ces difficultés que cette force n'est pas employée et l'on a pu voir une ville comme Batna, en 1879, pendant la révolte de l'Aurès, rester plusieurs jours sans troupes, exposée aux entreprises des maraudeurs, alors que les citoyens demandaient à être armés et à faire le service de place pour protéger leurs foyers.

Il en a été de même à Saïda en 1881, alors que Bou Amama était à quelques lieues de la ville. Si le danger était grand pour des localités de cette importance, et ayant des fortifications, il l'était bien davantage pour les villages ouverts et sans défense. Ainsi le service de l'armée territoriale en Algérie ne consiste qu'à déranger les colons pour la période annuelle d'instruction, sans aucun profit, et à ce point de vue les anciennes milices, organisées par villages, et ayant un service permanent, étaient bien plus pratiques et ont prouvé plus d'une fois leur utilité. C'est ce qui a porté le conseil général d'Oran à émettre un vœu demandant le rétablissement des milices algériennes.

Enfin, en écartant de l'armée territoriale les hommes au-dessus de 40 ans et les étrangers, on s'est privé d'excellents éléments qui auraient doublé l'effectif.

Frappé de ces inconvénients, le précédent gouverneur a présenté une loi, que les Chambres ont votée sans modification, et par laquelle l'administration a été autorisée à distribuer aux colons *appartenant à l'armée territoriale* des armes et des effets (1). C'est un faible palliatif; la

---

(1) Loi du 21 avril 1881.

détérioration des armes et des effets ainsi abandonnés sans surveillance sera considérable et, en cas de danger pressant, les quelques hommes armés dans chaque village présenteront une force sans ordre ni cohésion.

A côté de ces graves questions vient se placer le mode d'attribution des terres, dont l'importance est non moins grande.

Jusqu'à présent, ainsi que nous 'l'avons dit, on n'a procédé que par le système de la concession, sans conditions, ou avec clauses résolutoires, ou sous forme de bail. La vente, essayée quelquefois, a toujours été l'exception. Nous avons fait ressortir (1) les inconvénients de la concession faite à des gens sans ressources. Les vices de ce système frappent tout le monde, et cependant on y persiste; mais comme les terres disponibles manquent presque partout, l'administration s'est vue contrainte d'en acheter. Dans ce but, le précédent gouverneur a présenté un projet de loi, par lequel il a demandé aux Chambres cinquante millions pour appliquer tout un programme de colonisation. Si cette loi est votée, comme tout le fait prévoir, nous continuerons à lire chaque année dans les comptes rendus officiels, que le gouvernement a créé tant de villages, et attribué tant de lots. On tient, paraît-il, à ces chiffres et l'on ignore que la plupart de ces villages sont établis dans des localités éloignées, manquant de voies de communications et des ressources les plus élémentaires; et, pendant ce temps, les anciens villages qui ont traversé la période critique du commencement, qui ont vu s'éloigner les deux tiers de leurs premiers habitants et qui ont une population actuellement bien

---

(1) Au chapitre : *la Colonisation*.

fixée, manquent de terres et auraient besoin que l'on fît encore quelques sacrifices pour assurer définitivement leur réussite. Qu'ils continuent à végéter, c'est la colonisation officielle qui le veut ainsi : il faut que tel fonctionnaire attache son nom à de nouvelles créations; quant à celles entreprises par ses prédécesseurs, il n'en a que faire !

Voilà l'ornière dans laquelle on reste embourbé depuis quarante ans; comme si tous ces essais n'avaient pas été tentés ailleurs; comme si la colonisation n'était pas soumise à des lois, de même que les autres faits économiques.

Les partisans de la vente des terres à prix fixe ou même aux enchères sont nombreux en Algérie; mais ceux qui prétendent à la manne des concessions sont encore plus considérables. En réalité cette question se tranchera d'elle-même et avant peu, par le manque absolu de terres domaniales. Et quand les terres arabes seront devenues disponibles par la constitution de la propriété individuelle, la situation redeviendra normale, c'est-à-dire que la colonisation s'étendra par suite des transactions. Les capitalistes algériens ont déjà commencé à acheter des immeubles et à placer en terres les fonds qui ne leur rapportaient plus les beaux intérêts d'autrefois; ce mouvement s'accentuera et on en arrivera ainsi au même résultat que si on avait commencé par la vente : le capital terre aux mains de ceux qui auront la puissance de lui faire rendre ce qu'il peut donner. Et comme le prolétaire ne recevra plus de concessions, il se fera fermier, ne sera plus condamné à rouler son rocher de Sysiphe. vivra plus heureux, avec l'espoir légitime fournira de devenir propriétaire pour de bon, et par ses bras au capitaliste le moyen de mettre en valeur ses terres.

Pour terminer ce chapitre il nous reste à parler de la grosse question de l'impôt. Nous avons indiqué plus haut les sources de revenus du gouvernement général, des départements et des communes. Presque partout les budgets de recettes donnent de forts beaux chiffres, mais comme les besoins sont grands dans un pays où tout est à créer, ils ont été bientôt insuffisants. Alors on a eu recours à la grande ressource, l'emprunt; quand les moyens qu'on s'était ainsi procurés ont été épuisés, on s'est trouvé dans une pénurie plus grande, malgré l'augmentation constante des revenus, parce que le budget était grevé du service des intérêts et des amortissements. On s'est donc préoccupé partout de créer de nouvelles ressources et l'on a proposé à ce sujet des moyens fort divers.

On a pensé d'abord à l'impôt foncier; mais dans un pays neuf, où la terre n'a pas encore atteint sa valeur, il serait bien peu sage de grever l'agriculture. Et puis, il faudrait au préalable faire l'immense opération du cadastre, aussi coûteuse que difficile à exécuter. Cette idée a donc été, en général, abandonnée, bien que quelques personnes proposent encore de constituer en principe l'impôt foncier et de ne frapper que des centimes additionnels.

D'autres parlent de grever d'une taxe la propriété bâtie seulement. Nous espérons que l'injustice de ce moyen le fera repousser, car la première condition que doit remplir un impôt c'est de se répartir autant que possible également, et il n'y a pas à démontrer que si l'on frappe exclusivement la propriété, on pousse le propriétaire à se dessaisir de ses biens-fonds et à placer toute sa fortune en valeurs, ce qui est un véritable danger pour un Etat (1).

On s'est pris, dans ces dernières années, à attaquer ce malheureux impôt arabe qui fournit à lui seul le plus clair des ressources des départements. On lui reproche de ne pas être fixe et nous avons vu, en effet, qu'il dépend de la récolte, dont il est censé représenter le dixième. Or, dans ces dernières années, les récoltes ayant été mauvaises, ce produit a diminué. Pour remédier à cet inconvénient on propose de le transformer d'impôt de quotité en impôt de répartition. C'est-à-dire que l'on passerait avec les douars une sorte de forfait en basant le chiffre à verser sur la moyenne de cinq ou six années. Ce ne serait ni plus ni moins que le retour au système turc affermant la tribu à un Caïd pour une somme fixe et nous nous étonnons que les inventeurs de ce projet n'en aient pas mesuré la conséquence, au double point de vue de la moralité de la perception qui se ferait arbitrairement et, nous ajouterons, difficilement, par des intéressés, et du manque de certitude.

Le remède est donc pire que le mal. Le rendement de cet impôt est basé sur la récolte; il faut en prendre son parti et se résigner à le voir baisser quand la récolte sera mauvaise et augmenter lorsqu'elle sera bonne. Quant au mode de perception, celui qui repose sur la quotité est le seul logique et pratique. Ce que nous ne comprenons pas, c'est que cet impôt diminue sans cesse, alors que la population indigène augmente, que sa situation de

---

(1) Ce n'est pas sans surprise que nous avons vu le gouverneur proposer au Conseil supérieur l'adoption de cet impôt pour relever les finances départementales.

fortune est, en général, plus aisée et qu'elle possède encore plus de terres qu'elle n'en peut cultiver.

L'octroi de mer qui, avec le précédent, constitue les véritables sources des grandes recettes (1), offre le double avantage exigé pour les bons impôts, de se répartir également et d'être d'une perception facile. M. Grévy voulant doter ses nouvelles communes a, par un simple arrêté, augmenté les droits grevant certaines marchandises et, ainsi, les ressources ont été tout naturellement trouvées du jour au lendemain, sans que personne, pour ainsi dire, s'en aperçût.

Tant que nous aurons en Algérie ces deux mamelles, ne nous plaignons pas! Seulement, une modification pourrait, avec fruit, être apportée dans le mode de répartition de l'octroi de mer. Nous avons vu qu'on le partageait entre les communes au prorata de la population, en comptant les israélites et les indigènes des villes pour un huitième de leur chiffre. Il est temps, au moins pour les israélites qui sont citoyens français, de faire disparaître cette inégalité. En droit ces contribuables sont Français; en fait, ils consomment à peu près autant que les européens.

Les questions actuelles sont, on le voit, nombreuses et importantes. Malheureusement les Algériens sont peu d'accord sur leur solution. Chacun parle sans s'occuper de son voisin et, cependant, une des premières choses à faire serait d'arrêter un programme commun. On ne comprend pas qu'un étranger débarquant ici puisse s'y reconnaître dans un pareil chaos et, pour arriver à se

---

(1) L'octroi de mer a donné en 1880 4.824.362 francs de produit *net*. Ce chiffre doit être plus élevé maintenant par suite de l'augmentation des tarifs.

faire un opinion, il doit falloir un esprit particulièrement sagace et pénétrant.

Le nouveau gouverneur M. Tirman a déclaré qu'il était venu ici sans idées préconçues, tant mieux! Les jugements a priori sont souvent réformés; qu'il prenne le temps d'étudier le problème et qu'il n'agisse qu'en connaissance de cause. Il a dit également qu'il était venu pour faire *l'essai loyal* du système des rattachements, après quoi il proposera, s'il est nécessaire, les modifications qui seront indiquées par la pratique.

Nous prenons acte de ces déclarations.

CONCLUSION

Considérations générales. — Nous avons essayé, dans les pages qui précèdent, de donner un aperçu de ce qui a été fait par la France, en Algérie. Nous nous sommes efforcé, pour chaque sujet, de nous replacer au point de départ et de suivre la voie parcourue, les progrès réalisés. Nous avons montré les difficultés, les incertitudes, les erreurs du début, toutes choses qui accompagnent infailliblement les entreprises humaines. Nous avons cherché à redresser, au cours du récit, quelques préjugés et à replacer tout au point. Enfin, nous avons exposé la situation actuelle au double point de vue matériel et moral, et ouvert, par-ci, par-là, quelques vues sur l'avenir.

L'importance de la colonisation entreprise par la France dans le nord de l'Afrique n'est plus à démontrer. Son avenir est immense, et, si les sacrifices faits pendant de longues années par la mère-patrie ont été lourds, si de nouvelles dépenses seront encore longtemps nécessaires, il ne faut pas le regretter, car le champ ouvert à notre activité est illimité. « Toute colonie, — a dit excellemment M. Jules Duval (1), — pour peu qu'elle ait été bien conçue et soit bien conduite, est une source d'honneur pour la métropole. Il y a honneur à prendre part à l'exploration et à l'exploitation du globe, ce qui est la mission suprême de l'humanité sur la terre. »

---

(1) L'art de coloniser.

Notre race dont le peu d'accroissement préoccupe à bon droit les économistes et les patriotes, en présence de l'expansion de l'élément anglo-saxon et germanique, trouvera en se reportant sur l'Afrique l'objectif qui lui manque en Europe. Le Français n'aime pas à émigrer à l'étranger ; mais, quand il sera bien pénétré de cette idée qu'en traversant la Méditerranée, il retrouvera son pays, avec sa langue et ses mœurs, nul doute qu'il ne se porte sur l'Afrique. Ce sera, pour l'accroissement de notre race, le stimulant nécessaire qui lui fait défaut. Aussi ne pouvons-nous que répéter ce que nous avons dit ailleurs : « La conquête et l'occupation de l'Algérie nous fournissent le moyen de compenser toutes nos pertes, et nous ne craignons pas de dire que c'est un des faits les plus considérables de notre histoire (1). »

Placée à trente heures de traversée de la France, la grande colonie africaine lui fait face et prolonge sa ligne de côtes, de l'ouest à l'est, de l'embouchure de la Tafna au golfe de Gabès, assurant notre prépondérance sur la Méditerranée devenue un lac français. Quant à ce qui a été fait par la France en Algérie, depuis un demi-siècle, sur quoi vingt-cinq années ont été employées à la conquête, les données statistiques et les chiffres qui précèdent permettent d'en juger.

Nous avons établi une population européenne de 430.000 âmes, actuellement bien acclimatée, dans cette contrée qui ne renfermait que 2.500.000 indigènes, berbères et arabes, la plupart à demi sauvages et en guerre les uns contre les autres, pays barbare ou le chrétien n'avait le droit de vivre que comme esclave.

---

(1) L'Algérie en 1880, p. 265.

A un mouvement commercial d'à peine sept millions, nous avons substitué un chiffre d'importations et d'exportations de cinq cents millions, dont la France profite, pour la plus grande partie. Etant donné l'accroissement de ces dernières années, ce chiffre atteindra *un milliard* avant dix ans.

Le long de cette côte inhospitalière qui n'offrait aux navires que de pauvres criques servant de repaires à des pirates rendant toute navigation dangereuse dans la Méditerranée, nous avons créé de bons ports et construit des phares qui éclairent les saillies du rivage.

Le pays a été sillonné de routes et de 1.500 kilomètres de chemins de fer. Des ponts ont été jetés sur les rivières dont les eaux ont été déversées sur les terres par des barrages. Le télégraphe étend son réseau jusque dans les contrées les plus reculées.

Partout, dans les plaines, comme dans les montagnes, sur le littoral comme dans le désert, les villes, les villages, les fermes, se sont construits ; les terres ont été mises en culture, les forêts aménagées, les broussailles défrichées, les marais desséchés, les industries créées, les mines exploitées, et maintenant la vigne étend ses pampres sur les coteaux qui servaient autrefois de refuge aux bêtes féroces et aux brigands.

Et au milieu de ces travaux, les besoins de l'esprit n'ont pas été oubliés : lycées, écoles, bibliothèques, théâtres, même, ont été créés simultanément.

Tout cela a été fait, en outre de la conquête par les armes, durant ces cinquante années, et il est ici beaucoup d'hommes qui ont assisté, depuis le début, à cette transformation, qui y ont pris part comme acteurs, et qui peuvent dire ce qu'était, autrefois, cette contrée. Et cependant on trouve des esprits chagrins qui prétendent qu'on n'a rien fait, et l'on répète, avec ce goût du dénigrement contre nous-mêmes qui nous caractérise, que nous ne savons pas coloniser. Certes, il reste encore beaucoup à faire, mais ne nions pas ce qui a été réalisé et quant à affirmer qu'on pouvait faire plus ou mieux, nous ne nous en sentons pas le courage, car pour bien juger des choses, il faut se replacer au début et non quand la situation est modifiée. Enfin les fautes et les erreurs, nous l'avons dit, sont inséparables de toutes les entreprises humaines et nous défions nos détracteurs de citer des colonisations où il ne s'en soit pas produit.

Moins sévère pour nous que nous-mêmes et peut-être plus éclairé par ses voyages, un étranger, M. P. de Tchihatchef, vient, dans un beau livre (1), de rendre pleinement justice à la France, pour les résultats obtenus par elle en Algérie. « Ainsi, — dit-il, — contrairement à l'opinion fréquemment reproduite, d'après laquelle les Français ne posséderaient pas au même degré que quelques autres peuples le don de la colonisation, je crois avoir démontré par des faits irrécusables que, sous ce rapport, la France n'a rien à envier aux nations les plus privilégiées et que l'œuvre accomplie en Algérie n'a été surpassée nulle part, égalée rarement (2). » Et plus loin : « En présence de faits aussi péremptoires s'évanouissent les doutes, les appréhensions que la malveillance ou l'ignorance s'étaient plu, pendant si longtemps, à jeter sur l'avenir de ce beau pays (l'Algérie). Désormais, les plus opiniâtres détracteurs de la France n'oseront plus

---

(1) Espagne, Algérie, Tunisie, par M. P. de Tchihatchef, correspondant de l'Institut de France. Gr. in-8º de 580 p. (Dumaine, 1880).

(2) Préface IX.

lui adresser le reproche de ne point posséder l'esprit colonisateur, reproche qui, malheureusement, a été plus souvent répété par les Français que par les étrangers, peut-être, parce que les premiers parlaient le plus souvent de ce qu'ils n'avaient pas vu, tandis que les derniers se donnaient la peine d'observer le pays sur les lieux mêmes (1). »

Un autre voyageur, peu suspect de tendresse à notre endroit, l'allemand Rohlfs, a écrit également à ce sujet : « Quiconque a pu voir, comme moi, les prodigieux travaux exécutés par les Français en Algérie, n'éprouvera qu'un sentiment de pitié pour ceux qui, en présence de toutes ces œuvres admirables, oseraient prétendre que les Français ne savent pas coloniser. »

Voilà des témoignages qui ont du poids, et, en vérité, nous devrions commencer à être plus justes envers nous mêmes, ne serait ce que pour ne pas décourager nos enfants. La confiance est nécessaire et double le courage.

Nous le répétons, l'avenir de la colonisation française dans le nord de l'Afrique n'a pas de limites, car, au delà de l'Algérie, nous avons le Soudan. C'est notre futur domaine où nous arriverons par le nord et par l'ouest : nos établissements algériens et nos établissements sénégalais doivent se rejoindre sur les bords du Niger. Qui peut dire quelles ressources nous offrira la colonisation du Soudan? Et, à un autre point de vue, c'est la belle mission de civiliser l'Afrique septentrionale qui nous est échue en partage.

Voilà l'œuvre vraiment nationale à laquelle nous devons employer toutes nos forces vives, au lieu de les

---

(1) p. 459.

user dans les luttes stériles des compétitions politiques. Ah! nous reconnaissons que ce programme ne pourra être exécuté en un jour; il faudra, pour le réaliser, des efforts continus, des sacrifices incessants, pendant une longue série d'années; mais ce n'est qu'en se passionnant pour une noble idée, en la suivant avec persévérance, que les nations deviennent grandes.

Quant à nous, nous ne voyons pas d'autre avenir pour notre patrie. Elle n'a pas, en effet, d'extension territoriale à espérer en Europe. Enserrée entre des voisins dont le nombre augmente avec rapidité, il faut qu'elle trouve un domaine ailleurs, et, par une singulière fortune, elle le possède à ses portes. Tandis que l'Allemagne expédie son trop plein en Amérique, ou ses nationaux se fondent dans un autre peuple, la France peut se dédoubler et son émigration, loin de l'affaiblir, contribuera à la renforcer. Enfin la révolution que les nouveaux procédés agricoles amèneront forcément en France, pays morcelé et de petite culture, si l'on veut lutter contre la concurrence américaine, rendra disponibles des bras qui trouveront un excellent et fructueux emploi en Afrique. Ainsi, si nous n'avions pas l'Algérie, la solution du problème serait beaucoup plus difficile et nous verrions l'avenir de notre race beaucoup plus compromis. Là est notre salut. Il s'agit de faire pénétrer cette assurance dans les cœurs français; de secouer cette torpeur dans laquelle beaucoup d'hommes s'engourdissent; d'ouvrir cet esprit national, si riche et si fécond, à l'idée des entreprises lointaines, et de déterminer les capitalistes à employer leurs fonds dans cette province française, au lieu de les exposer dans des placements à l'étranger. Cet à l'initiative privée et aux capitaux particuliers qu'il appartient de compléter l'œuvre de colonisation entreprise par la France en Afrique.

Question tunisienne. — Au point de vue de l'extension de l'influence française dans le nord de l'Afrique, nous ne saurions trop nous féliciter des résultats obtenus en Tunisie, dans l'année 1881. Il était absolument urgent d'empêcher une nation étrangère de prendre pied dans ce pays si intimement lié à l'Algérie; d'autre part, il était impossible de tolérer plus longtemps les déprédations des Tunisiens que la faiblesse de leur gouvernement ne pouvait contraindre à respecter notre frontière. Nous tenons maintenant les principaux postes de la Tunisie : il faut y rester et conserver ce que nous avons conquis, en somme, à peu de frais.

Et qu'on ne vienne pas objecter que notre extension en Tunisie nous entraînera à des dépenses considérables, sans parler de la rivalité qu'elle pourra susciter contre nous chez des nations voisines. De ce dernier grief, nous ne dirons rien, estimant qu'en politique un pays doit chercher ses propres intérêts et n'est nullement tenu de faire les affaires de ses voisins, ne serait-ce que pour ne pas avoir à exiger d'eux de la reconnaissance. Et puis, c'est maintenant un fait accompli : on a eu la difficulté de le faire admettre, il ne reste qu'à en tirer profit. Quant au premier point, nous pensons, au contraire, que nous entrons en Tunisie dans des conditions particulièrement favorables, en raison de l'analogie du pays avec l'Algérie, de sa proximité, et de l'expérience que nous avons acquise des populations du nord de l'Afrique. Enfin, nous y arrivons par l'étape du protectorat, ce qui est encore un avantage; nous trouvons un gouvernement vermoulu et sans prestige, des populations ruinées par les charges écrasantes d'une mauvaise administration et démoralisées par les exactions et la tyrannie des agents subalternes. En prenant peu à peu la direction des affaires en mains, comme on le fait, nous ne tarderons pas à acquérir une grande influence sur les Arabes de la Régence, qui viennent à nous naturellement et se placent sous la protection de notre justice; en même temps, les intérêts français se fixeront de plus en plus dans le pays, le nombre de nos compatriotes augmentera, et il arrivera un jour où l'on passera, sans transition, du protectorat à l'annexion. Nous estimons que ce moment est proche et ne saurait être retardé sans danger.

Mais, dira-t-on, il faudra entretenir, pendant de longues années, un corps d'occupation important. D'abord, on conviendra que l'acquisition d'un pays comme la Tunisie, même en ne parlant que de la valeur intrinsèque, vaut bien quelques sacrifices; du reste, si nous conservions l'Algérie, — et nous pensons que personne ne voudrait s'en déssaisir, — il fallait en venir là, un jour ou l'autre, et le plus tôt n'est que le meilleur. En second lieu, nous sommes convaincu qu'on peut conserver intact le protectorat et même administrer directement le pays, sans trop grever le budget de la métropole. Il n'y a qu'à procéder comme on l'a fait en Algérie dans les premiers temps, en se servant largement des indigènes, sous la direction de chefs français. Nous avons justement tout un personnel d'officiers du bureau arabe et d'interprètes militaires disponible, personnel intelligent, discipliné, qui, avec l'aide de chefs indigènes et de spahis, administrera parfaitement le pays. Les dépenses des troupes régulières dont l'effectif pourra être grandement réduit, devront être supportées par le budget de la Régence. Et quand quelque tribu ou quelque région aura, conformément à des habitudes séculaires, secoué le joug de l'autorité, on formera une colonne qui aura bientôt mis les rebelles à la raison. On pourra, pour commencer, marcher ainsi, à peu de frais, et, quand la colonisation du pays par l'élément français le permettra, ou abandonnera ce système et l'on passera de cet état transitoire à un mode d'administration plus perfectionné.

On nous reprochera peut-être de préconiser pour la Tunisie une institution fort décriée en Algérie, le bureau arabe, et, à ce sujet, une déclaration de principes ne sera pas hors de propos. Nous l'avons déjà proclamé ailleurs, le bureau arabe a rendu en Algérie les plus grands services, dans les premiers temps de la conquête, et l'on peut dire de lui que s'il n'avait existé, il eût fallu l'inventer. Son tort a été de vouloir se survivre alors qu'il devait disparaître, quand la pénétration du pays par la colonisation était suffisante. Attaqués avec une extrême violence par les colons et la presse algérienne, les officiers du bureau arabe se sont posés en adversaires systématiques de la colonisation et c'est à leur influence qu'a été due cette tentative criminelle et insensée qu'on a appelée l'essai de royaume arabe. La logique des choses a triomphé de ces desseins anti-patriotiques. Voilà en quelques mots le procès du bureau arabe. Cela n'enlève rien aux services rendus par les premiers officiers; d'ailleurs, les officiers actuels n'ont plus les idées de ceux de 1860. En tout cas, on est prévenu de part et d'autre et il est très certain que les mêmes inconvénients ne se reproduiraient pas. Quant à l'élément indigène nous pensons qu'on peut en tirer un excellent parti dans la première période de l'occupation ; il n'y a qu'à savoir l'employer.

Pour clore ce paragraphe consacré à la Tunisie, nous ne pouvons résister au désir de citer ce qu'en disait, en 1880, le voyageur dont nous avons reproduit plus haut un fragment. C'est un étranger qui parle, alors que rien ne pouvait faire présager l'occupation prochaine du pays par nos troupes. Rappelant que sir G. Temple, admirant la fertilité de la Tunisie, a dit : « Si jamais la Tunisie devenait une colonie britannique, cette contrée deviendrait le grenier de l'Europe », M. de Tchihatchef ajoute : « C'est là un *pium desiderium* sur lequel l'Angleterre ferait bien de consulter la France, quand ce ne serait que pour décider cette dernière à faire ce qu'on est étonné de ne pas voir déjà fait depuis longtemps. Jamais on n'éprouve plus vivement cette surprise et ce regret que lorsqu'on arrive directement de l'Algérie en Tunisie, car jamais et nulle part, la nature ne paraît avoir réuni plus intimement deux contrées que le caprice des hommes a séparées, en restituant l'une à la civilisation et abandonnant l'autre à la barbarie. Ainsi Bône, située près de la frontière entre ces deux pays, si semblables sous le rapport de leur configuration physique et de leur population indigène, paraît marquer la limite entre deux mondes complètement différents. D'un côté, des campagnes florissantes, animées de villages européens, traversées par des routes qui pénètrent bien avant dans le désert et, le long de ces routes, partout des maisons hospitalières destinées exclusivement à l'usage des voyageurs, tandis que, de l'autre côté, des solitudes arides, accessibles pendant la saison des pluies, seulement au piéton et au cavalier ; nulle part le moindre refuge pour l'étranger habitué, tant soit peu, aux exigences de la vie civilisée ; en un mot, quelques heures de marche sur le littoral africain suffisent pour entrer de plain-pied dans l'orient immobile des siècles passés, après avoir franchi le seuil de cet autre orient, orné de tous les prodiges de la civilisation européenne.

« Sans doute le temps ne peut manquer de faire justice de cette choquante anomalie et la Tunisie qui, sous tous les rapports n'est guère que la continuation et même le prolongement nécessaire de l'Algérie, doit un jour être rattachée à cette dernière, réparant ainsi les profondes blessures que lui a infligées cette séparation contre nature. C'est une question d'humanité, mais c'est aussi une question d'intérêts français...

« A une époque comme la nôtre où les annexions se pratiquent sous tous les prétextes possibles, il n'est pas d'annexion qui réunisse en sa faveur plus de motifs légitimes, en sorte que, s'il n'y avait pas un parti pris de l'ajourner, le gouvernement français eût cédé depuis longtemps aux graves considérations que doit lui suggérer l'état fâcheux de la contrée attenante à la frontière tunisienne...

« C'est cette heure décisive que tous les amis de l'humanité, en général, et de la France en particulier, attendent avec impatience. C'est alors seulement que la mission providentielle de la France en Afrique sera accomplie (1). »

Ce témoignage désintéressé n'est-il pas la justification éclatante de nos actes en Tunisie ? C'est la meilleure réponse qu'on puisse faire aux protestations de la Porte

---

(1) *Espagne, Algérie, Tunisie*, pp. 554 et suiv.

et à ses menaces de revendication par les armes de ses prétendus droits.

La défense des frontières. — A l'ouest de l'Algérie, l'*empire* du Maroc offre de grandes analogies avec la Tunisie, mais les conditions des deux pays ne sont pas les mêmes. Le Maroc est un pays bien défini et enclos par ses limites naturelles, à la condition toutefois de reporter les nôtres jusqu'au cours de la Moulouia. C'est une contrée difficile, habitée par une population en grande partie berbère, indépendante de fait, en maints endroits, et qui défendrait, avec acharnement, ses montagnes, contre une invasion étrangère. Aussi, de ce côté, ne devons nous penser, pour le moment, qu'à une rectification de frontière, mesure absolument nécessaire, en raison de l'incertitude des limites actuelles.

Pour le Sud, la question est indifférente; là, nous devons chercher à étendre sans cesse notre action et, par conséquent, notre ligne d'occupation. Ouargla, L'Aghouat, Géryville et Aïn Be-Khelil, sont actuellement nos points les plus avancés. Tout d'abord notre protectorat sur le Mezab doit se transformer en administration directe. Cette *Chebka* appuyée, d'un côté sur Ouargla et, de l'autre, sur L'Aghouat, doit nous servir de base d'opérations pour notre marche vers le Soudan. Insalah et le Touat doivent être le but de notre prochaine étape. Pour cela, il est indispensable de créer des corps spéciaux où l'élément indigène entrera pour la plus grande part. Ces troupes devront avoir une organisation particulière et des montures leur permettant de pousser des *rids*. De cette façon elles pourront lutter avantageusement contre les écumeurs du désert.

Nous avons vu que, dans l'hiver 1881-82, divers expéditions avaient été faites dans le Sahara de la province d'Oran et que les Keçours de cette région avaient été visités par nos soldats. Le résultat pratique de ces promenades fatigantes et coûteuses ne pouvait être que bien faible : l'affaire de Tigri vient d'en donner la preuve. Nous ne cesserons de le répéter : ces expéditions dans le Sud sont inutiles, si l'on ne veut pas occuper. A notre avis, la question doit être comprise autrement, et pour exprimer notre pensée à cet égard, il faut entrer dans quelques développements.

Le Tel de la province de Constantine est garanti contre les incursions des nomades du Sud par le massif de l'Aurès; celui de la province d'Alger est également protégé par sa situation géographique. Il n'en est pas de même dans la province d'Oran : là, les hauts plateaux donnent de plain-pied dans le Sahara et toute cette frontière est ouverte. Il y a donc des mesures particulières à prendre si l'on veut éviter le retour de faits aussi déplorables que la *Razia* de Bou-Amama.

Les Romains, qui se trouvaient ici dans des conditions identiques aux nôtres, étaient également exposés aux incursions des berbères du Sud qu'ils nommaient *Gétules*. Ils ont fait, à ce sujet, les mêmes écoles que nous et ont passé par des épreuves semblables. Eux aussi ont essayé d'atteindre leurs insaisissables ennemis dans les mêmes parages, et l'on se rappelle la belle expédition de Suetonius Paulinus jusqu'au fleuve Ger, l'ouad Guir actuel, en l'an 41 de notre ère. Sauf au point de vue géographique, le résultat a été à peu près nul; les Gétules ont renouvelé leurs incursions et il a fallu trouver un système plus efficace de protection. A cet effet, on a établi, sur la frontière, une ligne continue de postes fortifiés. Dans les intervalles de ces fortins, ou en avant d'eux, on a placé des corps de troupes, indigènes pour la plus grande partie, auxquels des avantages ont été faits au moyen de concessions de terre et de remises d'impôts, et qui, sous le nom de *Milites limitanei*, ont été chargés de couvrir le Tel.

Voilà bien le mot de la question ; il s'agit de couvrir le Tel et nous pensons que, pour remplir ce but, il n'y a encore qu'à copier ce qui a été fait par nos devanciers, en appropriant cette organisation à la situation actuelle et en profitant de ces avantages qui se nomment les voies ferrées, le télégraphe et les armes perfectionnées, toutes choses dont les Romains étaient privés.

Quant à l'occupation de Figuig, que diverses personnes proposent, nous ne pensons pas que le moment soit encore venu de l'effectuer. On se lancerait dans une entreprise difficile et périlleuse dont les résultats seraient fort incertains. Il est profitable pour nous de reporter toutes nos forces vers Insalah et le Touat.

Telles sont, à grands traits, nos idées sur la politique du Sud et la défense des frontières.

Politique à l'égard des Indigènes. — Il est de toute nécessité de suivre, à l'égard des indigènes algériens, une politique fixe. Il faut les diriger avec justice et fermeté ; il faut les entourer d'une surveillance et d'une protection quasi-paternelles, et éviter avec grand soin de les laisser livrés à eux-mêmes et de leur demander ces actes journaliers de libre initiative qui sont l'honneur des citoyens libres ; il faut qu'ils sentent constamment au-dessus d'eux la main de l'Etat et que cette main soit dure quand il leur prend fantaisie de s'écarter de l'obéissance. Enfin, il faut, autant que possible, respecter leurs mœurs et leur religion.

En réalité les indigènes algériens sont bien plus heureux, au point de vue matériel, qu'avant la conquête française et nous n'en voulons pas de meilleure preuve que l'augmentation de leur nombre. Ils jouissent d'une sécurité qu'ils n'ont jamais connue; pratiquent librement leur culte, trop librement même, puisqu'on permet les réunions de leurs sociétés secrètes religieuses où leur fanatisme est souvent attisé contre nous ; quant à leur religion, elle est officiellement honorée, puisque nos artilleurs tirent le canon pour célébrer leurs fêtes. Ils ont toutes les libertés possibles d'acquérir et de posséder; on leur a même donné en toute propriété, grâce au sénatus-consulte de 1863, ce qui ne leur appartenait pas, les terres qu'ils occupaient à titre précaire et dont leurs beys et leurs Caïds disposaient avant nous, selon leur bon plaisir. Nos tribunaux leur sont ouverts et ils s'y présentent sur le pied de l'égalité absolue avec les Français. En un mot, ils jouissent de leurs droits civils en toute plénitude, élisent, au suffrage universel, dans les villes, leurs conseillers municipaux et sont représentés au conseil général par des délégués choisis par l'administration.

Ils n'ont pas, il est vrai, de droits politiques, mais il serait par trop curieux qu'on en accordât à ces vaincus d'hier qui sont ici dans la proportion de sept Arabes contre un Européen et qu'on les chargeât de faire nos lois. Du reste ils peuvent en acquérir avec la plus grande facilité par la porte de la naturalisation qui leur est grande ouverte; mais ils s'en gardent bien. C'est que l'indigène algérien, Arabe ou Kabile, est absolument incapable de comprendre les beautés du régime représentatif et parlementaire. Il est par nature, par habitude et par religion essentiellement aristocratique; aussi recherche-t-il avec empressement les honneurs et les emplois. Le Kabile, particulièrement dans la Grande Kabilie du Djurdjura, a des instincts plus démocratiques, mais sa démocratie s'arrête à son village, presque à son foyer; c'est un communaliste particulariste. Ajoutez à cela que l'ignorance est générale et absolue et dites-vous ce que pourrait être l'exercice de droits politiques dans ces conditions.

Telle est la situation réelle de l'indigène algérien; il faut convenir qu'en réalité il a tous les droits qu'une nation conquérante peut accorder sans compromettre sa propre sécurité, à un peuple vaincu. C'est pour la France un véritable honneur de traiter ainsi son ennemi d'hier; en agissant de cette façon, elle remplit sa mission civilisatrice et justifie sa conquête.

Cependant des esprits généreux, sans doute mal informés sur l'état réel des choses, se sont figuré que l'indigène algérien était opprimé. Des récits de faits isolés et plus ou moins authentiques, la violence de langage de quelques journaux, habilement exploités par des personnes que nous voulons croire absolument désintéressées, ont porté un groupe à former une société dite « *de protection des indigènes.* » Bien que les statuts parlent de la protection à donner aux indigènes de toutes les colonies, il est évident que c'est particulièrement des indigènes de l'Algérie qu'il est question. Quant au but poursuivi par les meneurs, il n'est autre que de faire accorder aux musulmans non naturalisés, des droits politiques.

Eh bien, nous ne saurions trop protester contre de

telles tendances et contre l'agitation que l'on tend à provoquer parmi une population tranquille qui ne demande rien et n'a besoin de rien. C'est un acte anti-patriotique qui peut avoir des conséquences très graves pour les gens auxquels on veut rendre service, aussi bien que pour les colons. C'est jouer avec le feu, et cela bien inutilement, car, nous le répétons, les indigènes sont suffisamment protégés en Algérie par les lois et par les fonctionnaires publics, au besoin même par les citoyens. Nous espérons que les personnalités qui ont accepté le patronage de cette entreprise ouvriront les yeux sur ses conséquences et abandonneront les promoteurs à eux-mêmes. Il n'est pas admissible que des patriotes, des hommes éclairés s'amusent de gaîté de cœur à compromettre les résultats obtenus par un demi-siècle d'efforts.

D'autre part, les Algériens, représentés par leur presse, feront bien d'apporter plus de modération dans leurs discours. La violence amène toujours une réaction. Les colons, nous le reconnaissons, sont trop portés à faire retomber sur tous les indigènes indistinctement les fautes de quelques-uns. Ils sont victimes et c'est leur excuse; mais il ne faut pas être injustes quand même. Forcé de vivre côte à côte avec l'indigène, le colon doit apprendre à le supporter; c'est ce qui a lieu dans la pratique puisqu'il y a journellement entre eux échange de services réciproques, gratuits ou payés. Il faut qu'il s'habitue à le voir dans les conseils communaux ou départementaux pourvu qu'il y soit en minorité, représenter les intérêts matériels de ses coreligionnaires, qui forment, pour une bonne part, l'armée des contribuables. Cette population indigène a le droit de vivre; plus tard elle devra s'assimiler ou disparaître, mais il ne faut pas se dissimuler que de longues années doivent s'écouler avant que ce résultat soit obtenu, et, en attendant, il faut adopter avec elle un *modus vivendi*.

Cette agitation est d'autant plus fâcheuse qu'elle est inutile ; jusqu'à présent quelques individualités seulement s'en s'ont occupées ; quant à la masse elle ne se doute pas du bruit que l'on fait en son nom.

Le passage d'un million d'indigènes de la direction de l'autorité militaire au régime civil s'est effectué, ainsi que nous l'avons dit, sans la moindre difficulté. Il n'y a pas de matière administrative plus malléable que les indigènes algériens, à la condition qu'on impose ce qui est nécessaire sans consulter l'intéressé et qu'on ne touche ni à ses mœurs ni à sa religion.

C'est un écueil à éviter et l'autorité fera bien de modérer le zèle de ceux qui, dans le but très louable d'amener à notre civilisation les Arabes, seraient tentés d'empiéter sur le domaine de la foi. La propagande, quel que soit son drapeau, devient si facilement intolérante! Et, du reste, on n'a pas le droit de faire le bonheur des autres par force. Un de nos sénateurs a dit, à la tribune, avec beaucoup de raison : « C'est par la tolérance religieuse que notre conquête de l'Algérie s'est fortifiée. » Nous ajouterons que, sans le respect absolu des croyances des indigènes, tous nos efforts seront perdus.

Mais, tout en respectant leur religion, il est un point qui doit appeler particulièrement l'attention de nos administrateurs, c'est l'action constante de ces sociétés religieuses, de ces Khouan, derviches, improvisateurs ambulants, qui circulent en pays arabe, provoquent des réunions clandestines, propagent les fausses nouvelles et réveillent, sans cesse, le fanatisme contre nous. Ces gens sont l'âme de toutes les insurrections et ce sont eux qui préparent ces explosions qui nous étonnent par leur soudaineté et que chacun cherche à expliquer selon ses passions et ses préjugés en se tenant presque toujours à côté de la vérité.

Le danger des associations religieuses musulmanes a été signalé il y a longtemps, trop longtemps même, puisque les uns l'ont oublié, et les autres l'ignorent.

« Pour eux (les Khouan), le mot d'ordre est le même aux quatre points cardinaux : haine et guerre à l'infidèle, c'est-à-dire au sectaire d'une religion autre que le mahométisme, qui est la seule religion vraie, la seule qui doive gouverner le monde... Le livre sacré n'admet point de composition : que l'infidèle courbe la tête sous le joug de la loi, ou qu'il meure !... En vain, les nations civilisées s'efforcent de faire luire, aux yeux des disciples de l'islam, les bienfaits d'une tolérance éclairée. Leurs enseignements, aussi bien que leurs exemples, sont perdus. . . . . . .

« Suivant ces doctrines, la ligne de conduite de nos sujets algériens leur est nettement tracée. Aussi les voyons-nous, avec toutes les apparences de la plus grande, on peut dire de la plus humble soumission, se montrer, au fond, rebelles à toutes les tentatives de progrès que le gouvernement poursuit avec de si louables efforts. Il ne faut pas chercher ailleurs la cause de l'insuccès de la plupart des essais qui ont pour but de relever la race arabe de la déchéance morale où elle est tombée et d'améliorer son état social...

« Il est donc permis de croire que ce serait un acte de haute politique et de sage prévoyance administrative que d'attaquer carrément et de front ces doctrines subversives, de mettre un terme à ces aberrations, de réduire l'influence de ces associations toujours hostiles, naguère ardentes à se jeter dans la mêlée, mais plus dangereuses, peut-être, au moment où elles paraissent désarmées (1). »

Ces pages, écrites il y a vingt ans, sont encore pleines d'actualité. Qu'a-t-on fait pour combattre le danger ? Rien ! Bien mieux, on a encouragé l'accroissement de ces sectes par une tolérance inexplicable. De nouveaux Khouan, adeptes de Sidi Senoussi, très hostiles contre nous, ont fondé des zaouia, dans la Cyrénaïque, sur le passage des pèlerins, et dans le Sud. Les fondateurs, originaires de la province d'Oran, sont en rapports constants avec leurs compatriotes et même, dit-on, avec nos ennemis d'Europe.

Voilà ce qui, en général, est ignoré. Tant que nous aurons la force, les Khouan seront peu à craindre : mais, qu'une occasion se présente, et l'on verra de quoi sont capables ces hommes qui ont juré d'être entre les mains de leur Mokaddem, « comme le mort entre les mains du laveur qui le tourne et le retourne à son gré. » Ces hommes sont dangereux comme tous ceux qui, sous l'impulsion d'un sentiment religieux exagéré, vivent dans un monde imaginaire. Nous avons vu que l'absence de lien parmi les indigènes a causé notre force ; or les sociétés religieuses reforment ce lien sous nos yeux.

MM. Hanoteaux et Letourneux, parlant de l'influence des sociétés secrètes qui, en Kabilie, a remplacé celle des marabouts, s'expriment comme suit (2) : « Au point de vue de notre domination, ce commencement de décadence des marabouts est un bien. Ils sont trop ignorants pour comprendre notre mission civilisatrice, et ils ont intérêt

---

(1) *Les Khouan*, par M. Brosselard, pp. 33 et suiv.
(2) T. II, p. 105.

à la combattre. Pour le moment, cependant, nous avons plutôt perdu que gagné à ce qu'à leur pouvoir ait succédé l'action des sociétés religieuses : elles sont moins accessibles à nos moyens d'influence, plus difficiles à surveiller et comme elles obéissent à des chefs qui, presque tous, résident à l'étranger, le signal de la révolte peut être donné à l'improviste, sans qu'aucun indice précurseur nous ait avertis. »

On le voit, les témoignages de ceux qui ont pénétré cette société concordent pour signaler le danger des Khouan.

En l'état actuel, une insurrection ne peut avoir de conséquences graves parce que nos troupes sont disponibles et qu'on l'étoufferait dès son début, comme on l'a fait dans ces dernières années à El Amri et à Rebâ. Il est probable que nous verrons encore de ces échauffourées que nous ne pouvons expliquer parce que nous tombons toujours dans cette erreur de juger les indigènes comme des gens ayant nos procédés de raisonnement et notre logique. Mais que nos troupes soient retirées, que la France soit occupée ailleurs, qu'une puissance étrangère vienne attaquer nos côtes, et, alors, une révolte pourra avoir des suites déplorables, tant que les Européens ne seront pas assez nombreux pour pouvoir opposer une poitrine à trois ennemis.

Il y a donc, pendant quelques années encore, de grandes précautions à prendre. *On ne doit pas abandonner la moindre parcelle d'autorité* et il faut pouvoir, au besoin, suppléer à l'insuffisance du nombre par une puissante organisation et des mesures habilement préparées.

Parmi ces mesures, celles que nous avons proposées pour le rétablissement de la sécurité, ou toutes autres tendant au même but, s'imposent. La colonisation ne peut rester plus longtemps en proie à l'insécurité; il y va de son avenir et remédier immédiatement à cette intolérable situation est un devoir strict pour nos gouvernants. Quand les colons auront recouvré la sécurité qui leur est due et que les brigands indigènes auront disparu ou seront réduits à l'impuissance, l'animosité dans laquelle ils enveloppent tous les Arabes cessera naturellement; on ne verra plus de ces déclamations qui irritent les musulmans honnêtes et provoquent l'indignation des philanthropes français; le rapprochement se fera et l'assimilation des éléments assimilables commencera.

La question des étrangers. — On a vu par les chiffres des statistiques qui précèdent que le nombre des étrangers fixés en Algérie est considérable, puisqu'il égale à peu près celui des Français. Ce fait constituerait un véritable danger si les étrangers appartenaient à la même nationalité et formaient un corps en opposition avec celui des Français. Heureusement il n'en est rien, sauf peut-être dans la province d'Oran où le nombre des Espagnols est considérable. La plupart de ces étrangers sont fixés en Algérie sans esprit de retour, y élèvent leurs enfants comme des Français et les nombreux mariages qui se font entre personnes de nationalité différente constituent en général des acquisitions pour la France. Il est donc probable que, dans un certain nombre d'années, ces éléments divers seront fondus et formeront une population homogène française. En attendant, la situation des étrangers produit diverses anomalies qui en font une véritable question à l'ordre du jour.

Dans les premiers temps de la conquête, les étrangers

ont été accueillis et traités sur le même pied que les nationaux, car il fallait avant tout coloniser et nous devons reconnaître qu'ils ont contribué pour une bonne part à la mise en valeur du pays. Pas plus que les colons français de la première heure, ils n'ont ménagé leurs sueurs ni leur sang : comme eux aussi, ils ont profité des distributions de terre et des franchises accordées. La naturalisation leur a été facilitée, mais ils en ont peu profité. Du reste, une place leur a été accordée dans les conseils municipaux, où ils représentent le « corps des étrangers », ce qui est tout simplement absurde, car ils ne peuvent représenter que leurs propres nationaux.

Peu à peu les franchises données aux premiers colons ont été réduites, et l'on a imposé aux Français des charges très lourdes, comme le service militaire et le jury. Pendant ce temps les étrangers, compagnons de la première heure de ces colons, sont demeurés exempts de toute charge, et les enfants nés dans le pays à la même époque, ont, quand ils atteignent l'âge d'homme, un traitement différent. Il y a là, convenons-en, une injustice criante; mais il y a aussi un grand inconvénient, c'est que les avantages dont jouissent les étrangers les écartent de la naturalisation.

Cette question est donc agitée depuis quelque temps dans la presse et dans le public et a amené des discussions fort vives. On demande, en général que la situation des étrangers soit modifiée et qu'on leur impose les mêmes charges qu'aux nationaux. Un groupe est même allé jusqu'à vouloir qu'ils fussent exclus des adjudications aux travaux de l'Etat et des communes.

Les étrangers répondent à ces griefs que leurs droits sont garantis par des traités internationaux qui assurent les mêmes avantages aux Français dans leur pays. Nous comprenons en effet que de pays à pays cette réciprocité est excellente, et qu'il n'en peut résulter aucun danger parce que l'étranger est noyé dans la masse de la population qui lui donne asile; mais, en Algérie, il n'en est pas ainsi et il faut absolument que l'étranger se fonde dans la population coloniale. A notre avis, il doit donc trouver ici la liberté absolue de s'établir où il veut, d'acquérir et de vivre à sa guise; mais là s'arrêtent les devoirs de l'hospitalité envers lui; il ne doit ni profiter des faveurs faites aux Français, ni prendre part à la vie politique, ni contribuer à l'administration de la commune, tant qu'il n'est pas naturalisé.

Enfin, il serait de toute justice que ses enfants nés en Algérie fussent, ainsi qu'on l'a proposé, naturalisés *ipso facto*. Il y a là une question de droit international que nous signalons aux hommes compétents : mais il est nécessaire d'amener, au plus vite, une fusion qui est un gage de sécurité.

Administration de l'Algérie. — Le tableau que nous avons présenté dans les pages qui précèdent établit surabondamment que l'Algérie à une organisation administrative particulière et vit sous un régime spécial qui est la conséquence des conditions propres à sa situation actuelle. En réalité, tout, ici, diffère de la France.

Comme administration, nous avons, au sommet, un gouverneur général qui, hier encore, réunissait entre ses mains les pouvoirs civils et militaires, aujourd'hui simple délégué des ministres. Il a un budget propre et a dans ses attributions la politique intérieure et extérieure du pays, l'administration de la population arabe, la sécurité, la constitution de la propriété individuelle chez les indigènes, au moyen d'agents spéciaux appelés commissaires enquêteurs, et cette chose immense, la colonisation.

Le général commandant le 19e corps a sous ses ordres des généraux de division qui sont des préfets en territoire militaire et qui ont eux-mêmes, comme auxiliaires, des officiers faisant de l'administration et de la politique.

Les Préfets, dont les attributions sont également fort étendues, sont représentés, dans les communes mixtes, par des agents appartenant à l'administration, sortes de sous-préfets, exerçant les fonctions de maire, et ayant, entre autres droits spéciaux, des pouvoirs disciplinaires, et, dans les communes de plein exercice, par des maires élus par des conseillers de trois origines : français, étrangers et indigènes.

Tous les services ont un caractère spécial. La trésorerie d'Afrique, à demi militaire et toujours prête à suivre nos colonnes, remplace les trésoriers payeurs généraux. L'administration des contributions indirectes n'existe pas ; elle est remplacée par les contributions diverses. Il n'y a pas de percepteurs ; les receveurs des Diverses en tiennent lieu. Les contributions directes, dont les attributions sont fort différentes de celles de l'administration de France, comprennent des fonctionnaires spéciaux, appelés répartiteurs, chargés de recenser les matières imposables chez les indigènes et de dresser les rôles de l'impôt arabe.

La justice a aussi son organisation propre : les magistrats sont amovibles ; ils siègent à la Cour, dans les tribunaux d'appel (car les tribunaux de première instance connaissent des appels de jugements de Cadi) et dans certaines justice de paix, assistés de magistrats indigènes et d'interprètes judiciaires. La plupart des justices de paix sont dites à compétence étendue. Les attributions des juges, leur traitement sont différents de ceux de France. Les greffiers ont une indemnité fixe.

Les assemblées délibérantes, à commencer par le conseil supérieur pour finir au dernier conseil municipal, ont une organisation et sont régis par des lois particulières.

La loi militaire est propre au pays, puisque le jeune soldat ne fait qu'un an de service actif, ce qui rend inutile l'institution du volontariat. Tout homme arrivant en Algérie avant l'âge de vingt ans, peut profiter de cet avantage à la condition de passer un certain nombre d'années dans la colonie.

Le jury fonctionne dans des conditions différentes.

Le régime des impôts est peut-être ce qui s'éloigne le plus des institutions de la métropole. Sur les quatre contributions, une seule, celle des patentes, est perçue, d'où il résulte qu'il n'y a pas de conseils d'arrondissement. L'impôt arabe et l'octroi de mer remplacent les autres. Il n'est pas perçu d'octroi aux portes des villes. Les droits d'enregistrement sont, en général, de moitié moins élevés qu'en France.

Il serait fastidieux de pousser plus loin cette énumération. En réalité l'assimilation n'existe pas et ne peut exister, parce que les conditions du pays sont différentes et que la conséquence de cette divergence a été de créer des situations particulières, des organes spéciaux. Ah! nous savons que les outranciers de l'assimilation prétendent précisément faire cesser ces différences et ramener tout à l'uniformité, ce qui dénote une ignorance complète de l'histoire du pays, car l'édifice actuel a été édifié sous l'aiguillon de la nécessité, par des hommes qui valaient bien ceux d'aujourd'hui. Dans un pays où tout est à fonder, où la colonisation est à favoriser et à faire naître, en présence de 2.800.000 indigènes à peine soumis, ayant eux-mêmes un état social fort éloigné de l'état sauvage et dont on est forcé de tenir compte, il est impossible d'appliquer en matière de finances, d'administration, de justice, les mêmes règles qu'à un pays comme la France.

Le mot *d'assimilation*, même dans la bouche de ses partisans, est donc vide de sens, car eux-mêmes sont forcés de reconnaître que, si l'assimilation est leur objectif, on ne peut espérer de l'atteindre encore. Il ne devrait pas être employé : c'est *centralisation* qu'il faudrait dire, les assimilateurs ne demandent pas autre chose. C'est ce que consacrent les décrets du 26 août 1881 : les services algériens rattachés, chacun à leur ministre respectif ; l'autorité du gouverneur réduite théoriquement presque à rien. Le décret du 26 novembre a donné à cette diminution de pouvoirs un caractère particulier de gravité, en rendant à l'autorité militaire son action indépendante sur les territoires de commandement.

En vérité, nous ne pouvons approuver ces modifications, car nous ne voyons pas quel intérêt en retirera l'Algérie. Nos affaires étant divisées entre huit ou dix ministères seront-elles plus vite et mieux faites ? Il est impossible de l'affirmer. Elles échapperont au contrôle des Algériens et à l'action du gouvernement général pour tomber souvent entre les mains de fonctionnaires subalternes, par là même incapables de résister à des influences parlementaires ou autres, et incompétents, en raison de la spécialité des questions. Il ne faut pas croire, en effet, qu'on peut juger de loin les choses de ce pays, sans même le connaître ; tout homme sincère dira qu'il lui a fallu un certain temps, des années de séjour en Algérie, pour se mettre au courant des questions locales et se débarrasser de ses préjugés.

Avec un grand nombre d'Algériens, nous protestons de toutes nos forces contre ces tendances et contre le décret du 26 août qui est le premier pas dans cette voie. Si l'on se prononce absolument pour la centralisation, il serait bien préférable d'instituer, ou plutôt de rétablir, un ministère de l'Algérie ; ce serait trancher la question dans un sens qui n'est pas le nôtre, mais, au point de vue opposé, ce serait logique et raisonnable. On pourrait trouver un ministre de l'Algérie compétent, mais on ne saurait admettre a priori que le corps des ministres le soit. A tous les chefs, les décrets des rattachements sont condamnables ; c'est une œuvre mort-née, faite en dehors du Parlement et en dehors des Algériens et nous sommes bien tranquilles sur les suites de *l'essai loyal* qu'on en veut faire. C'est du temps perdu, voilà tout.

De ce que nous repoussons *l'assimilation* telle qu'elle se présente à nous sous forme de *centralisation*, s'ensuit-il que nous nous prononcions pour *l'autonomie* absolue? Nullement. Ce mot a été employé par opposition à celui d'assimilation ; mais les deux choses étant impraticables, les deux termes sont également impropres. Il n'est personne parmi les autonomistes qui pousse l'esprit de système jusqu'à prétendre que l'Algérie peut vivre de sa vie propre et se passer de la métropole. Les colonies les plus émancipées, celles de l'Angleterre, par exemple, qui jouissent du *self-government*, ne font que s'administrer et, comme le dit M. Jules Duval (1), « malgré l'appareil d'un parlement, elles ne se gouvernent pas ; le gouvernement politique leur vient d'en haut et de loin. »

Ce que nous demandons, c'est la *décentralisation*, *l'éman-*

___
(1) *L'art de coloniser*, p. 474.

cipation administrative; quant à nous soustraire à la tutelle de la mère-patrie, cela est loin de notre pensée. Nous estimons que, dans l'intérêt de l'avenir de l'Algérie, il est indispensable qu'on ne dirige pas de Paris les moindres actes de sa vie administrative; qu'il faut, au contraire, lui laisser la plus grande somme de libertés, en faisant participer, dans la limite du possible, les Algériens à la direction de ses affaires.

C'est pourquoi nous sommes partisan résolu du gouvernement général et de l'extension de ses prérogatives. Le gouverneur doit avoir rang de ministre et son entrée au Parlement. Ainsi, il pourra exposer et défendre ses projets dans les conseils de l'Etat et devant les Chambres et sera personnellement responsable de ses actes ; de plus il aura assez d'autorité pour résister aux influences individuelles des représentants et des fonctionnaires métropolitains.

Auprès de lui nous voudrions voir, en outre de son conseil particulier de gouvernement, une assemblée dans le genre du conseil supérieur actuel, chargée de préparer le budget et d'étudier les grandes questions administratives et autres, intéressant le pays. « Quand une colonie est parvenue à l'état adulte, — dit M. Leroy-Beaulieu (1), — il est évident que l'administration de ses finances doit lui être confiée, qu'une chambre élective doit être établie et qu'aucun vestige de tutelle, au point de vue financier, ne doit subsister. » Nous n'allons pas si loin, bien que les dépenses propres à l'Algérie, en dehors des frais d'entretien des troupes, soient dès à présent faciles à équilibrer avec les recettes. Nous admettons la tutelle du gouvernement; mais nous demandons qu'on nous laisse faire une

---

(1) *De la colonisation*, p. 601.

partie de nos affaires et que, tant que nous agirons sagement, nous restions libres.

Comme composition, nous pensons que le conseil supérieur doit renfermer, en outre des membres élus, soit par le suffrage universel direct, soit au second degré par les conseils généraux et municipaux réunis, des membres de droit, qui sont les chefs de service des grandes administrations, les préfets, les généraux de division. Il est indispensable qu'en raison de leur spécialité, ces personnages en fassent partie, et, en donnant à l'élément électif la majorité, on répond aux objections qui pourraient être faites relativement à la différence d'origine des membres et aux inconvénients de la prépondérance de l'élément administratif.

Pour achever cette esquisse d'une organisation administrative, ajoutons que nous voudrions voir l'Algérie divisée en sept ou huit circonscriptions préfectorales (cinq ou six du littoral, deux du Sud). Il est certain, comme nous l'avons déjà dit, que le fractionnement actuel en trois départements ne répond plus aux besoins du moment par suite de l'extension donnée au territoire civil et que si l'on veut créer de nouveaux départements sur le modèle de ceux de France, on grèvera le budget de dépenses considérables et l'on se heurtera à des impossibilités matérielles d'application. Ici encore il faut une organisation particulière, un rouage propre au pays et remplissant ces deux conditions, d'être pratique et de ne pas coûter trop cher (1). Une administration

---

(1) Voir l'*Etude sur la décentralisation* de M. Flamm (Bône, Cauvy 1881). Bien que les conclusions de ce travail ne soient pas conformes aux nôtres, il contient, sur la division de l'Algérie, en circonscriptions préfectorales, d'excellentes idées.

algérienne ayant son autonomie, ses règles de recrutement et d'avancement, fournirait les fonctionnaires dont on aurait besoin et qui n'arriveraient aux emplois élevés qu'après avoir acquis l'expérience du pays en passant par tous les échelons de la hiérarchie.

Le choix des fonctionnaires appelés à avoir des rapports journaliers avec les indigènes est de première importance. Avant de les placer à la tête d'une commune mixte, il faut qu'ils aient été préparés de longue main et qu'ils aient fait leurs preuves ; quiconque, pendant la période d'initiation, démontrera qu'il manque des qualités voulues, doit être impitoyablement écarté. Enfin, il ne faut pas nommer d'emblée administrateurs des gens qui viennent de terminer une autre carrière et qui, tout honorables et intelligents qu'ils peuvent être, sont obligés de faire de nouvelles écoles. C'est à ce prix que l'administration civile sera à la hauteur de sa tâche et remplacera avantageusement le régime militaire. Elle doit former un corps homogène, ayant ses règles fixes et ses traditions.

Ceux qui ont vu de près les choses sont tous du même avis et voici ce que disait, il y a près de quarante ans, M. Walsin-Esterhazi (1) : « Il faudrait qu'on voulût comprendre qu'une organisation, quelle qu'elle soit, n'est vraiment puissante que lorsqu'elle sait se plier avec intelligence, dans un pays nouveau, à des exigences nouvelles. *Il faudrait qu'on ne crût point, dans quelque position qu'on se trouve placé, que c'est en jetant un coup d'œil dédaigneux sur un pays qu'on aspire à quitter bientôt que l'on acquiert la connaissance de ce pays.* Ce n'est que par un

---

(1) *Domination turque.* (Préface.)

travail nouveau que l'on apprend à connaître de nouvelles choses, à juger de nouveaux hommes. Il faudrait enfin que tous se missent à l'œuvre avec dévouement, avec ardeur, et que chacun ne considérât pas sa position comme un état transitoire et de pis-aller. » En vérité on ne pourrait être plus actuel.

Il va sans dire que, tout en laissant au commandant du 19e corps l'administration de son armée et la direction des opérations militaires, sa subordination au gouverneur civil devrait être complète.

Enfin il faudrait émanciper les communes algériennes, sinon complètement, au moins dans une très large mesure. Nous insistons tout particulièrement sur cette revendication et nous ne saurions mieux faire que de nous appuyer encore, à cet égard, sur l'opinion de M. Leroy-Beaulieu. « Aux colonies, — dit-il (1) — la commune a une importance qu'elle n'a pas partout ailleurs, parce que, dans cet état de croissance et de progrès rapide qui caractérise la colonisation, les intérêts municipaux sont plus souvent en jeu que dans les sociétés déjà vieilles, lesquelles ont atteint un degré de stabilité qui comporte une certaine routine. La tutelle administrative sera donc infiniment plus vexatoire dans ces colonies que nulle part ailleurs, parce que son action devra être plus fréquente, plus apparente et plus sensible; cette tutelle sera, en même temps, plus difficile à exercer à cause de l'étendue du territoire, de la diversité des circonstances, de la variété et de la mobilité des intérêts; elle sera, en outre, beaucoup plus sujette à erreur par le manque de précédents, par l'insuffisance et l'inexpérience des fonctionnaires presque tous

---

(1) *De la colonisation*, p. 591.

pris en dehors du corps colonial et dépourvus de la connaissance des circonstances et des conditions locales. »

Les différences d'origine, de mœurs, de religion qui caractérisent les habitants des communes algériennes rendent l'émancipation plus nécessaire que partout ailleurs. Ces éléments divers se fondent, en effet, dans une idée commune : l'intérêt municipal; c'est par là que nous amènerons à nous les étrangers, objectif que nous ne devrions jamais perdre de vue, dans une colonie où ils forment la moitié du chiffre des européens. Il faut que les franchises communales, réservées aux seuls Français, leur offrent un avantage assez puissant pour les amener à solliciter la naturalisation.

Telle est, en quelques mots, notre programme d'émancipation et de décentralisation administrative. C'est ainsi que nous comprenons l'autonomie. Nos affaires faites par nous-mêmes; le parlement de la métropole, qui a tant d'autres soins, débarrassé du souci de nous faire des lois de détail qu'il vote sans discussion parce qu'il sent qu'il ne pourrait discuter avec autorité, et le gouvernement privé de la faculté de disposer de nous par décret, sans nous consulter, à chaque changement de ministère. D'autre part, l'Algérie envoyant à la Chambre et au Sénat des représentants prenant part à la direction des affaires générales du pays et consacrant l'union politique et nationale.

Nous ne pensons pas que, dans ces revendications, on puisse relever le moindre acheminement vers cette chimère que l'on nomme le séparatisme. Quelle que soit la tendresse et la reconnaissance des enfants pour leurs parents, il arrive toujours une heure où ils atteignent l'âge de majorité et réclament les libertés nécessaires; ils échappent alors à la tutelle directe de ceux qui les ont élevés et deviennent à leur tour leurs soutiens et leurs protecteurs. Il en est de même pour les nations; elles doivent savoir donner à temps à leurs colonies les *libertés nécessaires*, et alors elles écartent pour toujours le danger de la séparation.

Régime de l'impôt. — Après avoir tracé ces lignes générales, il nous reste à passer en revue quelques questions particulières. Les deux principales sont celles de l'impôt et du mode d'appropriation des terres.

Pour l'impôt, nous sommes partisan, quant à présent, du statu quo : *l'impôt arabe* sous forme d'impôt de quotité, subissant les fluctuations résultant des bonnes et des mauvaises récoltes, et *l'octroi de mer*. On nous objectera que l'impôt arabe diminue ; il faut en chercher la raison, si réellement elle est autre que la stérilité des dernières années. On prétend, et le gouverneur s'est fait l'écho de cette opinion, que c'est la conséquence du passage des terres des mains des arabes dans celles des colons ; cela est inadmissible en présence de ces deux faits : que le nombre des indigènes augmente et que les terres ne leur manquent pas. Nous repoussons, de toutes nos forces, l'introduction de l'impôt foncier, même sous la forme de centimes additionnels à un capital fictif. Notre opinion, à cet égard, s'appuie non seulement sur une expérience personnelle, mais sur la manière de voir des économistes de l'école actuelle que nous avons bien souvent cités et qui font loi sous le rapport de la colonisation.

M. Jules Duval dit (1) : « L'impôt personnel, comme

---

(1) *L'art de coloniser*, p. 460.

tout impôt de capitation, sera léger ; l'impôt foncier sera ajourné jusqu'au temps où l'agriculture, devenue majeure, pourra le supporter. Les autres impôts directs sur les loyers et le mobilier, celui des patentes, établis dans les villes, seront plus aisément perçus parce qu'ils frapperont une population moins accablée d'embarras, et une richesse déjà acquise ou plus aisée à acquérir. Les impôts indirects se glisseront, mieux que tous autres, dans les mœurs coloniales et s'en feront accepter, malgré leurs imperfections théoriques, la justice de l'assiette et la commodité du versement se trouvant réunies dans le payement parcellaire, jour par jour, au fur et à mesure de la consommation, au gré du public, à la portée des plus humbles bourses. Ils aideront à subvenir aux charges qui peuvent être évitées aux colons. Les contributions douanières compteront parmi les plus légères de ces perceptions fiscales, si l'on ne peut y renoncer entièrement. »

Il eût été difficile de justifier en moins de mots cette opinion. De son côté M. P. Leroy-Beaulieu s'exprime comme suit : « La seule taxe qui soit, à la fois, d'une rentrée facile et parfaitement inoffensive dans ses résultats, c'est un droit léger à l'importation des marchandises par voie de mer, ce que l'on a appelé *l'octroi de mer ;* mais il faut que cet impôt soit excessivement modéré, pour ne pas restreindre la demande des marchandises, ce qui nuirait à la fois aux consommateurs coloniaux et aux fabricants métropolitains (1). » Et plus loin : « Nous savons que la plupart des économistes désapprouvent, et non sans de bonnes raisons, les impôts de

---

(1) *De la colonisation*, p. 527.

consommation et se prononcent de préférence pour les impôts directs; mais, dans les colonies les impôts directs sont, du moins à l'origine, d'une perception singulièrement difficile et coûteuse : ils ont, en outre, pour effet presque inévitable de retarder le développement de la culture. Au contraire, les impôts de consommation se perçoivent facilement et à peu de frais à l'entrée des ports : quand ils sont modérés, ils sont vus d'un œil favorable par les colons. Il nous paraît que tous ces avantages valent bien qu'on les adopte en dépit des répugnances que beaucoup d'économistes pourraient avoir; si, dans la science théorique, il est facile de citer un impôt type dont l'application serait désirable et de condamner tous les autres, dans la pratique on est tenu de se conformer aux circonstances sociales et géographiques, aux goûts et aux mœurs du public; et le meilleur impôt, dans une situation donnée, est celui qui pèse le moins sur les contribuables qui le supportent et qui rapporte le plus à l'Etat qui le perçoit (1). »

« On s'est demandé encore si l'on ne pourrait pas établir aux colonies un impôt foncier. L'impôt foncier soulève de très grosses questions quant à son incidence et à ses effets économiques... Il importe, en premier lieu, de distinguer la forme de cet impôt. Ce peut-être une taxe fixe par hectare de terre sans distinction de qualité; ce peut être, au contraire, une taxe proportionnelle à la qualité de la terre et au revenu qu'elle donne ou est susceptible

---

(1) *De la colonisation*, p. 583. L'application a pleinement justifié cette théorie : les communes algériennes consultées par M. Grévy sur l'opportunité de l'augmentation de l'octroi de mer, ont presque toutes approuvé cette proposition en se basant sur des considérations analogues à celles qui précèdent.

de donner... Enfin il est très difficile de déterminer, avec précision et d'une manière équitable, le revenu des terres, surtout dans la première période de la colonisation, alors que les précédents manquent (1). »

Si nous avons prolongé ces extraits, c'est que nous tenions à abriter notre modeste opinion derrière la profession de foi des maîtres. Leurs conclusions concordent : ce n'est pas dans un pays neuf où il faut de toutes manières encourager la propriété, que l'on doit commencer par la grever d'impôts. Du reste, pour appliquer une mesure telle que l'établissement de l'impôt foncier, il faut des travaux préparatoires, c'est-à-dire le cadastre. Le cadastre avant que la propriété soit constituée ! On aperçoit sans peine les difficultés d'une semblable opération, même en taxant les terres d'une manière unique, ce qui serait souverainement injuste. Mais, admettons qu'on y arrive par à peu près, qui osera affirmer que l'impôt foncier sous forme de centimes additionnels donnera un revenu nous ne disons pas supérieur, mais égal, à celui de l'impôt arabe actuel avec ses défectuosités ? Et si le produit de cet impôt qu'on aura eu tant de peine à établir sur des bases boiteuses et qu'on propose de ne percevoir que sous forme de centimes additionnels à un principal fictif, est de moitié moindre de celui des impôts actuels, que fera-t-on ? Reviendra-t-on, après cet imprudent essai, au système ancien dont on reconnaîtra alors les qualités ? Cela sera peut être difficile, car un instrument, même défectueux, une fois brisé, ne se raccommode pas toujours.

---

(1) *De la colonisation*, p. 587.

En Algérie, il ne faut pas l'oublier, s'il y a de très riches terres, il y en a beaucoup plus de médiocres. Il est certain qu'on ne pourra jamais grever d'un fort impôt les terres des hauts plateaux et d'une grande partie du Tel. Quant aux terres irrigables, aux terres propres à la culture de la vigne, ce n'est pas en les grevant de lourds impôts qu'on facilitera leur mise en valeur dans un pays où la main-d'œuvre est chère et où l'argent trouve partout un emploi fructueux.

Pourquoi, du reste, se lancer dans une entreprise difficile dont le résultat est incertain? La sagesse des nations proclame que le mieux est l'ennemi du bien; or, nous l'avons déjà dit, tant que nous aurons ces deux mamelles, l'octroi de mer et l'impôt arabe, tenons-nous pour satisfaits et tirons parti de ces ressources, tout aléatoires qu'elles puissent être.

Voilà pour l'impôt. La vraie réforme à notre sens doit porter sur les dépenses : il faut qu'on prenne l'habitude de ne dépenser que selon ses ressources. Plus tard, quand les richesses du pays seront mieux assises et que la propriété sera bien établie et aura toute sa valeur, on appliquera l'impôt foncier.

Régime des terres. — Quant au régime des terres, nous nous prononçons catégoriquement pour la vente, soit au bureau ouvert, à prix fixe, soit aux enchères, tout en préférant le prix fixe. Nous sommes l'adversaire de la concession; les détails dans lesquels nous sommes entrés ci-devant, au chapitre « de la colonisation », expliquent et justifient cette déclaration de principes. L'époque de la concession est passée. Il faut maintenant rendre les terres disponibles et laisser faire l'initiative privée. La colonisation de l'Algérie n'est plus qu'une affaire de capitaux.

Cette discussion, il est vrai, peut paraître sans grand intérêt pratique, puisque les terres disponibles manquent; cependant c'est un point qu'il est bon de traiter à fond, ne serait-ce qu'en théorie. Les sommes importantes que l'on propose d'affecter à l'achat de terres, d'autres motifs de diverse nature peuvent, d'un jour à l'autre, mettre le gouvernement en demeure de choisir entre les deux systèmes; c'est pourquoi nous apportons à la discussion le contingent de notre opinion.

Au point de vue pratique, nous croyons avoir démontré combien il était difficile au colon sans ressources de réussir dans une concession qu'il n'a pas le moyen de mettre en valeur. Les défenseurs de ce système parlent de l'attrait que cet avantage offre à l'émigrant, mais, si le prolétaire n'apportant dans la colonie d'autre capital que son travail n'emploie pas fructueusement ce travail, le gain est nul pour la colonisation. L'homme ainsi attiré ne tarde pas à épuiser ses forces et à devenir une non-valeur, une charge, et c'est un bénéfice à l'actif de la colonie quand il disparaît. Nous ne pensons pas, du reste, que cet attrait soit si puissant qu'on se plaît à le dire. « Au point de vue de l'utilité pratique il est amplement démontré par l'histoire que les concessions gratuites n'ont pas la force d'attraction qu'on leur a supposée; elles n'exercent sur les émigrants aucune fascination : tout au contraire l'on voit ceux-ci accourir de préférence dans les colonies où les terres sont mises en vente. C'est que la propriété n'a d'attrait pour l'homme qu'à la condition d'être entière, irrévocable, inconditionnelle. Or, la concession gratuite mutile le droit de propriété au point de le détruire, ou, tout au moins, le soumet à des conditions qui le rendent singulièrement précaire » (1).

Le système de la vente a fait ses preuves. Les Anglais, et même les Américains, après avoir essayé de tous les modes d'appropriation, après avoir fait les mêmes écoles que nous, se sont arrêtés à la vente. Dès lors, leur colonisation a pris un essor qui ne s'est pas ralenti. D'après le système dit de Wakefield, la terre est vendue à un prix relativement élevé et le produit de la vente employé, en partie à payer les travaux de premier établissement : routes, ponts, aménagement des eaux, etc., et en partie à subventionner les émigrants ou les compagnies qui les amènent. Les acquéreurs, qu'il s'agisse de particuliers ou de sociétés, ayant un capital important engagé, ne peuvent le laisser improductif et font de la colonisation sérieuse et pratique au moyen de dépenses nouvelles. C'est la réponse à ceux qui repoussent la vente dans la crainte de l'accaparement. Enfin, nous sommes, cette fois encore, en conformité d'idées avec l'économie politique.

« La vente mérite une préférence à peu près exclusive, — dit M. Jules Duval (2), — et elle doit procurer le droit immédiat de propriété aux conditions les moins onéreuses. L'Etat doit lui demander moins des revenus considérables pour le trésor que des garanties d'occupation et d'exploitation sérieuses. Aussi quelques précautions destinées à prévenir de trop vastes accaparements de terrains sont-elles légitimes, et il n'est guère de peuples qui n'y aient avisé. Pour l'application, la vente à prix fixe et à bureau ouvert a un mérite de simplicité et de facilité qui la

(1) *De la colonisation*, p. 547.
(2) *L'art de coloniser*, p. 455.

recommande partout où, l'offre des terrains dépassant la demande, chacun est assuré d'y trouver place suivant son désir. Dans les situations contraires, les enchères ou soumissions rachetées peuvent seules prononcer entre les compétiteurs. »

Quant au mode de vente, c'est la pratique qui indiquera le plus convenable, mais nous ne pousserons pas l'esprit de système jusqu'à admettre, pour le moment, la théorie des Wakefieldiens, la vente à prix élevé. Nous citerons une dernière fois sur ce point, M. P. Leroy-Beaulieu qui nous paraît donner la note juste : « Dans toute colonie purement agricole, qui cultive le sol principalement en vue de sa consommation propre, la vente des terres incultes doit nécessairement se faire à bas prix. La terre, en effet, n'ayant aucune facilité spéciale pour la production des denrées de haute valeur et n'ayant reçu aucun travail humain, ne trouverait pas d'acquéreur, si on voulait la mettre à un prix élevé (1). »

« Le meilleur système pour ces contrées, — ajoute l'éminent économiste, — c'est celui qui a été suivi par les Etats-Unis. Nous avons déjà expliqué plus haut la méthode observée par l'Union pour l'allotissement géométrique des terres vacantes... Chaque année, le président des Etats-Unis fixe la quantité de terres à vendre dans chaque état, et trois mois avant la vente on annonce publiquement le jour et le lieu où elle se fera. La vente, en principe, doit se faire aux enchères sur la mise à prix d'un dollar l'acre, soit 16 fr. 48 c. l'hectare. Mais comme il y a infiniment plus de terres vacantes que d'acheteurs, il est très rare qu'il y ait aucune enchère.

---

(1) *De la colonisation*, p. 549.

Alors, quinze jours après la mise en adjudication non suivie d'effet, on vend les terres à bureau ouvert, au taux minimum de la mise à prix. La vente se fait au comptant depuis 1826. »

Rien n'empêcherait d'agir ici dans des conditions analogues et, si ce procédé n'était pas en rapport logique avec la situation du pays et les idées des habitants, il serait facile de le modifier. Enfin, nous pensons que les indigènes et les étrangers *non-naturalisés* ne pourraient avoir le droit d'acquérir les terres dans les conditions qui précèdent, pendant une période à déterminer.

L'abandon du régime de la colonisation officielle tel qu'il est pratiqué depuis cinquante ans en Algérie ne s'effectuera pas sans résistance; il n'y a pas d'illusion à se faire à cet égard, trop de gens y sont intéressés et nous, qu'on appelle un peuple frivole, sommes trop esclaves de la routine. Mais, comme on se lassera de doter sans cesse la colonisation, cette réforme s'opèrera d'elle-même et, quand la propriété indigène aura été constituée, il se fera de grandes transactions sur les terres qui rentreront dans les conditions ordinaires de la loi de l'offre et de la demande. A ce point de vue, on ne saurait trop hâter l'immense travail de l'application de la loi de 1873. En attendant, puisque nous sommes encore sous le régime de la colonisation officielle, nous ne saurions trop insister pour que l'on affecte la plus grande partie des sommes votées à l'affermissement et à l'agrandissement des anciens centres avant d'en créer de nouveaux. Il faut, autant que possible, éviter les essais infructueux et, pour cela, on ne doit fonder un village que quand la préparation a été suffisante.

Organisation militaire. — Après avoir traité, ou plutôt effleuré ces deux questions si importantes, nous dirons quelques mots de l'organisation militaire, sujet que les dernières expéditions ont mis à l'ordre du jour. On a eu, à cette occasion, une nouvelle preuve des inconvénients de l'assimilation. La loi militaire algérienne, calquée sur celle de France, est défectueuse à tous les points de vue. L'armée active ne comptant sous les drapeaux que des jeunes gens ayant, en moyenne, deux années de service, n'offre pas la résistance nécessaire pour supporter les fatigues et les privations des campagnes en ce pays. Ses réserves ne sont appelées que pour les périodes d'exercice, ce qui entraîne un grand dérangement pour les colons. Quant à l'armée territoriale, sa mobilisation est trop compliquée, son effectif trop faible et surtout trop fractionné pour rendre de réels services, et cela est si vrai que, dans les occasions où elle aurait pu être utile, à Batna, en 1879, à Saïda en 1881, on n'a pas même eu l'idée de l'appeler aux armes. Que subsiste-t-il de cette institution ? Une charge résultant des appels pour les périodes d'exercice, charge très lourde pour les colons, qu'elle force à s'éloigner de leur ferme, en abandonnant famille et bestiaux à la grâce de Dieu.

Nous avons esquissé plus haut notre système défensif algérien qui peut se résumer ainsi : les frontières et la ligne du Sud défendues par des postes reliés ensemble et formant, en quelque sorte, une ligne continue ; les villages et les villes pouvant organiser, pour ainsi dire, du jour au lendemain leur défense en employant tous les hommes valides, de façon à attendre des secours.

Pour réaliser ce programme, deux choses sont nécessaires : une armée active éprouvée et très mobile et une armée territoriale solide et organisée d'une façon pratique. Sur le premier point, tout le monde est à peu près d'accord. Il s'agit de refaire ces vieilles troupes d'Afrique qui ont montré leur valeur en Crimée, en Italie, au Mexique. On y arrivera en offrant des avantages particuliers aux militaires et en se servant largement de l'élément indigène régulier et irrégulier. Les indigènes peuvent être employés particulièrement comme garde des frontières et les Français être prêts à se porter où leur présence sera nécessaire. Si ces troupes s'appuient sur une bonne armée territoriale, il ne faut pas croire qu'un gros effectif sera nécessaire. Les dernières guerres européennes ont démontré l'avantage de l'emploi des masses; mais, en Algérie, cela est moins nécessaire et devient souvent nuisible, en alourdissant les colonnes et nécessitant des convois considérables. Dans les campagnes d'Afrique de 1881, on a un peu abusé des masses.

En réduisant le noyau de troupes régulières au strict nécessaire, on diminuera grandement les charges militaires.

Pour ce qui est du service imposé aux jeunes Algériens, nous voudrions qu'ils fissent cinq années, au lieu de neuf, dans l'armée active, dont une de service actif, ainsi que cela a lieu maintenant, et quatre de réserve. Il faudrait que tous les fils d'étrangers nés dans le pays subissent le même sort.

A l'âge de vingt-cinq ans, ils seraient versés dans l'armée territoriale qui comprendrait tous les hommes valides, sans distinction de nationalité, jusqu'à la limite de cinquante ans. Les hommes de 25 à 35 ans formeraient la partie active de la territoriale; ceux de 35 à 40 ans la réserve, et ceux de 40 à 50 ans le dernier ban. Les deux premières catégories seraient mobilisables, la dernière serait sédentaire et ne pourrait être affectée qu'à la défense des localités où résideraient ces citoyens.

L'armée territoriale serait constituée comme maintenant en infanterie, cavalerie, artillerie, et services auxiliaires. Les unités seraient réparties de façon à former dans chaque centre des fractions constituées ayant leurs chefs, leur armement et leur équipement sur place. Cette armée serait soumise aux lois militaires et aurait son état-major propre, s'occupant, d'une manière permanente, de ses affaires particulières dans chaque division ou subdivision. Actuellement les affaires de la territoriale sont faites par l'état-major de l'armée active, ce qui est mauvais à tous les points de vue; et d'abord, parce que l'armée active est assez occupée pour elle-même, sans avoir encore à administrer les autres; elle s'en occupe le moins possible, comme d'une corvée accessoire, et ne connaît pas son personnel; il résulte de tout cela des inconvénients nombreux.

Comme service, au lieu de n'être appelée que par la voie de la mobilisation, la première catégorie comprenant les hommes de 25 à 35 ans serait toujours prête à marcher. Elle serait chaque dimanche, sauf dans le cours de l'été, excercée dans chaque localité et se réunirait, un certain nombre de fois par an, au reste ou à une partie du corps pour les manœuvres d'ensemble. Les hommes de la réserve prendraient part aux manœuvres une fois par mois et ceux du dernier ban trois ou quatre fois par an. On s'appliquerait surtout à perfectionner les hommes dans la pratique du tir, du service en campagne et de la défense des positions, appliquée à leur localité.

Tous les colons savent manier un fusil et monter à cheval. On pourrait donc former une excellence cavalerie, connaissant le pays et la langue des indigènes et capable de se rendre fort utile. Pour s'en convaincre, on n'a qu'à se reporter à la dernière guerre des Boërs. On a vu ces paysans, bons cavaliers et bons tireurs, tenir en échec, par leur extrême mobilité et leur adresse, les troupes anglaises, qui, cependant, ne passent pas pour mauvaises. Les colons algériens peuvent faire aussi bien que les Boërs : on n'a qu'à savoir les organiser et les employer.

Tout le monde reconnaîtra qu'une armée territoriale établie sur des bases analogues à celle que nous indiquons, et formant une effectif de 25 à 30 mille hommes, serait une force sérieuse qui rendrait à l'armée active les plus grands services, ce qui permettrait bientôt d'en diminuer le chiffre. De plus, en cas de guerre européenne et de départ des troupes régulières, on aurait une organisation capable de résister aux mouvements insurrectionnels indigènes. Il y a nécessité absolue de ne pas rester dans l'état actuel : tirer parti de toutes les forces des colons est une mesure de conservation publique qui s'impose, et c'est pour remédier à cette lacune que le conseil général d'Oran a émis un vœu tendant au rétablissement des milices.

Bien que nous étant soigneusement tenu dans les généralités, nous ne quitterons pas ce sujet sans dire que le costume de l'armée algérienne devrait être entièrement modifié et mis en rapport avec les exigences du climat. Un chapeau casque en sureau pour l'été, des pantalons droits, une vareuse, un grand manteau à capuchon, voilà les vêtements indispensables pour une troupe comme l'armée d'Afrique.

Il résulte des lignes qui précèdent que nous sommes absolument opposé aux propositions dernièrement émises et qui tendent à astreindre les Algériens au service effectif de trois ans dans l'armée active. Aucune mesure ne pourrait être plus préjudiciable à l'Algérie et nous espérons bien que les membres du Parlement la repousseront, en comprenant que la vraie politique de la France consiste à diminuer le plus possible les charges qui pèsent sur les Algériens, afin d'attirer en Afrique, par tous les moyens, les émigrants. Nos jeunes gens ont prouvé — tous les chefs militaires le reconnaissent — qu'un an suffit pour leur apprendre le métier de soldat. Qu'on les laisse donc, après cette initiation, retourner à la charrue et à leurs affaires en les maintenant dans la réserve, prêts à reprendre le fusil au premier signal et en exigeant d'eux, à partir de vingt-cinq ans, le service réel de la territoriale, tel que nous le proposons. De cette façon, on aura doublé ses forces, sans affaiblir la colonisation qui est ici l'intérêt de premier ordre. Plus la population européenne augmentera comme nombre, plus elle étendra son occupation dans le pays, et moins l'armée active sera nécessaire. Il y a trente ans, les blockhaus, les camps retranchés étaient indispensables à quelques lieues d'Alger, pour protéger la colonisation naissante; maintenant, ces fortifications sont tombées en ruines et ces régions se défendent d'elles-mêmes par la densité de leur population. Nos troupes sont actuellement nécessaires pour le Sud, parce que nous nous étendons de jour en jour vers le désert.

Dans ces conditions, détourner les jeunes Algériens de leur mission pour les forcer à passer trois ans sous les drapeaux serait faire une œuvre mauvaise, illogique, antipatriotique et nous avons trop de confiance dans le bon sens éclairé de nos représentants, pour ne pas être assuré qu'ils ne voteront pas une telle mesure.

La justice, le jury, la sécurité. — Nous ne reviendrons pas en détail sur ce que nous avons dit précédemment sur la justice et la sécurité. Pour nous, le rétablissement de la sécurité n'est qu'une affaire d'organisation administrative.

Le rôle de la justice est considérable en Algérie. Son personnel doit être augmenté. Des justices de paix et des tribunaux doivent être créés dans un certain nombre de localités. Enfin Constantine doit devenir le siège d'une cour d'appel qui non seulement desservira son immense département, mais encore pourra connaître des appels des tribunaux de Tunisie.

Nous estimons que, transitoirement, il n'y a pas lieu de supprimer encore les Cadis, car ce serait nous créer inutilement de grandes difficultés et nous manquons du personnel nécessaire pour les remplacer. Laissons-les encore statuer sur les contestations civiles entre indigènes, en réservant aux parties le droit d'appel devant nos tribunaux, et recevoir les petits actes. Mais qu'on exerce sur eux la surveillance la plus active; que la direction de cet important service soit confiée à des fonctionnaires éclairés et éprouvés et que la moindre infraction soit sévèrement réprimée. En agissant ainsi, on pourra pendant un certain nombre d'années se décharger, pour ainsi dire sans frais, d'un grave soin; on ne heurtera pas les usages et les sentiments des indigènes, et on leur évitera de lourdes dépenses.

Pour ce qui est du jury, nous demandons, avec la

presque unanimité des Algériens, que la connaissance des crimes commis par les indigènes sur des indigènes soit réservée à une cour d'assises composée de magistrats siégeant sans l'assistance du jury. Ce serait le simple retour à ce qui se passait avant 1870 ; nous ne proposons donc pas une innovation et la haute impartialité de nos magistrats, leur expérience des choses de ce pays nous sont un sûr garant que la justice sera bien rendue.

Ainsi le Français d'Algérie se trouvera éxonéré d'une charge vraiment trop lourde. Et qu'on ne vienne pas s'opposer à cela au nom des principes, car le principe du jury est que l'on soit jugé par ses pairs. Or nous citerons, par exemple, la deuxième session extraordinaire des assises à Constantine qui a commencé le 12 juin 1882, car à cette date on a déjà eu deux sessions ordinaires et autant d'extraordinaires. Il y avait à statuer sur 27 affaires et 41 inculpés. Eh bien, tous, sans exception, étaient des Arabes. Et il faut que le colon français abandonne sa ferme et ses affaires pour venir entendre pendant quinze jours les mêmes histoires, les mêmes rabâchages, les mêmes rétractations, les mêmes faux témoignages. En vérité, nous le répétons, c'est intolérable. La loi qui a réduit le nombre de jurés et décidé que le même juré ne pourrait être appelé à siéger que tous les deux ans, a apporté à cette situation un palliatif insuffisant, puisque, en même temps, le nombre des justiciables indigènes a été doublé. Nous pensons, du reste, qu'il en résultera une véritable impossibilité, car, avec le grand nombre de sessions, toute la liste du jury sera épuisée avant les deux ans (1).

(1) Voici le rôle de la session dont nous parlons. On pourra se faire ainsi une idée de ce que sont les assises en Algérie.

Pour les crimes commis par les Européens ou quand la victime sera un chrétien, que le jury fonctionne et même que l'on revienne au chiffre normal de jurés comme en France, nous le demandons avec non moins d'instance ; mais qu'on accorde la réforme réclamée, c'est un des besoins les plus urgents de l'Algérie.

Le Parlement vient d'édicter deux mesures importantes dans le but de rétablir la sécurité en Algérie. L'une autorise la transportation des récidivistes ; l'autre l'application de la responsabilité collective des tribus. La première peut donner de bons résultats; quant à l'autre nous l'avons combattue ci-devant, non seulement comme injuste et indigne d'un peuple civilisé, mais encore comme inapplicable, par cette seule raison qu'aux environs des colonisations françaises, là justement où

12 Juin. — Youssef-ben Amar b. Salah. — *Tentative de meurtre.*
" Embarek ben bel Kassem. — *Coups mortels.*
13 Juin. — Ali-ben el Hadj. — *Assassinat.*
" Embarek-ben Ahmed et Ahd b. Tounir. — *Tentative de meurtre.*
14 Juin. — Sassi ben-Ahmed. — *Meurtre et tentative de meurtre.*
" Bel-Kassem b. Dreïdi et 2 autres. — *Assassinat.*
15 Juin. — Salah-ben Amar. — *Meurtre et vol qualifié.*
" Ahmed-ben Moussa. — *Meurtre.*
16 Juin. — Ali-ben Mohammed. — *Meurtre et vol qualifié.*
" Chaban-ben Mohammed. — *Meurtre.*
17 Juin. — Abder Rahman ben Djelal et trois autres. — *Vol qualifié.*
" Srier-ben Mansour. — *Tentative de meurtre.*
19 Juin. — Rabah-ben Bakir. — *Incendie.*
" Mohammed-ben Marlaoni. — *Incendie.*
20 Juin. — El Haoussin ou Kassi et 1 autre. — *Coups mortels.*
" Ahmed-ben Ali. — *Meurtre.*
" Khelil-ben el Hadj. — *Tentative de meurtre et d'assassinat.*

Suivent dix autres affaires dans les mêmes conditions. On sera surpris du petit nombre de vols qualifiés; la raison en est, ainsi que nous l'avons dit, qu'on correctionnalise un grand nombre d'affaires et qu'on conserve spécialement pour le jury les attentats les plus graves contre les personnes.

elle doit être utile dans la pensée de ceux qui la préconisent, la tribu est désagrégée, les douars sont disséminés et le champ de l'application se trouvera trop restreint. C'est un moyen qui a fait son temps; mais il fallait, paraît-il, donner cette satisfaction à l'opinion publique.

Pour nous, le rétablissement de la sécurité ne s'obtiendra pas par ces formules générales; c'est une question de bonne administration, c'est-à-dire qu'il faut que les indigènes soient bien dirigés et soumis à une surveillance constante. Nous avons indiqué ci-devant comment nous pensions qu'on pouvait y arriver au moyen d'une bonne police rurale, rayonnant sur tout le pays et secondée par l'armée. Nous espérons qu'on finira par adopter ce projet, quand on aura reconnu l'insuffisance des autres moyens; malheureusement c'est encore du retard et le rétablissement de la sécurité est une chose de première nécessité.

La constitution de la propriété indigène. — La loi sur la constitution de la propriété indigène a été votée par le Parlement au mois de juillet 1873. Neuf années se sont écoulées depuis et cependant, au 30 juin 1881, les titres définitifs de propriété n'avaient été délivrés que dans 44 douars, comprenant une superficie de 220.070 hectares (1). Il est vrai que les titres pour une quantité égale d'hectares étaient en préparation et que, d'après le livre que nous citons, les opérations de la constitution de la propriété indigène étaient « terminées, entreprises, ou sur le point de l'être, sur 1.405.627 hectares. » Nous savons aussi que l'application de la loi a été

(1) *Etat de l'Algérie*, par M. Tirman, p. 241.

très difficile, dans les premières années, par suite du manque d'agents et de l'obscurité de la loi, et qu'il est probable, qu'à l'avenir, on ira plus vite. Cependant, il faut reconnaître que le résultat obtenu est bien peu de chose et que si l'on continue sur ces errements, il faudra un siècle pour que toute la propriété soit constituée.

Frappé de ces inconvénients signalés avec instance par les corps élus et par la presse, le gouverneur a chargé une commission, composée de personnages très compétents, d'étudier la question et de proposer les modifications qu'elle jugera nécessaires et possibles à la loi de 1873. La commission ne pouvant arriver à une entente a rédigé trois rapports distincts, donnant des conclusions différentes et c'est entre ces propositions diverses que l'administration devra se prononcer.

Cela prouve que la question est fort complexe; aussi, dans le public, les avis sont-ils partagés en sens divers. Entre ceux qui demandent la continuation pure et simple des procédés actuels et ceux qui proposent d'arrêter toute opération et de laisser aux tribunaux le soin de fixer les droits de chacun à la suite des contestations qui se produisent, il y a place pour un grand nombre de systèmes.

Nous craignons fort que la nouvelle loi sur la constitution de l'état-civil ne vienne encore entraver et compliquer l'application de la loi de 1873. Et cependant, il faut que les terres indigènes soient rendues disponibles; l'intérêt de la colonisation l'exige impérieusement surtout si le Parlement refuse de voter les cinquante millions demandés pour l'achat de terres, et c'est à nos administrateurs et à nos corps élus qu'il appartient de trouver le moyen pratique d'y arriver. C'est actuellement le nœud de la question algérienne : la colonisation officielle cessant, il faut laisser le champs libre à l'initiative individuelle.

En attendant, il serait de la plus grande utilité que l'on abrogeât le titre III de la loi de 1873 qui règle le mode de transmission des terres melk. Les auteurs de cette loi ont entouré les ventes de ces terres de difficultés, de lenteurs et de formalités qui rendent impossible toute transaction et entraînent à des frais bien supérieurs, dans la plupart des cas, aux prix d'achat. Cependant les terres melk ne sont pas possédées collectivement : elles appartiennent à des propriétaires déterminés qui peuvent toujours faire constater leurs droits. Les difficultés amassées par la loi de 1873 sont une atteinte directe portée à l'exercice de ces droits, en même temps qu'un préjudice à la colonisation.

Il est urgent d'abroger ces dispositions et de laisser les propriétaires des terres melk en disposer à leur gré. Nos notaires sauront bien établir les origines de propriété, et si des oublis ou des erreurs sont commis nos tribunaux sont là pour les réparer et les indigènes sauront bien se faire rendre justice. Cette simple mesure aura plus fait pour la colonisation qu'une foule de lois et de circulaires.

Notre intérêt primordial est de rendre disponible le plus de terres possible. Pour y arriver, nous avons trois moyens : la vente des terres domaniales, la constitution de la propriété individuelle dans les terrains arch, et la liberté absolue des transactions sur les terres melk. Sur ces trois désidérata, le premier et le dernier peuvent être facilement réalisés. Reste la constitution de la propriété en terrain arch ; nous pensons qu'elle peut-être grandement facilitée en supprimant ou en réduisant les délais trop longs imposés et *en chargeant les administrateurs ayant des connaissances suffisantes en arabe, de constituer la propriété dans leurs communes.* Des décisions arbitraires seront à prendre, mais on n'en sortira pas autrement, et les indigènes seront les premiers à en profiter. Du reste il sera facile de laisser aux intéressés qui se croiront lésés, un recours devant nos tribunaux, dans des conditions déterminées.

Nous voici parvenu au bout de notre tâche; non que le sujet soit épuisé; mais, en vérité, si le lecteur nous a suivi jusqu'ici nous n'osons l'entraîner plus loin, estimant que, pour conserver sa sympathie, il faut ménager sa patience.

Dans les esquisses que nous avons tracées, dans les questions que nous avons traitées, dans les projets que nous avons présentés, nous nous sommes attaché sans cesse à être sincère, modéré et pratique. Puissions-nous avoir réussi à faire tomber quelques préjugés et à attirer vers l'Algérie, notre patrie d'adoption, que nous aimons autant que notre mère la France, l'attention et la sympathie de nos compatriotes d'Europe! Puissent-ils se rendre bien compte de l'avenir immense offert à la France par la colonisation du Nord de l'Afrique et se pénétrer de cette belle pensée : « La colonisation est la force expansive d'un peuple; c'est sa puissance de production; c'est sa dilatation et sa multiplication à travers les espaces; c'est la soumission de l'univers ou d'une vaste partie, à sa langue, à ses mœurs, à ses idées, à ses lois. (1) »

(1) *De la colonisation*, p. 605.

FIN

TABLE DES MATIÈRES

	Pages
Préface	v
Préface de « l'Algérie en 1880 »	xi
Chapitre I. La conquête militaire	1
Chapitre II. L'Algérie sous notre domination	28
Chapitre III. La colonisation	55
Chapitre IV. Le commerce, l'industrie; les grands travaux publics.	83
Chapitre V. La population européenne et juive	113
Chapitre VI. La population indigène	136
Chapitre VII. L'instruction publique; la vie intellectuelle	163
Chapitre VIII. La justice, la sécurité	189
Chapitre IX. Historique des événements depuis le 19 mars 1879.	218
Chapitre X. L'organisation actuelle; les questions du moment	248
Conclusion :	
Considérations générales. — Question tunisienne. — La défense des frontières. — Politique à l'égard des indigènes. — Question des étrangers. — Administration de l'Algérie. — Régime de l'impôt. — Régime des terres. — Organisation militaire. — La justice, le jury, la sécurité. —La constitution de la propriété indigène.	274

www.ingramcontent.com/pod-product-compliance
Lightning Source LLC
Chambersburg PA
CBHW060329170426
43202CB00014B/2720